100세 시대 건강한 삶 즐거운 활동

마음이 젊은 사람들 이야기

100세 시대 건강한 삶 즐거운 활동
마음이 젊은 사람들 이야기

초판 1쇄 발행 2018년 3월 19일

지 은 이 김인철 외 17인
발 행 인 권선복
편   집 김영진
디 자 인 최지은, 서보미
전 자 책 천훈민
발 행 처 도서출판 행복에너지
출판등록 제315-2011-000035호
주   소 (07679) 서울특별시 강서구 화곡로 232
전   화 0505-613-6133
팩   스 0303-0799-1560
홈페이지 www.happybook.or.kr
이 메 일 ksbdata@daum.net

값 22,000원

ISBN 979-11-5602-581-8 03190
Copyright ⓒ 김인철 외 17인, 2018

도서출판 행복에너지는 독자 여러분의 아이디어와 원고 투고를 기다립니다. 책으로 만들기를 원하는 콘텐츠가 있으신 분은 이메일이나 홈페이지를 통해 간단한 기획서와 기획의도, 연락처 등을 보내주십시오. 행복에너지의 문은 언제나 활짝 열려 있습니다.

100세 시대 건강한 삶 즐거운 활동

마음이 젊은
사람들 이야기

김인철 외 17인 지음

당신은 제2인생을 어떻게 늙지 않고 익어가게 하고 싶은가?

처음에는 허세와 과장된 말로 평범한 생활을 거부하지만,
머지 않아 시간이 남아 주체할 수 없게 되겠지요,
이러한 시간을… 후회 없이 살아 갈 지침서가 여기에 있습니다.

도서
출판 행복에너지

웃고나 가세

시인 백영헌

탯줄 자르고 사람 되어
젖꼭지 물고 자라서
꿈은 하나!

삶은
지문指紋따라
천태만상千態萬象 울고 웃네

산 넘고 강 건너
바람 따라 길 따라
오르는 길이

고비마다
험하거든 잠시 멈춰
웃고나 가세

사람들아
울고 가면 쉬울 소냐
웃는 발길 가벼우리

기왕에 들어선 길
봇짐 털고
크게 한번 웃고나 가세

마음이 젊은
중장년^{中長年}들의 합창^{合唱}

이주홍

　베이비붐 시대에 탄생한 50·60세대는 700여만 명에 이르며 현직에서 퇴직하는 사람이 많아지고 있다. 이제 100세 장수 시대에 제2막의 인생을 위하여 남아있는 많은 시간에 무엇을 하며 건강하고 행복하게 살고 활기찬 생활을 할 것인가 고민하지 않을 수 없다.

　제2막의 인생은 퇴직 전 사회활동을 하던 시기^{時期}와 거의 동일한 기간이라 할 수 있으므로 제1막의 인생만큼이나 중요한 시간이라 해도 과언이 아니다. 사람에 따라 현역^{現役}에서 하던 일을 계속하거나 새로운 일이나 봉사활동^{奉仕活動} 등을 하기 위하여 계획을 세우고 이를 실행하는 것인데 이를 위하여 자기를 뒤돌아보고 무엇을 어떻게 하여야 하는가를 찾아 활동을 한다면 나머지 인생도 즐거울 것이다.

요즘 은퇴 연령隱退 年齡에 있는 사람들 중 많은 사람들이 그동안 살아오면서 사회로부터 얻은 경험이나 혜택을 다시 사회에 환원하고자 생각하고 있으며, 실제로 제2막의 인생을 자기의 도움이 필요한 곳을 찾아서 봉사 활동奉仕 活動하면서 보람을 찾고 있는 사람들이 점점 늘어나고 있다.

경험經驗은 우리 인생의 값진 재산이고 선물이다. 경험이 많다는 것은 그만큼 인생을 뜻깊게 살아왔다는 것일 수도 있으며, 자기 자신에 있어서는 누구한테도 내세울 만한 훌륭한 무형 자산無形 資産이다. 이러한 경험들을 미처 접하지 못한 세대世代들이나 절실히 필요한 사람들에 나누어 준다면 이 또한 인생을 멋지게 사는 것이 아닐까 한다.

우리나라 대기업에서 은퇴한 전직前職 CEO 및 임원들 200여 명이 뜻을 모아 수십 년간 소속 기업의 모든 분야分野에서 쌓아온 경험과 노하우를 필요로 하는 모든 중소기업을 찾아다니면서 경영전반經營全般에 대해서 무료로 경영지도 및 자문諮問봉사를 하는 단체가 있다.

위 단체의 경영자문 봉사자 중 18명이 뜻을 모아 의미 있는 기획을 하였는데, 인생을 살아오면서 느끼고 체험體驗하였던 삶으로부터 받은 귀중한 경험이라는 선물을 필요로 하는 곳에 전달할 수 있는 방법이 무엇인가 고민을 하다가, 노후에 제2막의 인생을 준비하는 사람들에게 길잡이가 될 수 있는 내용을 정리整理하여 모은 "마음이 젊은 사람들 이야기"를 저술著述하고자 뜻을 같이 한 것이다.

점점 길어져 가고 있는 노년老年의 삶을 어떻게 살아가야 할 것인가에 초점을 맞추어 꼭 필요하다고 생각되는 주제主題를 의논하여 선정選定하였고, 이를 다시 그룹별로 분류하여 각자의 경험과 얻은 지식을 글로 표현하고자 하였다.

그 주제는 장년의 의미와 가치변화, 노인의 인권과 학대, 재능기부 및 봉사 활동, 취미 활동, 부부가 함께하는 행복, 공동체 관계 및 유지 활동, 자산관리, 증여, 상속, 기부, 귀농·귀촌과 숲 생활, 스마트 폰과 컴퓨터 활용, 의식주, 건강관리 방법 및 식단, 병 치료 및 병원 선택, 유서 작성 및 존엄사 등이다.

이러한 이야기들은 뜻을 같이하고자 하는 마음이 통한 "젊은 장년長年들"의 기억이 어스름하기 전에 생생生生한 경험담을 담아 많은 이들에게 조금이라도 도움이 되고자 한 것이다. 따라서 내용에 다소 미흡한 점이 있더라도 우리 개인들한테는 각자 여러 삶의 터전 속에서 체득體得한 값진 가치와 경험이므로 이러한 점 널리 양해諒解하여 주기 바란다.

2018년 1월

마음이 젊은 사람들 일동

김인철, 김진홍, 박명남, 박홍식, 백영헌, 이국희, 이기형, 이노종, 이원순, 이주홍,

이주흥, 장병두, 장영봉, 정견만, 정동호, 정헌화, 최석문, 최우림

목차

제3장

인간관계 유지

제4장

중장년의 건강관리

제5장

적극적인 실천 활동

제6장

부부가 함께하는 행복

제7장

정보기기情報機器의 숙련자 되기

제11장

행복한 삶의 결실

제1장

마음이
젊은 세대世代로
살아가는 자세

장년의 의미와 가치변화

박명남 / 백영헌

1. 삶과 욕망

1) 삶

인간에게 삶이란 무엇인가?

부모님의 사랑과 천륜으로 세상에 태어나서 부모의 보호와 사랑 속에 성장해 나가고 교육과 사회생활을 통하여 삶의 가치를 완성해 나가는 것이라 말할 수 있다.

청소년이 되면 학업에 대한 진로와 인생을 어떻게 살 것인가 하는 중요한 선택의 기로에 직면한다.

첫째, 무슨 일을 하면서 살 것인가 하는 직업의 선택

둘째, 누구와 사랑하며 가족을 이루고 살 것인가 하는 배우자의 선택

셋째, 어떤 생각으로 인생을 살아갈 것인가 하는 인생의 본질과 의미 가치에 대한 인생관의 선택이 있다.

삶이란 단순한 생명의 연장이 아니라 이토록 평생 매사를 선택하고 결정하는 중요한 과정이라 할 수 있다. 따라서 삶이란 선택이다, 라고 정의하고 싶다.

여기에서 누구나 나이가 들면 늙어가는 황혼을 맞이하게 되는데 인생은 전반부도 중요하지만 육체적 정신적으로 생산능력이 떨어지는 은퇴 후의 인생 후반부가 더욱 중요하다고 한다. 이를 인생 제 2막이라고도 한다. 젊어서 고생은 사서라도 하라는 말도 있듯이 젊어서는 어떻게 하든지 건강한 육신이 보장되지만 나이 들면 모든 삶의 환경이 열악해지는 것이 사실이다. 따라서 우리가 어떻게 하면 중장년의 삶을 윤택하게 보낼 수가 있을까?

요즘 은퇴자들을 만나보면 손자에 대한 애착이 많고 자녀들은 모두 일터에 나가니 어쩔 수 없이 집안의 가사와 아이 돌보미로 만족한다는 이야기를 들을 수가 있다. 이것으로 행복한 노후가 얼마나 지속될 수 있을까? 과연 손·자녀 돌보미가 육체적으로 가벼운 일인가? 노년에 최선의 선택인가?

중요한 것은 사회의 노령화 속도가 빨라지고 중장년에 대한 사회복지는 따라오지 못한다는 것이다. 중장년에 활기찬 생활을 만들거나 찾아가는 것은 건강에 유익하고 행복한 삶에 대한 의욕을 일으키게 한다. 중장년에 일을 하는 사람들은 국민건강 보험료 지불이 현격하게 줄어든다는 보건복지부 통계도 있다.

과거에 인생은 60부터라는 말도 있지만 이제는 70부터라 한다. 평균 30년을 더 살아야 한다. 오래 산다는 것이 좋은 일이고 잘하는 것인가? 100세 장수 시대에 어떻게 30여 년 이상 남은 삶을 가치 있게 건강하게 살아갈 것인가? 제2막의 인생에 대한 많은 정보를 수집하고 경험의 소리를 들어서 현명한 준비와 각오와 행동의 선택이 필요하다. 아래의 표와 같이 유엔의 연령분류에 의하면 66~79세를 중년, 80~99세를 장년으로 정의하고 있다.

*UN의 연령 분류 5단계

연령	UN구분	한국
0세~17세	미성년자	미성년자
18세~65세	청년	–
66세~79세	중년	55세~
80세~99세	장년	65세(노년)~
100세~	장수노인	–

* 전 세계 인류의 체질과 평균수명에 대한 측정결과 연령표준을 새로이 규정

나이 들어 노동력이 점차 감소하고 육체와 정신적 활동성이 떨어지며 여건에 따라 할 수 있는 일에 한계가 생기므로 이로 인해 모든 경제 사회 활동 등이 어려워져 인간으로서 존재가치가 감소하는데, 이를 어떻게 극복하면서 효율적으로 자신의 여생을 가치 있게 보낼 것인가를 고민하는 것이 중장년들의 과제이며, 노후인력을 어떻게 잘 활용할 것인가 하는 사회제도를 마련하는 것은 국가의 책임이 요구되는 정책이다.

제1장 마음이 젊은 세대世代로 살아가는 자세

2) 욕망

인간의 욕망은 무한하다. 그러나 중장년이 추구해야 할 것은 장수의 축제가 아니라 건강한 육체와 가족 간의 사랑과, 행복한 생활과 사회의 일원으로 잘 어울리는 삶이어야 한다. 여기서 중장년은 삶의 가치관을 어떻게 정립하고 유지 발전시켜 평화로운 삶을 살 수 있게 하느냐가 욕망의 관건인 것이다.

세상에 태어나 수많은 시간 속에서 여러 가지 생각을 하고 지나는 동안에 한 번쯤 생각하게 되는 나는 누구이며 어떻게 살아갈 것인가를 고민하며 살아왔다면 나름대로 인생을 잘 살 수도 있었겠지만, 아무런 계획 없이 그냥 적당히 살아왔다면 노후에 고통은 따를 수밖에 없다.

중장년의 다수가 노후 대책 마련이 부족하거나 준비가 되지 않았다는 여론조사가 우리의 현실이다 통계를 보면 약 40%가 노후대책이 없고 이는 OECD국가 중 최상위에 해당한다. 어찌됐든 인생의 목표를 가지고 가치 있는 나름대로의 성취감을 갖고 사는 것이 사람으로서의 가치 있는 삶일 것이며 노년에 돌아오는 보람이라 하겠다. 인간으로 태어난 것이 행복하다 할 수 있지만 그래도 나름대로 목표와 철학이나 의미를 가지고 세상을 살아간다면 자신과 가족은 물론 인류사회에도 도움이 될 것이며 성취감과 행복하고 즐거운 노후를 보낼 수가 있을 것이다.

중장년의 삶과 가치는 가족관계에서도 차이가 난다. 최근 들어 가족 간의 재산 싸움과 폭력과 고발 소송 살인 사건 등 건수가 연간 수천여 건이 넘는다는 것은 동방예의지국이라는 전통을 무색케 하고, 다수가 유교 정신을 가진 우리의 효도문화가 사라지고 있으며, 자녀들이 사회적 문화와 경제 환경에 따라 부모 모시기를 기피하는 것이 현상이므로 이는 노년에 대한 크나큰 사회적 문제로 비화되지 않을 수가 없다.

현실사회는 4차 산업의 혁명과 더불어 일자리는 감소하고 실업자는 늘어나며, 고령화 사회는 일자리를 더욱 경쟁하게 되고, 경제, 사회적 환경은 젊은이들이 결혼을 안 하는 것이 아니라 할 수 없는 것이 현실이니 인생의 기본권마저 박탈당하는 것이며 이것은 순리를 거스르는 것이다.

경제적 독립을 할 수 없는 젊은이들은 캥거루족 또는 니트족Not Education Employment Training이란 호칭을 들어가면서 기성세대에 대한 불만의 요소도 만들어진다. 이토록 시대가 변화하면서 부모와 자식 간의 생각이 달라지고 있다. 요즘 자녀세대는 경제적 문제를 더욱 중시하며 도덕적 정서적인 문제는 생각할 겨를이 없다. 따라서 노년에 현실을 직시하여 자식들에 대한 지나친 기대와 사회적 욕망을 버리고, 자신을 책임지려는 생각과 행동의 실천이 중요하며 자신에게 적합한 건강하고 즐거운 삶의 방법을 찾아가야 한다.

2. 은퇴 및 중장년의 현실

은퇴 후 매일 아침이면 출근준비를 하고 나서던 직장에서 하루아침에 사라지게 되었을 때의 허탈감은 이루 말할 수 없다. 얼굴을 들고 현관 밖으로 나갈 때면 괜히 죄를 지은 것 같고, 모든 사람이 나만 바라보는 것 같고, 직장에서 쫓겨나 실업자가 된 것 같은 느낌으로 정신적 고통은 느껴본 사람만이 공감하게 된다. 아침에 일어나 갈 곳이 없다는 것은 인생을 졸업하는 기분이고 삶의 가치를 상실할 수도 있다.

그러나 은퇴라고 하는 것은 한편 오랫동안 사회와 가정에 기여한 것이며 존경받아야 마땅한 계급장일 수도 있다. 은퇴라는 것이 인생의 종말은 절대 아니다. 따라서 은퇴는 새로운 인생의 시작이고 출발이라는 생각을 가다듬을 필요가 있다. 그간 쌓고 경험해온 가치들을 어떻게 활용할 수 있을 것인가? 나를 필요로 하는 곳은 없는가? 내가 잘 할 수 있는 것은 무엇인가? 나의 전문성과 관련된 일은 없을까? 아니면 남은 인생을 어떻게 재미있게 살 수 있을 것인가? 그간 바쁘게 살면서 못다 하였거나 할 수 없었던 일들은 무엇일까? 등을 찾아가는 것이다.

동료들을 보면 자기 생활을 찾아서 열심히 적응해 가고 있는 사람들은 여전히 건강하고 즐겁다. 반면 집에 틀어박혀 두문불출 하고 있는 사람들은 스스로 손·자녀나 돌보는 할아버지 역할이 최고인 양 늙어가고 있고 건강에 도움이 되지 못하는 것을 많이 볼 수가 있다. 은퇴를 곧 제2막 인생에 새로운 출발점의 계기로 삼거나 새로운 나를 발견하고 만들어 가는 과정의 시작으로 봐야 한다.

우리가 청년 시절 취업이나 창업을 위하여 고민하던 것과 다를 것이 없다. 더 늙어서 신체적 어려움이 오기 전에 밖으로 나서야 한다. 한 발자국이라도 먼저 나서는 사람의 노년이 행복할 따름이다.

현실에 입각한 노령화 시대를 들여다보자. 은퇴나 노령화라고 하는 용어가 나만의 것이 아니라 우리 사회의 것이고 우리 중장년 모두의 문제라는 것에서 생각을 출발해야 한다.

OECD 자료에 의하면 한국의 65세 이상 노인 인구 비율이 2030년에는 24.3%가 되어 일본 31.8% 다음으로 세계 2위가 된다고 전망한다. 노인이 인구 10명당 3명꼴이 된다는 현실에서 노인들이 어떻게 대처해야 할 것인가 고민하지 않을 수 없다.

2015년부터 고령자의 이혼은 증가하고 전체적으로 재혼은 감소하였으며, 다만 사별보다 이혼 후의 재혼 건수는 계속 증가하고 있는 현실이다. 중장년의 이혼이 증가하는 슬픈 현상이 늘어나고 있으며, 경제적 환경에 따라 재혼이나 심리적 위로의 길을 찾는 만남이 증가하고 있다.

은퇴 후 집안에서 세 끼 밥을 먹는 사람들을 요즘 유행어로 삼식이라 한다. 중장년의 어머니들은 남편으로부터 일찍이 느끼지 못했던 구속감에서 벗어나고 싶고, 그간 자녀의 성장과 결혼, 손·자녀들의 돌봄으로 시달리며 가사에 충실했던 모든 것에 대하여 보상을 기대하는데, 그것이 아니라 오히려 남편의 은퇴에서 오는 허탈감과 심리적 소외감은 노년의 여자에게는 울고 싶은 사람을 한 대 더 때려주는 격이다. 여기에서 정신적 압박과 심리적 갈등으로 노년에 황혼 이혼이라는 슬픈 일이 생기기도 하는 현상이다.

최근에는 마지막 중장년의 체면을 작게나마 유지하기 위한 최선의 방법으로 졸혼卒婚이라는 단어가 생겨났을 뿐만 아니라 〈졸혼〉이라는 TV프로가 인기 프로가 되었다. 그런데 졸혼도 하고 싶다고 되는 것이 아니라 경제적·육체적으로 능력이 있어야 하는 것이다. 이래서 중장년의 준비된 삶이 중요하다.

주변을 보면 생각보다 심각한 수준이다. 따라서 은퇴 후를 미리 준비하거나 은퇴 후 인생계획을 분명히 하지 않으면 노년에 슬픈 인생이 될 수도 있다. 우리 중장년은 비생산적 인구가 아니라 사회적 차원에서 기여할 수 있도록 모두가 머리를 맞대고 논의해야 하며 더불어 동고동락해야 할 이 시대 가장 중요한 과제이다.

3. 중장년의 정신과 신체적 변화

중장년은 정신적·육체적 모든 생각과 태도, 행동과 활동이 변하는 것이 정상적인데 이를 어찌 거부할 수가 있을까마는 악화를 예방하는 활동이 중요하다. 중장년이 되면 다시 어린아이가 된다는 말과 같이 원초적으로 돌아가는 과정이 순리라 할 수도 있다. 그러나 스스로 인격을 포기하는 말과 행동이나 노인이 자랑인 양 티를 내고 대접을 받으려는 행동을 종종 볼 수가 있다.

노인이 계급장인 양 자리를 차지하려 하고 큰소리로 대화하고 술에 만취하여 푸념하고 주위를 의식하지 못하는 몰상식한 태도를 보면 불편하지 않을 수가 없다. 이런 행동은 존경받아야 할 노년의 인격을 무너뜨리는 것이고 우리 모두의 인식을 나쁘게 하는 자살 행위다. 지각과 지능이 저하되지 않도록 하는 것은 스스로 홀로서는 연습과 부단한 노력에서 오는 것임을 알아야 한다.

요즘 중장년들이 생물학적 욕구를 감당하지 못하고 성추행 등의 행동으로 여성이나 어린아이들로부터 경계의 대상이 된 것도 간과할 수 없는 슬픈 현실이다. 이러한 사회적·심리적 갈등을 스스로 해결하는 것은 노년의 숙제이며 과제이다. 아름답게 노년을 맞이해나가는 연습과 교육과 생각과 행동을 다스려 나가려는 노력 또한 사회적 어른으로서의 책무라는 것을 항상 유념해야 한다.

중장년에 찾아오는 가장 두려운 것은 치매라는 것이다. 어느 날 갑자기 자신도 모르는 사이에 오는 것이다. 당사자는 심리적으로 그리 편할 수가 없다고들 한다. 왜냐하면 분별력이 떨어지고 기억을 상실하여 동심의 세계로 돌아가서 어린이 같은 언행을 하기 때문이고 치매라는 것을 스스로 깨닫지 못하기 때문에 아무런 걱정이 없다고 한다. 중요한 것은 주변의 가족에게 막심한 피해를 준다는 것이다. 이제는 거의 치료가 불가능한 병이 없으나 치매만큼은 더 이상 악화를 지연시킬 수는 있어도 완치가 어려운 상태다. 따라서 이를 예방하기 위해서는 앞서 말한 바와 같이 평소 일거리를 만들거나 취미 생활 또는 스트레스를 받지 말아야 한다고 한다. 평소에 갖고 있던 정신적·육체적 부담이나 압박감, 소외감, 활동을 하지 않는 환경 속에 있는 사람들에게 더욱 많이 발생하는 경향이 있다. 요즘은 나이 불문하고 발생하기도 한다니 더욱 걱정이다.

당연한 현상에 흥분하거나 거부한다고 해서 해결되는 일이 아니라는 것을 새롭게 마음을 가다듬을 필요가 있다. 노년에 병들어 의학적으로 생명을 연장하여 식물인간이 되거나 막대한 비용 발생에도 불구하고 회생이 불가능하게 된다면 자식들과 가족이나 주변에 누를 끼치는 무의미한 삶이 된다. 환자 당사자의 의사를 반영할 수 있도록 하는 연명치료 결정법존엄사법이 2018년 2월부터 시행되는 것은 참으로 다행이라 할 수 있다. 따라서 병들어 식물인간이 될 경우에 Well dying의 길을 떠날 수 있게 되었다.

4. 중장년의 복지 및 시설

1) 의의와 목적

여기서 말할 것은 중장년이 사회 활동을 하는 데 도움이 되고 이 역할을 유지, 발전시켜 행복한 삶을 영위할 수 있도록 하는 제도다.

중장년의 복지에 대한 정의는 노인의 인간다운 생활, 사회적응과 통합, 중장년의 욕구 충족과 문제의 예방 활동 또는 해결 등으로서 모든 중장년이 안정을 누릴 수 있도록 편익을 제공하는 공공부분과 민간 부문의 조직적이고 전문적인 제반 활동이다.

이런 활동으로 생물적, 심리적, 사회적으로 평안한, 삶의 기본적인 의식주 해결과 건강하고 문화적인 삶을 즐길 수 있는 인간다운 삶을 지원하는 것을 목적으로 한다.

2) 복지제도와 시설

(1) 복지제도

가. 연금제도

소득감소나 상실 시에 경제적 어려움에 대응하기 위한 대책으로 국민연금, 공무원연금, 군인연금, 사립학교교직원연금 등이 있으며 공적연금제도인 기초연금제도가 있다. 전자는 본인이 가입하고 일정한 조건을 갖춘 자에게 지급하는 것이며 후자는 사회 정책적으로 법에 따라 정부나 지방자치제에서 지급하는 제도이다. 기초생활 보장을 위하여 지급하는 것이다.

나. 사적 소득 보장제도

이는 개인이나 퇴직연금, 개인저축 등의 노후 소득 보장방법이다.

다. 경로우대 및 각종 감면제도

경로우대 제도는 중장년의 지출을 줄이기 위하여, 중장년의 소득을 보전해주는 제도로서 대중 교통수단 중 지하철에 대한 무임승차나 철도운임의 할인, 항공기, 여객선, 목욕, 이발료의 할인 등이 있으며 각종 입장료의 무료 또는 경감방식의 우대가 있다. 중장년 복지시설에 입소하여 보호받거나 사회단체와 결연을 맺어 초청, 후원, 방문, 위문 등의 행사를 받고 있는 것이다. 감면 혜택으로는 상속증여세법에서 경로에 대한 상속세 공제나 부양가족 공제 생계형 저축 이자 및 배당에 대한 감면 등이 있다.

(2) 시설

중장년의 복지시설은 가족관, 주택, 경제, 질병과 장애 등 생활의 곤란과 가족부양능력의 어려움으로 가정에서 계속 생활할 수 없는 경우에 이의 문제를 해결하기 위한 시설 등을 말한다. 여기에 중장년의 주거복지시설과, 의료복지시설 및 재가 노인복지시설이 있으며 전자는 전국에 400여 곳이 있으며 후자는 4,800여 개소가 있다.중장년의 권리 와 의무 주제에서 상세히 논한다.

5. 교육

우리나라 60세 이상 중장년들은 무학자가 약13%다. 특히 여성의 경우는 19.8%이다. 그러나 이 비중은 시간이 가면 비율이 줄어들고 대신 고학력수준 비율이 증가하는 추세이다. 이는 나이 많은 분들의 문맹률이 상대적으로 높다고 보아야 할 것이다. 지방 자치단체에서는 이런 점을 해결하기 위해 계층별 교육이 많이 진행되고 있다.

중장년의 교육수준

구분		무학	초졸	중·고졸	대졸 이상	비고
성별	남	4.9	40	47.4	7.7	100
	여	19.8	53.6	24.7	2.0	100
연령	60~64	6.2	43.9	39.8	10.1	
	65~69	7.6	45.0	42.7	4.6	
	70~74	13.7	50.9	31.7	3.7	
	75~79	18.6	49.6	29.2	2.5	
	80 이상	19.1	49.7	26.0	5.1	

중장년의 교육은 사회변화에 대응하기 위한, 그리고 만족스러운 노후생활을 위한 정보와 지식 교육, 문화 교육, 자기계발교육 등으로 필요성이 많이 부각되고 있다. 전문적인 교육은 전문기관인 각종 학교나 학원 그리고 대학에서 할 수 있으며, 일반적인 건강, 미술, 음악, 취미, 운동, 서예, 도예, 춤 등은 지자체나 문화원 등에서 자아발전의 기회를 얻을 수 있다.

이러한 평생교육과 시설의 주어진 기회를 이용하여 개인과 조직의 사회변화에 요구되는 지식과 기술을 익히고, 시간의 활용, 인간관계유지 등으로 무력감이나 고독감을 극복할 수 있다.

건강을 유지하고 나아가 삶의 가치와 활력을 불어 넣을 수 있는 계기가 될 것이다. 따라서 교육기관을 활용한 인생 설계도 매우 중요한 과정의 하나이다.

＊ 중장년의 일반 및 전문 교육기관

1) 전문기관 : 자격, 고시 교육기관, 각종 자격 학원, 대학교 평생교육원
2) 일반기관 : 지방자치단체의 교육프로그램, 종교단체의 교육 프로그램, 문화체육부의 문화원 사설학원음악, 체육, 미술, 서예, 도자기, 사진, 각종 단체의 예술문화 프로그램 등이 있다.

이상에서 말한 것 외에도 사회 각 기관이나 단체에서 시행하는 복지활동과 수혜의 길을 스스로 찾아 가야만 한다.

6. 상담

1) 의의

상담은 초등학교, 중고등학교, 대학에서뿐만 아니라 사회전반에 걸쳐 필요한 것이며 이러한 기구들이 설치되어 있는 곳이 많고 사설 기관들도 많이 있으니 이를 활용해야 한다.

특히 중장년의 경우는 환경적, 심리적, 사회적, 경제적인 이유로 독립적인 능력이 떨어지고 가족 간에나 주변과의 인간관계가 미흡하여 상담할 수 있는 기회가 적어 애로를 느끼고 어떻게 하여야 하는지 등 문제점이 발생하여 이를 위한 상담은 필수적으로 필요한 것이다.

그러나 상담 체계가 미흡하여 이외에 다른 기관의 상담 등을 선택하여 할 수 있는 방안도 고려해야 할 것이다. 상담은 가족관계, 은퇴문제, 경제문제, 취업을 비롯하여 개인적인 건강, 신상, 고민, 사고처리, 상속증여, 기타 법률문제 등 다양하다 하겠다.

2) 목적과 활용

상담을 받는 어른은 이를 바탕으로 자기의 문제를 해결하고 이를 활용하는 데 의미가 있는 것이므로 상담사유가 있을 때에는 적극적으로 상담을 하여 본인의 문제를 지원을 받을 수 있는 부분은 찾아서 해결하는 자세가 필요하다고 본다.

상담을 받고 활용하는 동기는 다음과 같다.

① 상담자가 필요로 하는 의료, 정서, 사회적 지원을 효과적으로 이용하도록 지원하는 것이다.

② 신체적인 문제에 있어서는 개인의 강점과 약점을 변화에 따라 적절하게 유지·보호하는 것이 필요한데 이를 잘 유지하고 필요한 부분의 지원이 필요한 경우이다.

③ 가정상황에 따라 보호나 주거시설을 지원받기 위하여 요양시설이나 요양병원에 대한 정보나 지원을 받는 것이다.

④ 과거의 자기 경력을 활용할 수 있는 일이 지역사회에 있는지 이를 통하여 지역사회에 기여하고 자신의 가치를 찾고 존재의식을 갖게 되어 외부와 교류할 수 있다.

⑤ 배우자, 직계가족, 친인척, 친구, 주변 사람들과의 관계를 돈독히 하며 인간관계를 이해하는 데 도움이 되도록 한다.

⑥ 인간관계를 돈독히 하여 소외감을 극복하게 하고 경제적인 문제에 일자리 등을 연계하는 데 지원을 받는다.

⑦ 자기 자신이 주체적이며 주도적인 입장에서 생을 영위할 수 있는 정보를 활용하고 의사결정에 지원을 받는 것이다.

⑧ 재산의 증여나 상속과정에서 불미스런 일이 발생하지 않도록 미리 준비하거나 예방하는 것이다.

제1장 마음이 젊은 세대世代로 살아가는 자세

제2절
고령화시대의 즐거운 생활

백영헌

우리는 어떠한 선택으로 장수 시대에 대비하고 즐거운 생활을 할 수 있을까? 우리가 중장년이 되면 가진 자와 못 가진 자, 배운 자와 못 배운 자 또는 과거의 화려한 경력의 구분보다는 건강한 자, 즐겁게 사는 자를 행복한 노인이라 한다. 아무리 과거에 화려한 인생을 살았다 해도 현재 육체와 영혼이 건강하지 않으면 그를 행복한 노년이라고 말하지 않는다. 따라서 늙어가면서 행복한 삶의 공통점이 과거의 직업이나 지위나 재산이 중요한 것이 아니라 건강한 사람, 즐겁게 사는 사람이 제일이라는 것이고 그것이 공통적인 견해다

"꿈과 희망"청소년 특강

그러면 중장년시대를 어떻게 살아가야 할 것인가?

첫째, 분수를 알고 지키자.

제일 중요한 것은 현재 상황을 인식하고 깨닫는 것이다. 과거의 자

기 위치를 잊어버리고 현재의 수준에서 분수를 깨달아야 한다. 아직도 과거에 집착하거나 망상에 빠져서는 절대로 행복할 수 없다. 더구나 축재에 얽매여 있다면 욕망은 무한하고 이를 채우기 위한 고뇌와 고통이 따르게 된다.

지하철에서 젊은이에게 자리 양보를 하지 않는다고 호통을 치며 소란을 피우는 노인을 바라보면서 얼굴을 들 수가 없다. 지금은 대화와 설득과 이해의 시대다. 세상이 너무나도 빠르게 변하고 있고 이에 따라갈 수밖에 없는 현실을 망각해서는 안 된다. 나는 노인이기 때문이라는 주장은 노인들의 행패로 보이며 진정한 중장년들의 설 자리를 차버리는 행위가 되는 것이다

주위를 보면 주식에 투자를 하고 주야로 고민하고 맨날 손해를 보고 있다는 말만 하는 것을 보면 안타까운 일이 아닐 수 없다. 일확천금을 하려다가 실패한 소위 개미라 하는 개인 투자자들을 많이 보았다. 나이 들어 재물을 탐하지 말아야 한다. 실패할 확률이 높다. 비싼 양주로 취할 때보다 저렴한 막걸리 한잔에 취할 수 있을 때가 진정한 깨달음이다. 기본적으로 자기의 마음을 비우거나 내려놓지 못하면 겸손할 수 없고 양보할 수 없고 스트레스를 벗어날 수가 없다.

각종 모임을 감당할 수 있을 만큼 적당히 비용을 줄이고, 만남의 횟수를 조정하고, 비용계획을 세우면서 분수를 조절해나가는 것이 분수를 찾아가는 것이다. 과분한 소비와 사치를 떨고, 잘난 체 자기 자랑만을 하는 것은 꼴불견이고 만나는 사람들로부터 손가락질을 받는다.

고급 승용차를 버리고 대중교통수단을 이용하며, 검소하고 편안한

복장에 배낭 하나 걸머지고 무작정 속세를 떠나 보자. 가는 곳마다 볼 것이 너무 많고 지역의 문화 특성과 반만년 조상들의 지혜와 얼을 깊이 느껴보는 순간 마음은 자연히 정화되고 비워진다. 바쁜 시절 가보지 못했던 곳을 찾아가고 느껴보지 못했던 사람들이 살아가는 모습과 오가는 대화 속에서 인생을 들여다보는 것이 새로운 삶의 기쁨이기도 하다. 얼마 전 필자는 은퇴 후 처음으로 그간 해보지 못했던 동서남의 해변과 유적지를 돌아보는 기회를 가지며 다시 한 번 마음을 비울 수가 있었다.

둘째, 정신적 해방이다.

모든 것을 내려놔야 한다. 욕심이나 재산증식과 자식 걱정을 벗어나야 한다. 재산은 부동산과 동산의 비율을 적당히 조정하고 유산과 비용 계획을 세워야 한다. 유산은 상속이나 증여를 서두르기보다는 확실한 계획 관리를 하고 적당한 예금을 보유하는 것이 좋다. 증여나 상속 시 세금 관계를 지나치게 신경 쓰는 것도 짐을 내려놓지 못한다는 증거이다. 전문가와 상담하고 법대로가 제일 편하고 마음이 홀가분하다. 죽어서 가지고 가는 것은 없다. 지난날 세무사를 찾아가서 감세를 상담하고 요령을 부리다가 3배를 징수당하면서 법대로 살 것을 하고 후회해본 경험이 있다.

만약 증여나 상속 시에 자식이 세금을 부담할 능력이 없다면 그것도 운명이고 팔자라 생각하면 만사가 편하다. 세금이 무서워 일찍 증여한 후의 허탈감과 좋지 않은 일들을 너무 많이 보고 들었다.

나의 생활에 충실할 수 있는 것을 찾아 나서자. 무엇을 해야 할 것인가? 하고 싶을 때 할 수 있는 나만의 즐거운 취미생활을 발견하는 것이다. 예로 못다 한 독서, 서예, 수필, 여행, 글쓰기, 자서전 쓰기, 문화센터의 다양한 강좌수강 동호회 등 내가 하고 싶은 것을 찾아서 선택하는 것이고 자유분방하게 살아야 한다.

셋째, 나를 필요로 하는 곳을 찾아 가야 한다 .

은퇴를 했다면 은퇴자답게 그간 쌓아온 경험과 지식의 나눔과 봉사 활동을 한다면 이보다 더 좋은 일은 없다. 소위 노블레스 오블리주 Noblesse oblige를 실현하기 위하여 나를 필요로 하는 곳을 찾아가고 거기서 보람을 찾는 것만큼 자랑스러운 것은 없다. 그간 사회 활동에서 쌓아온 산지식과 경륜을 필요로 하는 곳은 너무 많다. 여기에서도 나를 내려놔야만 가능하다.

나는 70대의 발명가를 만나고 있다. 이 사람은 살아온 경험과 지혜로 무궁무진한 창조적 아이디어 속에 살고 있으며 발명 특허만도 10개가 넘는다. 필요로 하는 사람에게 나누어 주고 창업의 기회를 열어주고 지도하는 데에서 엄청난 보람을 느끼고 있는 것을 보았다. 그 사람은 사물을 가볍게 보지 않고 관찰하고 연구하는 것이 즐거움이다.

나 자신은 나의 지난 경륜과 경험을 듣고자 강의 요청을 받으면서 이토록 존재감을 느낄 수가 없다. 그래서 밤새 공부하고 나를 필요로 하면 전국 어디든 산골짜기라도 찾아나서는 봉사 활동을 하면서 행복감을 찾는다. 현직에 있을 때보다 더 전문가가 되어 있다는 자부심으로 행복하다

넷째, 건강한 영혼을 만들자.

제1장 마음이 젊은 세대世代로 살아가는 자세

건강한 육체는 건전한 정신과 영혼을 만들어낸다. 실내 헬스장을 이용하는 것도 좋으나 필자의 입장에서는 가벼운 등산이나 산책을 권하고 싶다. 흙산으로 경사가 적당한 곳을 선택하거나 공원이나 동산 및 운동장 걷는 것도 좋다.

나는 은퇴 후에 퇴행성관절염이라는 진단을 받고 무릎이 아파서 뒷동산도 오르기 힘이 들었다. 주치의의 쉬라는 권유를 뿌리치고 스스로 근육을 만들겠다는 일념으로 순차적 운동량을 늘리면서 퇴행성관절염을 극복하고 오히려 근육으로 더욱 강한 다리를 만들었다. 상상도 못하던 설악산, 지리산 정상 등 이제는 어디든지 높은 명산을 다닐 수 있게 되었다.

물론 의사들의 관절을 아껴라, 등산은 하지 마라 등의 조언도 있었으나, 늙어서 근육을 보존하지 않으면 절대로 보행에 지장을 초래할수밖에 없다는 말을 듣고 일리가 있다고 생각되어 결론을 내렸다. 야외 활동을 정기적으로 하다 보면 집안에서 쉬고 있을 때와는 완전한차이를 실감할 수 있다. 그래서 단계적으로 근육을 만들고 유지하여 지금은 육체적 정신적으로 매우 건강하다.

좋아하던 골프를 포기하고 비용과 시간도 절약되는 등산을 선택하게 된 것에 대하여 큰 만족을 갖는다. 친구와 같이 심산유곡에 오를 때 흘리는 땀은 건강의 보람이고 산상에서 김밥 한 줄과 시원한 막걸리 한잔은 세상에 부러울 것이 없는 나에게는 제일 만족하고 행복한순간이다. 건강을 만들고 하산할 때의 보람과 시원한 샤워를 할 때의 기분은 더 이상 늙어가는 것을 방치하지 않으며 가벼운 등산은 육체적

정신적으로 어떤 건강 비결과도 비교할 수 없을 정도로 만족하다. 따라서 영원한 중년으로 살아가고 있다.

중장년에 무릎에 이상이 생기면 고통으로 활동이 정지되어 삶의 가치는 완전히 상실될 수밖에 없다. 따라서 관련 분야 전문가가 말하는 몇 가지 오해와 진실을 소개 하고자한다.

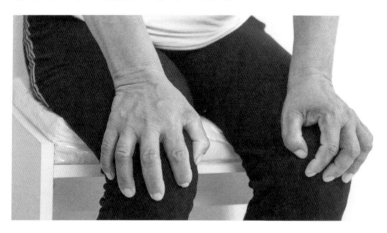

1) 무조건 무릎을 아껴야 한다?

일부 일리는 있지만 최선은 아니다. 운동을 아예 하지 않으면 관절의 연골에 액이 적어져서 뻑뻑하고 가동성이 줄어들어 무릎이 굳게 되는 악영향을 초래할 수 있다. 또 운동량이 줄면 허벅지나 종아리 근육이 약해져 관절은 더욱 약해지고 골다공증 악화까지 초래할 수도 있다.

2) 무릎 연골은 재생능력이 없기 때문에 완벽한 회생은 어렵지만 포기해서는 안 된다.

제1장 마음이 젊은 세대世代로 살아가는 자세

관절염은 노화 과정에서 누구에게나 오는 것이므로 생활습관이나 운동 등 관리에 따라서 진행 속도를 늦출 수 있어 충분히 조절이 가능하다.

3) 뼈 주사를 맞으면 뼈가 녹는다?

뼈 주사는 강력한 소염작용을 하는 스테로이드 주사로서 반복하면 뼈가 삭는 무혈성 괴사 또는 전신 부작용으로 부신피질 호르몬 결핍증이 나타날 수 있다. 따라서 뼈 주사는 자주 맞지 않는 것이 좋다. 1년에 4회 이상은 절대 맞지 말아야 한다.

4) 연골 주사로 연골을 생성시킬 수 있다?

그렇지 않다. 연골 및 관절액의 주요 성분인 히알루론산을 보충해주는 주사로서 연골을 생성시킬 수는 없다. 초기 관절염에 쓰이며 스테로이드보다 천천히 나타난다. 보통 6개월마다 일주일 간격으로 3회 정도 맞으면 초기 관절염에는 효과를 볼 수 있다.

5) 무릎 관절염 예방을 위한 3가지

가. 쪼그리고 앉는 생활습관은 금물이다.
나. 체중과 무릎 통증은 비례 한다.
다. 허벅지 종아리 근육을 튼튼하게 해야 한다.

아울러 중장년일수록 맑은 영혼을 유지하기 위한 노력이 필요하다. 지난여름 경주의 고적을 답사할 때 있었던 일이다.

대부분이 외국 여행객들과 단체 관광객들이었다. 입구에서 입장권을 받는 사람들은 60~70대였는데 5명 모두가 성문 입구의 접의자에 비뚤어진 자세로 앉아서 검표를 하는 것이 너무나도 못마땅했다. 노인인 척 하지 마라! 대우받으려 하지 마라! 그 자리에서 일하고 싶은 노인은 얼마든지 있다! 라고 지적하고, 그들에게 일에 대한 사명감과 서비스 정신 교육을 받았는지, 세상의 변화를 아는지 큰소리로 질문하고 싶었다. 노년일수록 살아있는 영혼을 지키려 노력하는 자세와 정신이 필요하다. 노년임을 당연히 이해해 주기 바라지 말 것이며 변화하는 세상과 더불어 살아야 한다.

다섯째, 친구를 만들고 소통 활동을 하자.

친구보다 더 좋고 편안하고 만나면 시원한 것이 무엇일까? 친구는 공감대를 형성하기 쉽고 같은 세대를 살아온 과정이 비슷하여 부담 없이 대화 상대가 됨으로써 금방 친숙해질 수가 있다. 삼삼오오 친구를 만나면 못다 한 이야기를 할 수 있고 젊은 시절의 추억을 되새김하는 즐거움이 있다. 쌓이는 스트레스도 풀 수 있고 만남의 나들이 과정에서 더욱 삶의 보람과 건강을 찾을 수 있는 유일한 정신적 건강 관리 방법이다. 동창이나 전직 동료, 이웃사촌에 친구를 두어야 한다. 그것이 여건상 어려우면 공공 문화 시설에 가면 많은 사람들과 소통이 가능하고 자기계발에도 도움이 많다.

기관이나 사회단체 또는 기업에서 운영하는 문화 센터에는 노래와

춤의 교실 건강강좌, 요리, 생활강좌, 산천을 돌아볼 수 있는 문화유적 답사, 풍수지리, 철학, 체력관리시설과 각종 상담시설 등이 마련되어 있어서 최대한 활용만 한다면 문화를 즐기는 여가생활에 만족을 가져올 수 있다.

여섯 번째, 청결하게 살자.

중장년의 기분 나쁜 체취는 주변의 사람들을 도망가게 한다. 특히 사람들이 많은 지하철이나 공공장소에는 더욱 피해를 준다. 노년기에는 너나 할 것 없이 노폐물의 분비와 배출이 활발하지 못하다. 이 노폐물은 배설작용과 땀을 통해 배출해야 하는데 Nonenal이라는 성분이 신진대사 능력을 감소시키므로 노인 냄새를 만들어 낸다. 항상 몸을 청결히 함은 물론이고, 실내 공기의 순환과, 침구와 옷의 관리가 철저해야 하며 청결을 유지하면서 또한 건강관리를 잘하여 노인병과 질병에서 오는 냄새로부터 해방하는 것이다.

일반적으로 50대에는 Hexanal이라는 성분이 아저씨 냄새를 만들고, 60대 이후에는 Nonenal이라는 성분이 냄새를 만든다고 한다. 이 물질은 남녀 여하를 막론하고 인간에게는 모두에게 분비되는 아주 기분이 나쁜 물질이다. 가능한 매일 가벼운 운동으로 땀을 배출하고 자주 샤워하고 대중탕에서 반신욕을 하거나 가끔은 찜질방에 다녀오면 노인 냄새는 충분히 관리할 수가 있다. 목욕 후에는 수분 크림을 충분하게 발라서 피부 각질의 발생을 방지해야 주변도 청결하다. 향수는 청결할 때 사용하는 것이 좋으며 불결한 상태에서 많이 사용하게 되면 오히려 역효과가 난다는 것을 알아둘 필요가 있다. 간혹 지하철 속에서 보면 노인 냄새를 향수로 커버하려는 잘못된 사람을 만나 옆에서 견디기 힘들 경우가 있다.

중장년이 노인 티를 내는 것이 당연한 것으로 생각하고 너도 늙어 보면 알 것이다, 라는 식의 자세는 버려야 한다. 어른으로서 대우를 받기 위해서는 청결한 관리 노력이 필요하고 이것이 정신적으로 긴장하며 젊게 사는 방식이고 건강에 도움이 된다. 복지기관에서 운영하는 시설에는 훌륭한 사우나 시설이 많이 있다.

나는 가능한 지하철에서 노인석에 앉는 것보다 체력 단련 겸해 서서 가기를 좋아한다. 노인석에 가면 냄새가 불쾌해서 싫다. 의복을 자주 세탁하는 것은 나 자신은 물론 이웃과 더불어 살아가는 자세이고 나의 인격인 것이다.

일곱 번째, 즐거운 인생을 만들어 내자.

즐거움과 행복은 내가 만들고 찾아가는 곳에 있다. 또한 마음속에 있는 것이고 나의 생각과 판단의 기준에 있는 것이다. 따라서 내가 지난 시절 해보지 못했던 것, 해보고 싶었던 것, 내가 좋아하고 즐거울 수 있는 것은 과연 무엇일까?

나는 어느 날 지하철 속에서 한 편의 시를 읽었는데 감명을 받아 소개한다. "저녁때 돌아갈 집이 있다는 것, 힘들 때 마음속으로 생각할 사람이 있다는 것, 외로울 때 혼자 부를 노래가 있다는 것이 행복이다."라는 짧은 구절이었다. 최대가 아니라 최소의 상황에서도 행복을 만들 수 있다는 것에 공감한다.

고대 그리스의 철학자 Platon은 행복의 5가지 조건으로, 먹고 입고 사는데 조금 부족한 재산이며, 모든 사람이 칭찬하기에 조금 부족한 용모, 겨뤄서 한 사람은 이기고 두 사람에게는 질 정도의 체력, 연설을 듣고 청중의 절반은 손뼉을 치지 않는 말솜씨, 자신이 자만하고 있는 것에 사람들이 절반밖에 알아주지 않는 명예라 했다. Platon은 완벽한 것이 행복의 조건이 아니라 조금은 부족하고 모자라는 상태를 행복의 조건으로 말한다. 이는 넘치는 것보다 조금 부족함을 채워 나가는 과정에 보람을 찾으라는 뜻도 될 것이다. 첫 숟갈에 배 부르려 하지 말고 부담 없이 보람을 가질 수 있는 일을 찾아내는 것이 결코 어려운 일은 아니다. 중요한 것은 하고자 하는 의지이고 실행과 지속성이다.

나는 은퇴 후 감성적으로 사계절을 들여다보면서 자연을 사랑하게 되고 못 하던 술도 한잔 마시면서 한잔 술의 맛과 필요가치를 늦게나마 깨닫게 되었으며 형식과 틀을 벗어나 자유스럽게 누구의 평가도 받고 싶지 않은 나만의 생각을 지면에 옮겨 쓰면서, 읽고 또 읽고 수정하고, 나 혼자 감동하고, 나 혼자 행복해하는, 글을 써 내려간 자유시가 이제 한 권의 책으로 만들어지고 있다. 벌써 반년 이상을 수정하고 다듬으며 완성시켜 나가는 시간은 너무 행복하다. 이것이 끝나면 또 무엇을 해야 할까 찾아가는 중이다.

여덟 번째, 양보하고 겸손하자.

집 밖이건 집 안이건 누구든 이기려 하지 말자. 이기려는 것은 부딪히는 것이고 소리가 나게 되어 있다. 아직도 자존심이 살아있다는 증거이기도 하다. 그러나 빈 깡통은 차라리 소리가 나지 않는데 조금 채워진 깡통은 소리가 요란하다는 이치를 깨달을 필요가 있다.

이기려 하면 힘들고 어렵고 상대는 나를 멀리하게 된다. 나는 마누라와 결혼한 딸과 아들에게 한 번도 시원하게 이겨 본 기억이 없다. 단지 내가 아끼는 현명한 며느리는 나에게 양보할지도 모른다고 기대할 뿐이다. 지면 어떻고 이기면 무엇이 자랑스러운가? 노년에 분수를 깨닫지 않고 매사에 이기려 한다는 것은 참으로 슬픈 생각이다.

가까운 친구와 정치를 논하고 사회를 비판하면서도 공감이 되지 않으면 기를 쓰고 이기려고 한다. 나도 그래왔다. 참고 싶어도 참을 수 없는 것이 현실 정치 사회다. 참으로 목불인견이고 참기 힘든 세상이다. 어쩌겠는가? 불만과 투정은 참으로 덜 채워진 깡통일 수밖에 없다. 관용과 포용으로 생각의 차이를 인정하려 노력한다. 거시적인 생각으로 사회를 바라보자.

그간 이겨서 인격이 올라갔나, 부자가 되었나, 행복했나, 무엇이 득이 되었는가?

차라리 양보를 했다면 중간 정도의 평가나 받을 수 있었을 걸 하고 후회해봐야 이미 놓쳐버린 지나간 버스가 되었다. 얼마 전에도 모임에서 나의 소신을 말하고 나서는 마음이 편하지 못했다. 또 후회를 하면서 변하려고 노력하며 살고 있다.

시대가 변하고 세상사가 변했는데 중장년들은 이해와 양보가 아니라 이기려고 한다. 그렇다고 이길 수 있는 세상인가? 이기려고 사건을 만들지 말자. 양보했을 때 나에게 오는 것을 먼저 생각하자. 노년에 그나마 평화롭게 자존과 이름 석 자를 지켜 나갈 수 있는 지혜는 양보와 겸손에 있다고 생각한다.

아홉 번째, 웃음을 만들자.

인간은 생긴 대로 사는가? 사는 대로 생기는가?

살다 보니 노년에는 모두가 비슷하게 닮아가는 것을 알았다. 그런데 아직도 젊고 밝은 모습으로 살아가는 친구를 보면서 새롭게 깨달은 것은 인간은 사는 대로 생긴다는 것이다.

어떤 경우 중장년의 얼굴을 보면 어쩐지 찌들고 검고 울상인 사람을 바라보면서 느끼는 것은 삶이 힘들거나 어디가 아픈가 보다, 라고 생각하게 된다. 따라서 거울 속에 비치는 자신의 얼굴을 바라보며 웃음을 만들어 보자. 일소일소 일노일노笑一少 一怒一老라는 말의 뜻을 새기면서 기왕 들어선 인생길 크게 한번 웃고나 가자.

"피그말리온" 효과라는 것도 있다. 우리가 원하는 것 이루고자 하는 소원이 있다면 이룰 수 있는 가능성을 가지고 긍정적으로 생각하며 살아가자. 육체는 영혼이 지배한다! 말 못 하는 꽃도 음악을 들려주고 칭찬하면 더욱 아름답게 핀다고 한다. 최근에는 과수원이나 농장에서도 많이 도입하고 있다고 한다. 하버드대학의 "로버트 로젠탈" 교수의 연구 분석으로 증명하였다 .

"정약용"선생은 목민심서에서 "밉게 보면 잡초 아닌 풀이 없고 곱게 보면 꽃이 아닌 사람이 없으되 그대를 꽃으로 볼 일이로다"라고 했다.

노년에 긍정의 마인드가 웃음과 건강과 행복한 삶을 가져다준다. 긍정의 힘은 위대한 힘을 가진다. 할 수 없다고 포기하는 것보다는 한번 해볼까라는 생각을 갖는다는 것은 결과는 하늘과 땅의 차이만큼 크다. 따라서 지금 당장 해 보는 것이 중요하다. 많은 노인들이 생각은 있는

데 할 용기가 나질 않는다고 말한다. 시작이 반이다, 라는 말이 있다. 이 순간 현관을 박차고 실행에 옮기는 용기를 가져야 새로운 세상이 열리고 웃음과 행복의 기회가 열린다.

열 번째, 돌아갈 준비를 하자.

한국인의 평균 수명은 81세남 78세, 여 84세다. 과거에는 60세 환갑을 지나면 장수 노인이라 했다. 그래서 큰 잔치를 벌였다. 이제 살 만큼 살았으면 돌아갈 준비를 하는 것이 당연하다. 물론 삶이 공통적이지는 않다.

나는 노년에 장수 인생에 미련을 두어서는 안 된다고 생각한다. 약간 아쉬워할 때 돌아가는 것이 국가 사회에 이바지하는 것이고 자식들에 영원히 그리워할 수 있는 정신적 존재로 기억될 수 있는 것이다. 인생 100세 시대에 희망을 걸지 말자. 다만 체력과 경제력이 있고 99 88 234의99세까지 팔팔하게 살다가 2~3일 앓다가 4일째 되는 날 죽는다는 말 원칙을 지킬 수 있다면 몰라도 그렇지 않다면 언제든 돌아가도 서운해하거나 말릴 사람이 없다는 것을 깨달아야 한다. 미련과 지나친 애착은 아쉬움 과 고통과 슬픔을 간직할 뿐이다.

나는 얼마 전 수십 년 지기 친구들을 잃었다. 공통점은 한결같이 건강했고 좋은 성격의 소유자였으며 재정적으로 넉넉하고 행복한 사람들이었으며 매년 정기 건강 검진을 하고 헬스클럽을 열심히 다니는 건장해 보이는 친구들이었다.

한 친구는 저녁에 전화 통화를 하면서 내일 만나자는 약속까지 했는데 다음 날 아침에 아버지가 돌아가셨다는 아들의 연락을 받고 장

난인 줄 알았다. 한 사람은 수상스키를 타고 골프를 매주 즐길 정도로 건강한데 이번에 폐결핵 말기 판정을 받았다. 3개월 전에 유명대학 병원에서 건강 검진을 했는데도 발견되지 않았다니 이해할 수 없다. 또한 친구는 교통사고로 식물인간이 되어 있다. 인간에게 태어나는 순서는 있어도 돌아가는 순서는 없다는 말을 되새김하지 않을 수가 없다.

물론 마음대로 할 수는 없겠으나 돌아갈 때 가벼울 수 있도록 무거운 짐은 미리 정리해두는 것이 가장 좋은 것이라 생각한다. 근래에는 자식들 간에 유산 분쟁이 증가하고 있어서 미리 정리하든지 현금화하여 가볍게 여생의 대책을 세우고 필요한 만큼은 가지고 있어야 자식들에게 부담을 주지 않는다. 아울러서 돌아갈 때 많은 사람이 그리워할 정도의 이름 석 자는 남겨도 되는 삶을 살아야 한다. 오면 가는 것이 운명이고 인명은 재천이라 했다. 살아온 날이 길어서 돌아갈 날이 짧은 것은 세상의 이치이니 이를 거스르려 하지 말고 순리대로 받아들이자.

[참고 자료]

한국노인 인력 개발원

행정안전부 통계

노인복지론(권 중돈. 최 재성, 장 인협)

이 수찬 정형외과 전문의 기고문

장년들의 리더십 발휘와 사회의 행복

김인철

오늘날 자본주의 경제하에서 리더십이라고 하면 가장 먼저 영리적인 목적을 하는 사업조직 내에서 어떻게 하면 좋은 리더가 되어 부의 축적을 이룰 수 있을 것인가 하는 점이 떠오를 것이다. 그러나 리더십은 사업 전선에서만 있는 것이 아니고 전반적인 사회 모든 분야에서 존재하는 것이다. 특히 오랜 삶의 경험에서 시행착오를 거치며 축적된 장년들의 리더십은 불완전한 세대들이나 다양한 사회생활에서 밝은 등불이 될 것이다.

사실 리더십은 직업적인 현상으로 진화하기 이전에 하나의 사회 현상으로서 시작되었다고 할 수 있다. 인간은 사회적 동물이며 더불어 살아가는 존재인 한 여러 가지 다양한 조직에 속하여 다양하게 다른 역할을 수행하게 되기 마련이다.

어떤 조직이 속해 있는 사회에 의미를 부여하고 사회가 성장 발전하는 데에 역할을 수행할 수 있는 인격체로 형성되는 과정에서 당연히 사회는 리더와 추종자들로 나누어지게 된다. 리더들은 새로운 길을 추구하고 또 다른 전선을 구축하며 추종자들을 지시하는 데 반하여 추종자들은 그들에게 주어진 책임을 완수하고 변화를 가져오는 일을 돕게 된다.

사회에 좋은 리더들의 역할과 영향에 대하여 이해하는 것은 매우 흥미가 있는 일이라 생각된다. 사업 환경 속에서의 작은 조직 내에서 구분 가능한 리더십의 영향을 설명하기는 쉬운 일이다. 그러나 사회에 영향을 미치는 리더십의 긍정적인 영향을 분석하는 일은 그리 쉽지 않고 복잡하다.

사회란 언제나 작용하는 다양한 사회적 힘의 요인과 요소들이 존재하는 다양한 현상의 구조를 갖고 있다. 사회에 있어서의 리더십은 모든 분야에서 광범위하게 존재하고 있으나 어떠한 영향이 있는지 감지될 수 없는 현상이기도 하다.

이러한 리더십은 사회의 변화를 달성하기 위한 도구로 볼 수 있다. 모든 역사를 통하여 볼 때 사회적 규범을 제거하거나 사회적 악을 극복하거나 역사를 현대화하거나 하는 요구되는 사회적 변화를 이루는 데에는 합당한 어떤 종류의 리더십이 필수적이었다. 공통의 목표를 향하여 대중의 열정에 불을 댕기고 공동의 목표를 위하여 일어나 행동하도록 되기 위하여서는 리더십이 존재하였다는 것을 알 수 있다. 리더십이 없이는 사람들을 통일시키고 행동을 불러일으킨다는 것은 불가능하다.

역사적으로 살펴볼 때 어떤 한 사람이나 작은 그룹의 사람들이 수

백만의 사람들에게 끼치는 영향력을 발휘한 경우를 보면 매우 큰 흥미를 불러일으킨다. 유능한 지도자가 없어진 경우 작은 규모로는 사람들에게 불행감을 불러일으키게 되며, 큰 규모로는 혼란과 무정부상태에 빠지게 되기도 한다.

정말로 좋은 리더들, 즉 사람들에게 동기를 부여하고 고취하며, 개인적 이득을 위하여서가 아니라 사회의 보다 큰 선을 위하여 일하는, 그리고 무엇보다 그 사회에 속한 구성원들을 존중할 줄 아는 리더들은 긍정적이고 행복한 사회를 창조하는 데 공로자들일 것이다.

구성원들이 그들의 리더에 대한 신뢰를 갖게 되며, 경제적으로나, 사회적으로 또는 정치적으로 보호받고 있다는 감정을 느낄 때에 전체적으로 보다 좋은 심적 상태를 구성할 수 있을 것이다. 좋은 리더들은 행복한 사회를 창출하는 데 기여하며 행복한 사회는 강한 국가를 형성할 수 있을 것이다.

사업적 성장이 경제적 성장에 필수적이며 어떠한 사회도 재정적 안정성이 없으면 잘 이루어질 수 없다는 것은 두말할 필요가 없을 것이다. 그러므로 좋은 리더들은 그들의 역할이 외관상으로는 어떤 한 분야에 국한되어 있다 하더라도 관련되는 모든 요소들을 고려하는 사람들이다.

긍정적인 리더들이란 사회를 리드하기 위하여 사람들이 전문 직업적 역량의 증진이 필요하다는 사실과, 사람들의 교육과 합당한 경력개발의 중요성을 충분히 인식하고 중점을 두어 실천하며, 그리하여 본연의 역할 수행에 진력하여 성과를 창출하는 사람들일 것이다.

대부분의 사람은 일반적인 리더들이 그 사회의 얼굴이며 심볼이 된다는 것을 간과하는 경우가 많다. 사람들은 그들이 리더들을 선택하거나 좋은 리더의 관장하에 놓이게 되면 사회와 연계되는 개인적 자부심과 일체성의 감정을 지니게 된다. 그 사회에 속한 구성원들은 그들 자신이 소유하고 호칭하는 것을 행복해하며, 반대로 리더는 사회를 하나로 모아 그들 모두가 행복해하는 공통적이고 긍정적인 일체심을 줄 수 있는 경우 그러한 리더는 매우 유효한 리더라 할 수 있다.

어떤 사회이건 간에 그 사회의 뛰어났던 리더들은 기억되지만 일반 사람들은 기억되지 않는다. 한 사람이 많은 사람의 미래를 형성할 뿐만 아니라, 서로 상호간에 더 가깝게 느끼게 하며, 그들의 연대성을 더욱 강하게 하여 공통적인 일체감을 불러일으키게 한다는 것은 하나의 독특한 사회적 현상이며 유효한 리더의 덕목이다.

오늘날 모든 각 분야에는 작은 조직이건 큰 조직이건 간에, 공적인 조직이건 사적인 조직이건 간에 리더들의 역할과 사회적 영향의 중요성은 한층 강조되어야 할 것이다. 리더의 최고의 덕목은 신뢰Credibility라는 점을 명심하며 신뢰와 사회의 목적에 부합하는 올바르고 유효한 리더들이 필요한 시대라 생각된다. 그런 의미에서 장년들이 오랜 기간 사회 각 계층에서 훌륭한 삶을 영위하면서 얻은 리더십의 지혜를 적극적인 방법으로 사회에 공헌한다면 행복한 세상을 창조할 것이라 단언하고 싶다.

노년과 신세대간의 조화調和를 이루는 사회

이원순

6.25 직후 세계 160개국 중에서 158번째로 가난했던 우리나라가 지금은 세계 9위의 무역국으로, 세계 11~13위권의 경제 대국으로 우뚝 설 수 있었던 것은 열악한 환경 하에서도 온갖 고난을 감내하며 자신들의 삶을 희생해가며 자녀들을 교육하고 경제발전에 혼신의 힘을 쏟아왔던 현재의 노년 세대의 역할에 기인한 바가 크다.

그러나 지금의 젊은 세대들은 대부분 이 세대들의 그 고생과 희생을 잘 모르고 있고 또한 국가관조차 혼미해져 가고 있어 골육상쟁을 직접 겪었거나 이 참상을 지켜본 세대들은 다시는 이러한 민족적 비극이 되풀이되지 않도록 먼저 젊은 세대들에게 확실한 국가 안위의 중요성을 고취해줘야 할 책임을 절감한다.

다음으로는 노년들만이 갖고 있는 경륜과 경험을 다음 세대들에게 잘 전수하여 우리나라가 계속해서 세계 속의 강대국들과 어깨를 나란히 해서 발전해 나갈 수 있도록 노년들의 지혜를 활용하는 방안도

모색토록 해야 하겠다.

"노인 한 분이 돌아가시면 도서관 하나가 불타 없어지는 것과 같다."라는 어느 나라 속담과 같이 노인들의 경험과 지식을 존중하고 이를 전수해 나가는 사회가 장래가 있고 소망이 있는 사회가 될 것이다.

고령화로 인해 사회적 비용이 증가하는 것은 사실이다. 그러나 이는 비단 우리나라뿐만 아니고 여타 선진국들도 다 겪고 있는 현상이다. 이를 우리 젊은 세대들이 책임져야 할 것이라고 부담감을 주는 대신에 온 세대가 다 같이 지혜를 모아 노년들의 일자리 창출 및 사회적으로 기여할 수 있는 분야를 찾아내는 것이 보다 바람직한 해결 방향이라고 생각한다.

우리나라에서는 어려서부터 학교의 선후배 관계가 명확하고 사회에 나와서도 이런 경향이 유지되기 때문에 동기들과의 소통은 매우 원활한 데 반해 한참 위아래 선후배 그룹들과는 그리 많은 소통이 이루어지지 않고 있다.

필자가 40대 시절에 미국에서 경험한 에피소드를 일례로 이 사회의 세대 간의 소통이 어떻게 원활하게 이루어지는가에 대한 고찰을 해보겠다.

당시 필자와 나이가 비슷했던 미국인 바이어와 매우 친하게 되어 친구같이 지내던 중 무슨 문제가 생겨 협의하는 과정에 그 바이어가 그 분야에 대해서는 자기가 잘 아는 친구가 있으니 같이 만나보자 하여 그를 찾아가게 되었다. 막상 만나보니 내가 생각하던 것같이 우리와 비슷한 또래가 아니고 우리보다 한 20여 세는 더 많아 보이는 노인이었다.

미국인들은 나이가 많으나 적으나 한 번 알게 되면 격식이 없이 이름을 서로 부르며 친구가 된다는 것 정도는 알고 있었으나 막상 이 노인과 친구가 되어 이름을 서로 부르며 격의 없이 대화하는 미국인 바이어의 모습을 보고 느끼는 바가 컸다.

최근에 서초동에 있는 한 중학교로부터 1학년 학생들에게 진로상담을 해달라는 요청을 받고 학교로 갔더니 우리 외손주 펄 되는 남녀애들이 5명씩 1개 조가 되어 대기하고 있었다. 주제는 앞으로 커서 해외에서 활약하기 위한 준비과정에 대한 상담이었다.

물론 이 분야에서 한평생을 보낸 나로서는 아이들에게 이야기해주고 질문을 받고 상담해주는 것은 전혀 문제가 안 되었다. 그러나 문제는 아이들 앞에서 나를 호칭하는 것이 참 애매하였다. 아이들한테 "이 아저씨가 말이야"라고 말하기에는 나이가 너무 많고 그렇다고 또 "내가"라고 하기에도 아이들 앞에서 좀 민망하였다. 하는 수없이 "이 할아버지가"라고 이야기를 꺼내었더니 처음 몇 번은 그냥 넘어가더니 이내 한 녀석이 이의를 제기한다. "자꾸 할아버지라고 그러지 마세요."라고 당돌하게 이야기를 하니 다른 녀석들도 고개를 끄덕인다. 약간은 멋쩍어서 "그럼 뭐라고 해야 하니?"하고 물으니 "선생님이라고 하세요."한다. 이후 졸지에 할아버지 선생님이 되어 아이들과 이야기를 나누었다.

그러다 보니 현재 내 나이에서 이, 삼십 년은 젊어진 것 같은 기분도 들고 자연히 아이들과도 더 가까워지고 주제에 관한 이야기도 더 효율적으로 소통을 하게 되는 느낌이 들었다.

세대 간에 격의 없는 소통으로 젊은 세대들은 노년 세대들의 경험과 경륜을 자연히 전수하게 되고 또한 노년들은 젊은 세대들과 소통하며 새로운 지식과 트렌드를 접하게 되어 세대 간의 사고의 갭과 지식의 격차를 좁히며 조화를 이루며 살아가는 모습을 보며 또래 그룹 의식이 강한 우리나라나 연령 간 위계질서가 확실한 여타 동남아 국가에서는 이 세대 간의 차이를 넘기가 쉽지는 않겠다는 생각이 든다.

동서양 간의 문화적 차이는 인정하더라도 분명히 세대 간 소통에 관한 한 서양인들의 방식은 한 번 참고해볼 만한 것이라고 생각한다.

"너희 자녀들이 장래 일을 말할 것이며 너희 늙은이는 꿈을 꾸며 너희 젊은이는 이상을 볼 것이며"

『성경』 요엘서

노인의 권리와 의무 고찰考察

정견만

1. 서설

1) 노인의 개념

(1) 일반적인 의미

노인이란 나이가 들어' 생물학적 사회적 기능이 저하된 사람'을 의미하는데, 한편 노인이란 호칭은 사회의 웃어른 내지 어르신으로서 존경의 의미를 갖는 경우도 있고, 신체적 기능 및 사회적 지위가 하락한 늙은이라는 비하의 의미를 갖기도 하며, 별다른 의미 없이 나이든 사람을 통칭하기도 한다.

노인으로 호칭하는 연령 기준^{年齡 基準}을 몇 살로 할지는 매우 어려운 과제이다. 개인마다 살아가는 환경과 신체적 특성이 다르기 때문에 생물학적 사회적 기능의 저하가 도래하는 시점이 다르고, 또 국가 사회적으로는 노인에 대한 경로 내지 복지정책의 적용 기준 시점이 되어 사회적 비용 산출의 기초가 되기 때문이다.

(2) 나이로 본 인간의 생애

인간의 생애生涯를 나이를 기준으로 세분해 보면 유년기-소년기-청년기-장년기-중년기-노년기로 나눌 수 있다. 유년에서 노년까지의 단계별 나이 기준을 일률적으로 제시하기는 어렵지만, 그럼에도 오늘날 인구의 연령별 분포 및 사회적 통념을 고려할 때, 대체로 6세까지를 유년기, 19세까지를 소년기, 35세까지를 청년기, 55세까지를 장년기, 64세까지를 중년기, 65세 이상을 노년기로 분류하는 것이 통례가 되고 있다.

(3) 연령기준 기준 상향 조정 필요성

오늘날 의술과 건강관리 기법의 발달로 인해 한국인의 평균수명이 81세에 이르고, 2030년이면 91세에 달할 것이란 연구 결과도 나오고 있다. 기대수명 100세 이상의 장수 시대에 접어든 것이다.

이로 인해 개인적으로 60세를 넘어도 생물학적 사회적 기능이 저하된 노인이라는 생각이 들지 않고 노인이라는 호칭이 달갑지 않다. 또한 사회적으로는 노인복지 정책과 관련한 국가적 비용이 급증하는 문제를 야기하고 있다. 따라서 생애 단계별 연령 기준의 상향조정이 불가피한 현실이다.

노인의 연령 기준을 현행대로 60세 또는 65세로 그냥 두면, 우리는 생애의 절반 가까이를 노인으로 살게 되는 우스운 꼴이 된다. 대안으로 65~74세를 초로, 75~84세를 중로, 85세 이상을 고로라고 지칭하고 복지정책을 차등 적용하자는 주장도 있다. 그러나 근본적으로 노인의 기준연령 자체를 조속히 상향조정하는 것이 합리적이라고 생각한다.

2) 현행 법령상의 노인 기준

이미 언급한대로 개인마다 신체적 특성이나 환경이 다르고, 사회적 문화적 차이도 크기 때문에 일률적 기준을 제시하기는 매우 어렵지만, 개별 법령의 제정 목적에 따라 노인의 기준을 설정하고 있다. 현행 법령상 노인에 대한 연령 기준을 설정한 내용을 보면 다음과 같다.

(1) 헌법상 노인의 규정

현행 헌법 제34조 4항은 "국가는 노인과 청소년의 복지향상을 위한 정책을 실시할 의무를 진다"라고 규정하고 있다. 노인은 후손의 양육과 국가 및 사회의 발전에 기여하여 온 자로서 사회적으로 존경받으며 건전하고 안정된 생활을 보장받아야 한다는 취지이다. 동 헌법 조항에 근거하여 노인 관련 복지 3법, 즉' 노인복지법', '기초노령연금법' 및' 노인장기요양보험법'이 제정되어 시행되고 있다. 그러나 현행 헌법에는 노인의 연령 기준을 제시하지 않고, 하위 복지 3법 등에 연령 기준 설정을 위임하고 있다.

(2) 복지 법령상 노인의 연령 기준

● 노인복지법 – 노인복지 관련 기본법인 동 법에서는 경로우대敬老優待 대상자를 65세 이상으로 규정

● 기초노령연금법 – 65세 이상에게 기초노령연금 수급권을 부여

● 노인장기요양보험법 – 65세 이상을 장기요양보험 적용 대상으로 한다.

● 장애인, 고령자 등 주거약자 지원에 관한 법률 – 65세 이상에게 주거관련 복지혜택을 부여한다.

● 국민연금법 – 18세 이상 60세 미만의 국민공무원, 군인, 사학 교원 제외을 국민연금 의무가입자로 규정하고, 60세가 넘으면 연금수급혜택을 부여한다.

● 고용상 연령차별 금지 및 고령자 고용촉진에 관한 법률 – 55세 이상을 고령자로 분류하고 이들의 고용을 촉진한다.

● 한국주택금융공사법 – 주택연금 가입대상을 60세 이상으로 규정

● 사회적기업 육성법 – 사회적기업은 사회적 취약계층 근로자를 전체의 50%를   넘게 채용하여야 한다. 55세 이상 고령자 등을 취약계층으로 인정한다.

● 통계청의 경제활동인구 – 통계청에서 작성하는 '경제활동인구'의 연령기준은 15세~64세로 정하고 있다.65세 이상을 경제활동이 어려운 노인으로 본다는 의미

(3) 노인의 기준연령 상향조정 시기 문제

노인이 많아지고 노인복지에 드는 사회적 비용이 급증함에 따라 기준연령을 조기에 상향 조정하자는 주장이 확산되고 있는 반면, 한편으로는 노인의 소득이 충분하지 않기 때문에 시기상조라는 의견도 있다.

노인연령 기준을 즉시 올려야 한다는 측에서는 의술의 발달로 65세 이상도 충분히 건강하게 일할 수 있다는 점을 강조한다. 생산가능 인구15~64세가 2017년을 기점으로 내리막길을 걷게 되는 상황에서 노인연령 상향 조정은 선택이 아닌 필수라고 주장한다. 생산가능 인구 100명이 부양해야 하는 노인의 수가 급증하고 있는 점도 이 주장에 힘을 싣고 있다. 통계청에 따르면 2015년 기준 17.5명에서 오는 2065년 88.6명으로 늘어난다.

우리나라는 65세 이상 노인 인구가 전체의 11.4%로 이미 고령사회에 진입하였고 2,024년이면 초고령사회로, 2,050년에는 세계 최고령국이 될 것이라는 예측도 나온다. 그만큼 노인복지에 드는 비용이 급증하고 있는 것이다.

반면 연령조정이 시기상조라는 입장에서는 노후소득 보장 인프라가 제대로 갖춰져 있지 않은 상황에서 노인 연령 기준을 높이면 심각한 노인빈곤이 더욱 심화할 수 있다고 말한다. 노인연령 기준을 높이면 상당수 국민이 각종 복지혜택에서 제외되고 예를 들면 기초연금 수령 나이 기준이 높아지면, 일부 노인에게는 사형선고나 다름없다고 비판한다. 즉 '노후 인프라를 구축한 후 노인연령 상향 논의'가 필요하다는 주장이다.

2. 노인의 고유 권리와 의무

노인의 권리는 국민의 일원으로 누구나 갖는 기본적 권리와 신체와 사회적기능이 저하된 노인에게 국가가 특별히 인정하는 노인 고유의 권리로 구분할 수 있다. 같은 논리로 노인도 국가 구성원의 일원으로서 국가에 대해 기본적 의무를 지게된다. 그러나 국방과 교육의 의무 등은 이미 이행 완료하였고, 납세는 개인별 소득이나 재산규모에 따라 납세의무를 지게 된다. 이하에서는 노인에게 고유한 권리에 관하여 기술한다.

1) 복지정책의 수혜를 받을 권리 노인 및 청소년의 국가로부터 보호받을 권리

(1) 국가로부터 보호받을 권리

노인에게는 일반 국민의 권리에 더하여 국가가 노인의 복지향상을 위해 시행하는 복지정책의 수혜를 받을 권리가 부여된다. 노인이 되면 신체적, 사회적 능력이 저하됨에 따라, 국가는 이런 노인들이 사회적 보호를 받고 인간답게 살 수 있도록 도와주어야 하는 것이다. 이 점은 청소년의 경우도 마찬가지로 적용된다. 이런 취지로 현행 헌법 제34조 ④항은"국가는 노인과 청소년의 복지향상을 위한 정책을 실시할 의무를 진다"라고 규정하여 노인과 청소년의 권리를 명문화하고 있다. 비록 한 줄에 불과하지만, 국가는 일반 국민을 위한 복지정책과는 별도로 노인과 청소년만을 위한 복지 정책을 별도 실시하여야 하는 것이다.

<u>(2) 노인에게만 고유한 권리국민의 의무 완수에 의한 보상적 권리</u>

노인은 국민으로서 이행하여야 할 제 의무국방의 의무, 교육의 의무, 납세의무 등를 모두 완수한 국민의무 이행 완결자이다. 이에 대하여 국가는 노인에게 보상적 차원의 예우를 하는 것이 사회 통념의 도리인 것이다. 노인은 국가 및 사회의 발전에 기여하여 온 자로서 존경받으며 건전하고 안정된 생활을 보장받으며, 능력에 따라 적당한 일에 종사하고 사회적 활동에 참여할 기회를 보장받아야 하는 것이다. 한편 노인은 스스로 노령에 따르는 심신의 변화를 자각하여 항상 심신의 건강을 유지하고 그 지식과 경험을 활용하여 사회의 발전에 기여하도록 노력하여야 하는 것이다.

<u>(3) 사회통념의 도리에 기초한 피 부양권리</u>

부모가 자녀를 양육하는 의무를 마치고 자녀가 성숙하면, 그 자녀들이 나이든 부모를 부양하는 것은 사회 통념의 도리인 것이다. 이는 법에 명문화하지 않더라도 우리 사회가 지켜 나가야 하는 가치관인 것이다.

2) 노인을 위한 복지 3법상의 권리

<u>(1) 노인복지법</u>

가. 노인의 보건 복지

노인복지법은 노인의 보건과 복지에 관한 사항을 규정한 법률1981년 제정, 1997.8 전면 개정로서 총 7장 61조와 부칙으로 되어 있다. 노인의 질환을 사전예방 또는 조기 발견하고 질환 상태에 따른 적절한 치료와 요양으로 심신의 건강을 유지하고, 노후의 생활안정을 위하여 필요한 조치를 강구함으로써 노인의 보건복지증진에 기여함을 목적으로 한다.

나. 노인의 날 제정시행

국가는 경로효친의 미풍양속에 따른 건전한 가족제도가 유지·발전되도록 노력하여야 하며 노인의 보건 및 복지증진의 책임을 지고 그 시책을 강구하여 추진하여야 한다. 해마다 10월 2일을 노인의 날로, 10월을 경로의 달로, 그리고 5월 8일을 어버이날로 한다. 한편 시·군·구에 노인복지상담원을 둔다.

다. 노인 일자리 제공

국가 또는 지방자치단체는 노인의 지역봉사 활동 기회를 넓히고 노인에게 적합한 직종의 개발과 그 보급을 위한 시책을 강구하며 근로 능력 있는 노인에게 일할 기회를 우선적으로 제공하도록 노력하여야 한다. 국가 또는 지방자치단체는 65세 이상의 자에 대하여 경로우대를 하고 건강진단과 보건교육을 실시할 수 있다.

라. 치매 예방 및 퇴치

보건복지부 장관, 시·도지사, 시장·군수·구청장은 필요한 때에는 노인의 상담·입소 등의 조치를 하여야 한다. 국가 또는 지방자치단체는 치매 예방 및 치매 퇴치를 위하여 치매 연구 및 관리 사업을 실시하여야 하며, 노인을 위한 재활 요양사업을 실시할 수 있다.

마. 노인 복지시설 설치

노인복지시설의 종류는 노인주거복지시설, 노인의료복지시설, 노인여가복지시설, 및 재가 노인복지시설이 있다. 노인복지시설은 국가 또는 지방자치단체가 설치할 수 있으며, 국가 또는 지방자치단체 이외의 자는 그 설치를 시장·군수·구청장에게 신고하여야 한다. 다만 노인전문병원에 관하여는 의료법의 규정을 준용한다. 가정봉사원 교육기관을 설치하고자 하는 자는 시·도지사에게 신고하여야 한다.

(2) 노인장기요양보험법

가. 노인의 장기요양보험

고령이나 노인성 질병 등으로 목욕이나 집안일 등 일상생활을 혼자하기 어려운 노인들에게 신체 활동, 가사 활동 지원 등의 서비스를 제공하여 노후생활의 안정과 그 가족의 부담을 덜어 주어 국민의 삶의 질을 높여주는 노인 장기요양 보험 제도를 규정한 법2007년 법률 제8403호로 제정. 일부개정 2009.5.21.으로 총 12장 70조와 부칙으로 되어 있다. 고령이나 노인성 질병으로 독립적인 일상생활의 영위가 불가능한 노인 등에게 신체 활동과 가사지원 서비스를 제공하여 가족의 부담을 완화하고 노인의 삶의 질을 향상시키려는 목적으로 되었다.

나. 장기요양보험 가입 대상자

노인장기요양보험의 가입자는 국민건강보험법상의 가입자와 동일하다. 단, 외국인 근로자 등이 신청하는 경우 장기요양보험가입자에서 제외할 수 있다. 국민건강보험료에 장기요양보험료율을 곱한 보험료를 부담한다. 단 의료급여수급권자의 장기요양보험료는 정부가 부담한다. 65세 이상의 노인이나 노인성 질병을 가진 64세 이하의 자가 신청 가능하다.

다. 장기요양시설 설치 등

국가와 지방자치단체는

① 노인이 독립적인 생활을 영위하도록 지원하는 장기요양 예방사업의 실시

② 장기요양 예방사업에 소요되는 비용 지원

③ 장기요양기관의 확충과 장기요양기관의 설립 지원

④ 제도 시행을 위한 행정적·재정적 지원

⑤ 노인 장기요양 기본계획과 세부시행계획의 수립 및 시행 등의 의무를 진다.

장기요양 인정을 받고자 하는 자는 장기요양 인정 신청서를 국민건강보험공단에 제출하면, 국민건강보험공단은 장기요양 인정 신청인의 심신 상태, 필요한 장기요양급여의 종류와 내용 등을 조사한다. 장기요양등급판정위원회는 6개월 이상의 기간 동안 타인의 도움 없이 일상생활을 수행하기 어렵다고 인정되는 경우 수급자로 결정하고, 심신 상태와 장기요양이 필요한 정도에 따라 장기요양등급을 판정한다.

라. 장기요양보험의 종류

장기요양급여에는 재가급여, 시설급여, 특별현금급여가 있다. 재가급여비용의 15%, 시설급여비용의 20%를 이용자가 부담하여야 한다. 의료급여수급권자나 소득 및 재산이 일정 금액 이하인 자 등은 부담금을 감경받는다. 장기요양보험료율 등의 사항을 심의하기 위해 보건복지 가족부 장관 소속으로 장기요양 위원회를 둔다.

(3) 기초연금법

가. 안정적 소득기반 제공

노인에게 기초연금을 지급하여 안정적인 소득기반을 제공함으로써 노인의 생활안정을 지원하고 복지를 증진할 목적으로 기존의 기초노령연금법2007.4 제정. 2008.1.1. 시행을 폐지대체하고 새로 제정된 법률2016.12 제정. 2017.3.28. 시행이다. 총 7장 31조 부칙으로 되어 있다.

나. 수급 대상

노인이 후손의 양육과 국가 및 사회의 발전에 이바지하여 온 점을 고려하여 생활이 어려운 하위소득 70% 이내인 노인들에게 매달 일정액의 기초연금을 지급하도록 하고 있다. 지급대상은 65세 이상인 자로서 소득인정액이 대통령령으로 정하는 금액2017년 단독가구 119만원. 부부가구 190만 4천원이하인 자이다.

기초연금 소득인정액은 소득+재산의 소득환산금액으로 결정된다. 기초연금 수급권은 양도하거나 담보로 제공할 수 없으며, 압류 대상으로 할 수 없도록 보호받는다.수급자에게 지급해야 할 연금이 아직 남아 있는 상태에서 수급자가 사망할 경우, 수급자의 사망 당시 생계를 같이한 부양의무자배우자와 직계비속 및 그 배우자는 미지급 연금을 청구할 수 있다.

다. 기초연금 수급 금액

기초연금액은 기준연금액과 국민연금 급여액 등을 고려하여 산정하는데 보건복지부 장관이 그 전년도의 기준연금액에 소비자물가변동률

을 반영하여 매년 고시한다. 기초연금의 최고지급액은 20만 6천원인데, 2018년 9월부터 25만원으로 인상될 예정이다. 기초연금 수급대상자 해당여부와 수급금액 산정방식은 매우 복잡하고 까다로운 편이다. 가까운 동사무소를 방문하여 상담하는 것이 가장 편리한 방법이다.

3. 노인과 관련한 법정기념일

1) 노인의 날

(1) 연혁

경로효친 사상을 앙양하고, 전통문화를 계승 발전시켜온 노인들의 노고를 치하하기 위해 제정한 법정기념일로 매년 10월 2일이다.

UN이 정한 '세계 노인의 날'은 10월 1일로 1990년 빈에서 열린 제45차 유엔총회에서 10월 1일을 "세계 노인의 날"로 결의하고, 1991.10.1 전 세계 유엔사무소에서 '제1회 세계 노인의 날' 행사를 거행했는데, 대한민국의 경우 UN이 정한 노인의 날인 10월 1일이 '국군의 날'이어서 하루 뒤인 10월 2일을 '노인의 날'로 결정, 1997년부터 법정기념일이 되었다.

(2) 행사 내용

이날에는 평소 희생과 봉사 정신으로 사회와 이웃에 헌신하는 한편, 노인복지를 위해 힘써온 노인·단체를 대상으로 훈장·포장 및 대통령 등의 표창을 수여한다. 뿐만 아니라 그해 100세가 되는 노인들에게 명아주로 만든 전통 지팡이인 청려장靑藜杖을 증정한다. 통일신라시대 이후 80세가 넘은 노인들을 대상으로 왕이 하사하던 전통을 이어 국민들에게 경로효친 사상을 불어넣는다.

그 밖의 행사로, 노인 문화공연, 미니마라톤 대회, 어르신 모델 선발 대회, 효도 큰잔치 등이 열린다.

2) 노인 학대 예방의 날

(1) 연혁

매년 6월 15일은 '노인 학대 예방의 날'이다. 2016년 12월 노인복지법의 개정에 따라 2017년 처음으로 기념행사를 가졌다.

국제적으로는 UN과 세계노인학대방지망HNPEA이 노인에 대한 부당한 처우를 개선하고 노인학대의 심각성을 널리 알리기 위하여 2006년부터 매년 6월 15일을 '세계노인학대 인식의 날World Elder Abuse Awareness Day'로 정하였다. 세계 많은 나라에서 세미나, 캠페인 등 행사를 진행한다.

(2) 노인학대 현황

참고로 보건복지부가 발표한 '2016년 노인학대 현황 보고서'에 따르면 지난해 노인 학대 신고 건수는 1만2,009건이고, 이 중 사법기관 등에 의해 노인학대로 판정받은 건수는 4,280건으로 전년 대비 12.1% 증가했다. 또 학대 행위자 4,637명 가운데 아들이 1,729명 37.3%으로 가장 많고, 그다음으로 배우자 952명20.5%, 딸 475명10.2% 순으로 가해자 10명 중 7명이 가족이었다. 노인 학대 신고 전화는 1577 – 1389번이다.

지혜智慧로운 노년을 위하여

김인철

마르쿠스 툴리우스 키케로Marcus Tullius Cicero의『노년에 관하여』를 읽으면서 지혜로운 노년이란 것에 대하여 생각해 보게 되었다.

그는 저서에서 "노년이 되면 일을 못 한다고? 큰 일은 육체의 힘이나 기민함으로 하는 것이 아니라 사려와 판단력으로 하는 것이지"라고 하였다.

BC 106~43년까지 살았던 Marcus Tullius CiceroRoman philosopher, politician, lawyer, orator, political theorist, consul and constitutionalist는 만 나이로는 63세까지 살았다. 로마 최고의 웅변가이자 정치가 문인이었던 그는 최고지위인 콘솔집정관을 역임한 이후 50대 중반에 은둔생활을 하며 저술로 생활하다가 카이사르가 살해당하자 다시 정치에 뛰어들어 안토니우스에 반대하다 그에 의해 살해당한다. 이『노년에 관하여』는 살해당하기 직전 해에 쓴 것이라 한다.

이 책의 형식은 키케로가 노년에 대한 자신의 생각을 역시 로마의 정치인인 카토의 입을 빌려 서술하는 방식을 띄고 있다. 즉 84세가 된 카토가 30대인 라일리우스와 스키피오에게 이야기하는 것으로 앞의 전반부는 라일리우스와 스키피오가 노년이 어떤지 묻는 형식이고 그 이후는 카토 혼자 두 명에게 구술하는 방식이다.

그는 청년들이 지적한 노년은 활동할 수 없게 만든다, 노년은 우리 몸을 쇠약하게 만든다, 노년은 거의 모든 쾌락을 앗아 간다, 노년은 이제 죽음에서 멀지가 않다는 노년이 짐인 이유들에 대해서 일일이 답하고 있다.

"젊은이의 아름다움은 우연한 자연 현상이지만, 노년의 아름다움은 인간의 예술 작품이다"

Eleanor Roosevelt

1. 노년은 활동할 수 없게 만든다는 이유에 대하여

노년에도 정치 활동과 정신 활동은 물론 농사일을 할 수 있다고 말한다. 일을 수행하는 데 노년이 관여하지 않는다고 말하는 사람들은 마치 항해하는 데 있어 키잡이가 아무것도 하지 않는다고 말하는 자들과 같다. 다른 자들이 돛대에 오르고 배의 통로를 뛰어다니고 갑판의 물을 배수시키고 있는 동안 그는 키를 잡고서 고물에 조용히 앉아 있다는 이유에서다. 그는 젊은이들이 하는 일을 하고 있지는 않지만 그는 진실로 더욱 중대하고 유익한 일을 하고 있는 것이다. 큰일은 육체의 힘이나 재빠름이나 기민함이 아니라 사려 깊음과 영향력과 판단력에 의해 행해지는 것이다. 노년이 되면 이러한 특징들이 빈약해지는 것이 아니라 오히려 더욱 풍족해지는 것이다.

2. 노년은 우리 몸을 쇠약하게 만든다는 주장에 대하여

체력 저하는 절도 있는 생활로 늦출 수 있으며, 정신 활동을 늘림으로써 체력에서 잃은 것을 보상받을 수 있다고 답한다.

"말론이 올림피아에서 어깨에 황소를 메고 경기장에 들어섰다는 말이 있다. 그렇다면 그 체력과 피타고라스의 정신력이 주어지는 것 중에서 어느 것을 더 바라겠는가? 체력이 있을 동안 그 은총을 누리시오. 그리고 그것이 없어지면 더 바라지 마시오. 만약 청년들이 유년기를 장년들이 청년기를 바라서는 안 된다는 말이오.

삶의 여정은 정해져 있으며 자연의 길은 하나이며 단순한 것이다. 또 각 인생의 시기에 적절한 특징들이 주어져 있는 것이다. 그리하여 유년기의 연약함, 청년기의 격렬함, 중년기의 장중함, 노년기의 원숙함은 각 시기에 거두어야 하는 자연스러움을 지니고 있는 것이다.

이런 지적인 몰두와 노력을 하는 자에게는 언제 노년이 슬그머니 다가오는지 모른다. 인생은 깨닫지 못하는 사이에 서서히 그렇게 늙어 가는 것이다. 인생은 갑자기 깨지게 되는 것이 아니라 오랜 기간에 걸쳐 소멸되는 것이다."

3. 노년은 거의 모든 쾌락을 앗아 간다는 주장에 대하여

"감각적 쾌락에 대한 욕구 감퇴는 오히려 노년의 큰 축복이다. 그래야만 정신이 제대로 계발啓發될 수 있기 때문이다."라고 답한다.

"만약 우리가 이성과 지혜로 쾌락을 거부할 수 없다면 해서는 안 될 것을 하지 못하도록 하는 노년에 대해 감사를 표해야 한다는 것을 알았으면 한다. 쾌락은 심사숙고를 저해하며 이성에 대해 적대적이어서 말하자면 마음의 눈을 무디게 하여 덕德과의 관계를 제대로 못 맺게 하기 때문이다. 만약 젊은이들이 더 마음껏 쾌락을 즐긴다면 우리가 앞에서 언급했듯이 우선 그들은 사소한 것을 즐기고 있는 것이다. 노년에 쾌락을 풍부히 향유하지 못한다 하더라도 결코 그러한 쾌락은 결여되어 있는 것은 아니다…. 술과 음식에 대한 욕망을 사라지게 한 노년에 대해 무한한 감사를 느끼고 있는 것이다…. 사실 멀리서 보는 노인도 충분할 정도의 쾌락을 즐기고 있는 것이다. 욕망, 야망, 다툼, 불화 등 이러한 것들의 전쟁이 끝난 마음이 자기 자신 곁에 있고 소위 마음이 자신과 함께 사는 것은 얼마나 좋은 일일까?"

4. '노년은 이제 죽음에서 멀지 않은 것을 의미한다.'라는 주장에 대하여

"엄밀히 말해 인생의 모든 시기가 죽음에 노출되어 있는 것이다. 죽음은 재앙이 아니라 자연스러운 것이며, 영혼이 불멸한다면 오히려 바람직한 것이다."라고 답한다.

"배우가 관객을 즐겁게 하기 위하여 모든 막에 출연할 필요는 없는 것이다. 그가 어떠한 막에 출연하든지 인정하기만 하면 되는 것이다. 마찬가지로 현인들도 인생이라는 연극의 마지막까지 갈 필요는 없는 것이다. 노년의 결실은 앞서 이루어 놓은 좋은 것들에 대한 풍부한 기억이 되는 것이다. 열매가 덜 익었다면 가지에서 억지로 따낼 수밖에 없지만 성숙하여 무르익은 경우라면 저절로 떨어지는 것과 같이, 젊은 이들은 생명이 억지로 앗아지지만 노인의 경우에는 성숙함이 생명을 가져가는 것이다. 성숙함은 나에게 매우 유쾌한 것이어서 내가 죽음에 점점 다가가는 것은 마치 오랜 항해를 한 뒤 육지를 바라보면서 마침내 항구에 들어서는 것과 같다고 생각하는 것이다."

그는 이어서 "노년에 관한 최선의 무기는 학문을 닦고 미덕을 실천하는 것이다. 훌륭하게 살았다는 의식과 훌륭한 일을 행했다는 기억은 가장 즐거운 것이 된다. 자기 자신 안에 훌륭하고 행복하게 살 수 있는 수단을 아무것도 갖지 못한 이들에게는 인생의 모든 시기가 힘겨운 법이다. 돈과 재산과 사회적인 지위가 있는 사람들은 노년이 참고 견딜만해 보일지 모르지만, 그것은 소수의 사람에게만 주어지는 행운이라고 이의 제기를 할 수 있을 것이다. 그러나 너무 가난하다 보면 현인에게도 노년은 견디기 쉬운 것이 아니겠지만, 엄청난 재물을 가졌다 해도 어리석은 자에게는 노년은 징그러울 수밖에 없는 것이다."라고 언급한다.

노년 문제에 있어 가장 일반적인 문제는 건강문제, 경제문제, 소외 및 무료함이라고 할 수 있다. 이러한 노인 문제를 극복하고 지혜로운 노년을 향유하기 위하여서 노년이 가져야 할 자세에 대하여 위에서 살펴본 키케로의 『노년에 관하여』를 읽고 느낀 몇 가지를 생각해 보았다.

첫째, 늙음을 받아들이는 자세가 필요할 것이다. 사람은 누구나 늙는다는 이 자연의 섭리를 깨달아 자기의 늙음을 긍정적으로 수용해야 한다. 다시 젊어지기를 바라는 착각을 버려야 한다. 젊게 보이려고 애쓸 필요도 없다. 모든 인간은 그 나이에 걸맞게 살아야 하고, 인생은 나이에 따르는 즐거움도 있기 때문이다. 나이대로 산다는 게 그 뜻이다.

둘째, 자연의 섭리를 받아들이는 자세이다. 지금의 자기 처지에 대한 이해가 있어야 하며, 자기 관리가 어딘지 알고 있어야 한다. 오늘을 살면서 그 생각은 '옛날'에 가 있다면, 그게 비극이다. 오늘의 내 자리가 현실이고, 스스로 그 자리에 적응하는 노력이 필요하다. 여기에는 과거와 단절하는 용기가 있어야 한다. 과거에 연연하면 지금을 충실하게 살 수가 없다. 인간이 제 분수를 깨달아 아는 일은 생각보다 어렵다. 거기에는 자기 철학이 있어야 한다.

셋째, 품위 있는 노인이 되는 것이다. 품위는 사람이 갖추어야 할 위엄이나 기품이며, 사물의 가치라는 뜻도 있다. 가치 있는 사람이 되는 것은 노인만의 문제는 아니지만, 특히 노년 생활에서 크게 요구되는 덕목이기도 하다. 품위는 존경받는 인격적 자세라 할 수 있다. 대접을 받기 위해서는 그만한 인품이 있어야 된다는 뜻이다.

넷째, 공부하는 노년이 되는 것이다. 가장 아름답게 보이는 사람은, 그 안에 가득 차 있는 것이 자연스럽게 밖으로 드러나는 경우다. 안이

비어있으면 소리가 요란하고 시끄럽다. 그러나 그 안이 꽉 차 있으면 지축을 흔드는 무게가 있다. 그래서 아름다운 노년은 '공부하는 노년'이다. 우선 월간지, 주간지, 일간지를 부지런히 읽어야 하고 한 달에 신간 한두 권은 정독해야 한다. 지금은 정보는 넘쳐나도 지식은 크게 빈약한 시대다. 정보는 스마트폰만 있으면 된다. 그러나 지식은 논리적이고 체계적인 앎을 요구한다. 종이책이 아니면 얻지 못하는 게 지식이다. 노년은 시간이 많고 자유롭다. 무료의 포로가 될 게 아니라, 스스로 공부해서 그 무게를 더 해야 옳다. 무서운 치매를 예방하기 위해서도 공부는 필요하다. 그리고 그 공부는 자기가 좋아하는 분야에서 전문가 수준까지 갈 수 있는 계획을 가지는 게 좋다. 안이 차 있으면 입을 열지 않아도 그 무게는 주위를 압도한다.

다섯째, 새로운 도전의 의지이다. 자기 것, 자기 세계가 없으면 더 빨리 늙고, 소모되는 게 노년이기도 하다. 겉으로 나타나는 개인의 일상 모양은 그 속에 들어있는 것이 결정한다. 안에 무엇이 들어있는가가 그래서 중요하다. 내용이 형식을 만들기 때문이다.

여섯째, 지혜로운 노년을 위한 노력이 필요하다. 평균수명이 늘어났으니 모두가 길어진 삶을 어떻게 살 것인가가 큰 과제이다. 그래서 '지혜로운 노년'은 더 중요해지며 새로운 변화를 필요로 한다.

제2장

생활환경의 변화

장·노년기의 의衣, 식食, 주住
먹고 사는 이야기

최석문

장년은 노년이 시작되기 직전의 인간의 성년기를 말한다. 장·노년기에는 미래에 대한 기대보다 과거에 대한 추억과 회상에 점점 몰두하게 됨에 따라 과거·현재·미래의 상대적인 영향력이 바뀌게 된다. 그래서 장·노년기는 지속성과 변화를 경험하는 전환기라고 볼 수 있다.

이런 장·노년이 직면하는 환경 및 시대정신의 변화 속에서 어떻게 위치를 설정하고 사람들이 궁극적으로 추구하는 행복한 삶을 누리며 살아가는지에 대한 즉 먹고사는 이야기를 해 보고자 한다.

'의식주衣食住' 활동은 삶의 가장 기본적인 영역으로 생존을 위해서는 반드시 채워져야 하는 필수불가결한 존재다. 소득수준이 낮고 빈곤에 허덕이는 개발도상국일 때는 기본적인 의식주를 해결하는 것이 지상과제일 경우가 많았다. 한국 사회는 거듭된 경제성장으로 이제는 선진국으로의 도약을 눈앞에 두고 있어 의식주를 바라보는 태도에서 과거보다는 여유로움을 갖기 시작했다.

한편 최근의 젊은 세대는 3포 세대 즉 연애, 결혼, 출산을 포기한다는 것인데 5포 세대는 취업, 내 집 마련 또는 인간관계가 추가되고, 7포 세대는 꿈·희망이 추가되며, 한발 더 나아가 N포 세대라는 말까지 등장하는 자조적自嘲的인 이야기가 회자되고 있다.

이런 세태는 사회적으로 이들을 떠맡고 있는 부모세대의 장·노년기가 있고, 미래에는 역설적이게 지금의 젊은 세대가 장년기~노년기 세대를 책임져야 하는 사회구성이 될 수 있다고들 한다. 그런 만큼 장년기에 대한 새로운 인식과 이해, 그리고 준비가 필요함을 느끼게 한다.

그러나 지금 현실에서 보면 여전히 내 집 마련은 어렵고 풍족한 생활과는 거리가 먼 사람이 훨씬 많다고 하지만, 공휴일에 나들이객이 도로에 가득하고, 공휴일이 겹치는 연휴 기간에는 인천공항 등이 해외여행객으로 인산인해를 이루는 것을 보면 의식주가 '생존의 영역'에서 '자기만족의 영역'으로 확장된 것만은 분명하다. 즉 의식주 생활에서 자기만족을 중시하고, 가치 소비를 지향하는 태도를 보이는 추세라는 것이다.

필자 자신도 직장과 가정생활을 돌이켜 볼 때도 장년기를 인생에서 가장 중요한 때 즉 인생 최고의 전성기라 말할 수 있을 것 같다. 지식도 넓고 깊게 축적되고 여기에 경험이라는 자산이 쌓여 합리적 사고와 냉철한 판단력이 절정에 이르고 그야말로 인생의 황금기라는 생각이다.

이제는 백세시대가 회자되는 세상에서 장년기는 각 개인의 삶, 인생에서 허리에 해당하는 시기이며 가장 왕성한 사회활동과 사회적으로 인정받을 수 있는 직위, 그리고 안정적인 경제력을 보유한 빛나는

세대일 수 있다.

여기에 더하여 빛나는 장·노년기를 건설적으로 설계하고 미래를 준비할 수 있다면 만족스럽고 생산적인 노년을 준비할 수 있을 것이며, 행복한 삶의 마무리를 할 수 있을 것이다.

장·노년기의 내외적 아름다움 추구

최석문

1. 옷衣과 스타일

원래 의식衣食이라는 말이 인류가 살아오면서 자연스럽게 형성되어 오늘에 이르렀다.

의식에 주住를 붙여 의식주라는 말을 만든 것은 비교적 근래이므로, 주住는 맨 나중이 되었으며, 최근에는 교통을 뜻하는 행行을 붙여 의식 주행衣食住行이라는 말도 있다.

의식衣食이란 말 그대로 의복과 음식이란 뜻으로 한서漢書 식화지食貨志에 '의식족이지영욕衣食足而知榮辱'이라고 하였다. 옷과 먹을 것 즉 생활의 기본이 충족되어야 명예를 존중하고 부끄러움을 알아 예절이 생긴다는 의미이다.

명예와 부끄러움을 얘기한 것에서 의복衣을 음식食보다 앞에 둔 이유를 짐작할 수 있다.

2. 의복은 생활 문화의 한 단면이며 문화사의 일부이다

역사적으로 인간은 오랜 옛날부터 자신의 체온을 유지하고 피부를 보호하고 작업을 하기에 편리하고 자신의 생각을 예술적으로 표현하기 위한 수단으로 옷을 입기 시작하였다.

현대에 이르기까지 섬유 생산과 옷을 제조하는 기술의 발달로 옷이 단순한 보호와 작업 편리성을 뛰어 넘어 이제는 부와 신분, 우월성, 차별성을 나타내는 데서 자신만의 독특한 개성을 표현하고, 자존감을 나타내는 패션이자 자기실현의 문화이고, 사회의 가치관을 반영하는 거울이다. 단순히 어떤 '색깔'과 '디자인'의 옷을 입을지가 아니라 '이 옷을 입음으로써 다른 사람들이 나를 어떻게 바라볼 것인가?'를 생각하며, 자신을 꾸미는 데 더 많은 신경을 기울이는 모습이다.

겉모습이 사람을 판단하는 중요한 척도로 인식되고 있는 상황에서 외모관리와 자기 관리에 투자하는 성향이 뚜렷해지고 있다. 특히 타인에게 잘 보이고 싶어 하고, 외적인 매력을 발산하려는 욕구는 이제 여성과 젊은 세대뿐만 아니라 남성과 중장년층에게도 해당되는 모습이다.

또한 패션이나 유행에 관심이 많아졌지만 과거에 비해 브랜드의 영향력이 약해지고 있으며, 이름값보다는 자신의 취향과 스타일을 중요하게 여기는 태도를 보이기 시작했다.

이로 인해 예전부터 만연하던 '외모지상주의'는 좀 더 심화됐고, 취업을 앞둔 대학생들이나 직장인들도 '외모가 경쟁력'이라는 이유로 성형수술 하는 것을 당연하게 여기고 있다. 나아가 장년기 세대들도 더 젊고 매력적으로 어필하기 위하여 각종 화장품과 피부 관리 및 성형수술까지도 한다.

3. 의衣에 속하는 옷은 크게 두 가지로 나눌 수 있다

첫째, 겉을 치장하는 복장이란 의미의 '외면의 옷'이다. 외면의 옷은 그 사람의 이미지와 경제력 등을 나타내는 척도이다. 또 청빈과 겸손 혹은 허영과 사치 등을 보여주는 수단이기도 하다. 이는 성형으로 대표되는 외모 지상주의와 맞닿아 있다.

둘째, 자신의 생각과 마음을 감싸는 '내면의 옷'이다. 내면의 옷은 그 사람의 가치와 됨됨이를 판단하는 기준이다. 자신만의 색깔로 타인과 구별되는 독특함이다. 내공 혹은 향기로 불리기도 한다. 때로 독선과 아집을 경계해야 한다. 물론 내면의 옷과 외면의 옷이 조화를 이룰 때 가장 아름다울 것이다.

우리가 추구해야 할 것은 외적, 내적인 아름다움 모두를 추구해야 함을 뜻하는 것이다. 단순하고 평범하게 보일지라도 자신만의 개성을 나타낼 수 있는 깨끗하고 단정한 복장과 내적인 성숙성, 인격과 자신감을 나타날 수 있는 모습을 보일 수 있다면 그 자체만으로도 아름다울 수 있으며, 이는 곧 자신의 주체성과 높은 자존감을 표현하는 것으로 보여 더 빛날 수 있다는 것이다.

최근의 세태 중 성형에 매달리는 많은 젊은 세대와 그것을 바라보는 장·노년기 세대는 사람이 갖추어야 할 것이 외모뿐만 아니라 보편적인 사고와 상식적인 행동을 보여주는 인격적 내면의 성숙성임을 다시금 생각한다.

4. 겉모습, 외모가 중요하다

한국사회에서는 여전히 겉모습이 사람을 판단하는 중요한 근거로 작용하고 있다. 조사에 응한 응답자의 74.1%가 우리나라에서는 옷을 잘 입어야 대접받는다고 응답했다.

전반적으로 자신의 개성을 추구하는 패션 경향이 강해졌다. 옷, 구두 등에 뚜렷한 자신만의 개성이 존재한다는 소비자가 42.9%로 큰 폭으로 증가한 결과를 보인 것이다. 특히 다른 연령에 비해 50대가 옷, 구두 등에 자신만의 개성이 뚜렷하게 존재한다고 밝힌 경우가 많았고, 그 변화의 폭도 가장 컸다. 특히 주변 분위기와 상관없이 나만의 스타일로 옷을 입는다고 대답할 만큼 개성을 추구하는 패션 경향이 최근 두드러지게 나타나고 있다.

5. 유행을 "무시하지 않고", 유행에 "따르지 않고", 저렴하게 자신을 차별화하다. 나만의 개성을 추구하는 패션을 추구하다!

사회적, 문화적으로 불균형 현상이 나타나고는 있지만 고도 성장기에 비해 경제적 여유를 추구하거나 자신 등이 속해 있는 집단에서의 존재감을 나타내고자 하며, 해외여행 등에서 보고 느낀 많은 감상이나 체험 등에 영향을 받은 일면도 있어 패션이나 유행에 관한 관심이 많아진 것도 뚜렷해진 변화 추세이다. 그래서 많은 사람들이 주위에서 무슨 옷을 입었는지 눈여겨보고 있으며, 새로운 패션이나 유행은 곧바로 받아들이면서 유행에 따라 옷을 구입하려는 경향이 커진 모습이다.

매일 다른 옷으로 바꿔 입는다는 소비자도 큰 폭으로 증가했다. 특히 새로운 패션이나 유행을 곧바로 받아들이려는 태도는 30대 이상에게서 증가하였다. 패션에 대한 민감도가 모든 연령에서 비슷해진 것이다.

브랜드 파워가 약해진 것도 매우 주목할 만한 패션산업 분야의 트렌드이다. 의류는 유명 브랜드 제품이 좋다고 생각하거나 넥타이나 핸드백 등은 유명 브랜드 제품을 지녀야 품위가 있다는 인식이 줄어들었다.

이는 점진적으로 자존감이나 자신의 개성을 중요시하는 경향이 강해졌다고 볼 수 있다. 즉 유명 브랜드, 일명 명품을 지니려면 명품을 유지할 만큼의 다른 환경조건도 갖추어야 명품을 지닌 품위를 갖출 수 있다는 인식이 높아졌다는 것이다. 예를 들어 명품 가방을 들고 명품 옷을 입으면 거기에 걸맞는 명품 차 등도 탈 수 있어야 하는데 가방과 옷은 명품을 가졌지만 버스나 전철을 타러 뛰어 가야 한다면 자신 스스로가 자괴감이 들 것 같다는 이야기를 한다. 아울러 자신에게 맞는 적정한 개성을 표현하는 것을 더 중요시하는 경향이 강해지는 추세라는 것이다.

다만 50대 이후 즉 장·노년기인 경우 상대적으로 경제적, 사회적,

문화적 안정기에 들어 의류, 넥타이, 핸드백 등을 가질 수 있고 품위를 유지할 수 있는 여유를 가지고 있어, 사회적 지위나 품위, 차별화를 나타내기 위하여 유명 브랜드 제품을 지녀야 한다는 생각이 더 강하다는 것이다.

이런 양상은 상대적으로 경제적 여유를 가진 중산층 이상의 노년층에도 일반화되는 경향이 있다. 이는 노년층에 이르렀지만 아직 자신은 젊고 매력적일 수 있다는 표현의 방법이며, 유행을 추구하는 세대와 함께하려는 욕구들이 보편화되어 가는 과정이라 생각된다.

장·노년기 세대가 옷衣服을 고를 때는 단정하고 아름다운 옷차림은 자신에 대한 인식을 긍정적으로 발전시킨다는 것을 생각하며, 체형의 변화가 일어나기 시작하는 시기이므로 활동성과 체형을 유지 또는 보완을 위한 노력도 필요하다. 옷을 고를 때는 등 부분에 주름이 있고, 혈액 순환과 신진대사가 잘 이루어지고 입고 벗기 쉽도록 여유 있는 형태의 천연 섬유, 약간은 넉넉한 사이즈, 옷감이 너무 두껍거나 무거운 옷은 피하고, 몸에 부담이 되지 않도록 가벼운 것이 좋다. 또한 겨울에 기온이 낮을 때는 건강을 지키기 위하여 모자를 착용하는 것이 좋다.

글로벌, 세계화되어 가고 있는 선진적 세계시민에 걸맞는 자신의 주체적인 철학과 생활기준을 지니고 자신의 개성과 자존감을 잘 표현할 수 있는 것이라고 한다면 외모와 외면적 화려함 보다는 자신에게 맞는 비록 소박하고 평범한 패션이라도 자신만의 개성과 차별성을 나타낼 수 있다면 좋을 것이다. 여기에 인격적 성숙성과 매너라고 표현되는 상식적인 예의범절을 지킨다면 옷衣은 더욱 빛날 것이다.

제2장 **생활환경의 변화**

건강한 식食생활 문화를 찾아서

최석문

1. 한국, 장 · 노년기의 식食생활

인류의 발달사와 더불어 한민족의 식생활은 생존과 직결되는 중요한 과제였다.

삼국 시대에 고구려인들은 육식을 즐겼으며, 백제와 신라인들은 술 · 장 · 젓갈을 발달시켰다.

고려에서는 불교의 영향으로 살생을 삼가서 육식이 쇠퇴하고, 사찰에서 누룩 · 국수 · 소금 · 차 등의 제조를 독차지했다. 고려 후기에 몽골군이 들어오자 육식이 고개를 들어 설렁탕 · 순대 · 쇠머리 요리가 전해지고, 소주가 그들이 주둔했던 지역에서부터 널리 퍼지기 시작했다. 이리하여 이때에 식물성과 동물성 먹이를 고루 먹는 오늘날의 식사법이 자리를 잡았다.

조선에서는 불교와 함께 차 마시기가 쇠퇴하고, 개고기와 생선회를 먹게 되었다. 이때 옥수수·고추·감자·고구마 등이 미 대륙에서 들어와 식생활의 변화가 일어났다. 고추는 가루로 빻아 김치를 담그거나 고추장을 만드는 데 쓰이기 시작했고, 감자와 고구마는 흉년을 넘기는 데 유용하게 쓰였다.

전통적으로 한국인의 밥상 위에는 밥그릇은 왼쪽에 국그릇은 오른쪽에 반찬 그릇은 앞쪽으로 차려 놓고, 숟가락을 오른손에 잡고 밥이나 국물을 퍼서 먹고, 오른손의 젓가락으로 반찬을 집어 먹는다. 음식을 함께 먹는 경우에는 어른이 먼저 수저를 든 후에 아래 사람이 밥을 먹는 것이 한국인의 식탁예절이다. 일상식이 아닌 경우에 사람들은 음식을 먹는 중에 술을 곁들이기도 하지만 일반적으로 밥을 먹고 난 후 숭늉 마시는 것이 식사의 마지막 과정이다.

한국인들이 즐겨 마시는 술은 곡주, 여름에는 소주를 선호했고, 의례행사에는 청주를 사용하였다. 서민들이 즐겨 찾는 술은 막걸리였고, 부자들이 즐겨 찾은 것은 소주와 약주藥酒 : 진달래, 머루, 포도, 배, 모과, 국화 등였다. 전통적인 음료는 식혜와 수정과, 화채 등을 즐겨 마셨고, 사찰이나 궁중에서 차茶를 즐겨 마셨다.

현대에 이르러 한국인들은 도시의 발달과 직장인들이 늘어나고 생활에 경제적 여유가 생기면서 단순히 체력을 유지하기 위한 식사에서 맛과 풍미, 품위를 표현하면서 더 맛있는 음식을 추구하거나, 나만의 개성을 충족시키는 음식을 찾는 식도락으로까지 퍼져가고 있다. 이런 현상은 TV, 신문, SNS 등 매스미디어의 영향으로 더욱 널리 퍼지고 있으며, 소비 행동도 비용을 아끼지 않고, 음식을 하나의 콘텐츠로 여기면서 소비하는 형태로 나타나고 있다.

한편, 최근 많은 사람들이 먹방과 쿡방에 열광하고, SNS에 올라오는 사진들 대부분이 음식 사진이라는 사실은, 한국 사회에서 먹는 행위가 '육체적 허기'뿐만 아니라 '정서적 허기'도 채워주는 중요한 활동이라는 것을 잘 보여준다. 그러다 보니 건강에 대한 일상적인 염려가 있는데도 고칼로리나 인스턴트 음식을 즐기는 등 건강한 식습관 태도와는 멀어지는 경향이 뚜렷해진 모습이다.

2. 먹는 데 아낌없는 돈 투자

식생활 측면에서 가장 두드러진 변화는 과거보다 먹는 데 아낌없이 돈을 쓰고 좀 더 적극적으로 음식 문화를 소비하려는 태도에서 찾을 수 있다. 『2017 대한민국 트렌드』를 보면 소비자의 절반 이상52%은 먹는 데 돈을 아끼지 않고 있는 것이다. 나아가 간식, 군것질과 인스턴트식품을 즐겨 먹는 식습관이 매우 뚜렷하다는 점에서 이런 라이프스타일이 향후에도 지속될 것이라는 예상을 해볼 수 있다.

컵라면 등 간단하게 조리할 수 있는 음식을 자주 먹고, 점심으로 햄버거나 치킨을 종종 이용하는 사람도 과거보다 많아졌다. 최근 젊은 세대 및 중·장년기의 기러기 아빠로 칭하며 급증하고 있는 혼밥혼자 먹는 밥, 혼술족이라는 1인 가구의 경우, 인스턴트식품을 즐겨 먹고, 컵라면 등 간단하게 조리할 수 있는 음식을 자주 먹는 경향이 훨씬 강하게 나타나고 있다.

이런 추세로 인하여 영양을 따지고 건강을 챙기려는 식습관 태도는 다소 감소하고 있다. 무엇보다 음식은 맛보다 영양이 중요하다는 인식이 줄어든 것이 이를 잘 보여주고 있었는데, 여성, 그리고 30~40대 연령층에서 이런 태도 변화를 가장 많이 찾아볼 수 있었다.

또한 육식보다 채식을 좋아하고 비싸더라도 무공해 식품을 사 먹는 소비자가 감소한 것으로 나타난다.

최근 건강에 대한 관심의 흔적은 거의 유일하게 '건강식품'뿐이었다. 이는 건강 자체보다는 건강식품에 대한 관심만 높아졌을 뿐, 식습관은 퇴행에 가까울 정도로 '더 자극적이고', '더 기름진'즉석식품을 선호했다. 반면 먹거리에 대한 관심이 오히려 늘었다. 이것은 요리정보를 찾는 사람이 현저하게 늘었고 새로운 음료나 식품이 나오면 사 먹는 비율도 더 높아졌다. 그러다 보니 맛집을 찾아다니고 먹는 데 돈을 아끼지 않는다는 소비자가 월등히 많아졌다.

이런 역설적인 현상은 먹거리의 영양이나 건강보다는 '지금 당장의 만족'을 추구하는 쪽으로 진행된 것이다.

'건강'은 기본적으로 미래 지향적인 개념이다. 지금 당장 내 혀끝에서 느끼는 자극적인 즐거움이나 몸의 편안함의 일부를 포기해야만 얻을 수 있는 중장기적인 관점의 자산관리인 것이다.

건강보다 자극적인 음식을 더 원한다는 것은 막연하고 불확실한 미래보다 '지금 당장'의 행복이나 만족을 추구하는 삶의 태도가 반영됐다고 볼 수 있다.

3. 건강을 지키기 위한 장·노년기의 식생활

우리가 생각해야 할 점은 장년기 때나 그 이후인 노년기 때 발생하는 질병이나 신체적 이상 징후는 사람들이 매일 섭생하는 음식물 즉 식생활, 운동 및 주거 생활환경과 밀접한 관련이 있다는 것이다. 현대인들이 간편식, 인스턴트식, 기름지고 입에 착 붙는 고칼로리 음식 등에 길들여져 있다면 자신도 모르게 위장질환, 고 콜레스테롤, 비만, 당뇨, 고혈압, 고지혈, 동맥경화, 뇌졸중 등 심혈관질환, 간 질환, 신장 질환, 관절염, 대사 장애와 사람들이 가장 무서워하고 두려워하는 다양한 암 질환 등 각종 질병이 다가온다는 것이다.

세계적으로 고칼로리 기름진 육식위주의 먹거리로 구성된 아메리카 대륙 즉 미국, 중남미 멕시코, 브라질 등 음식보다는 유럽의 생선, 올리브유, 레몬 등으로 구성된 지중해식 식단이 장수식이라 하여 각광받고 있고, 건강을 위한 채식을 추구하는 사람들이 늘어나면서 자연스럽게 동양식이 조명되고 있으며, 그 중 한식의 맛, 색, 건강성 등을 이유로 관심이 높아지고 있다.

4. 건강을 생각한다면 한식

우리나라도 세계화와 더불어 각 나라의 특색 있는 음식들이 밀물처럼 들어와 외식문화란 명칭을 달고 급속도로 성장하고 있다.

서양 음식으로 스테이크, 패밀리 레스토랑, 햄버거, 치킨 등의 미국

음식문화, 피자와 스파게티의 이탈리아 음식, 양고기 스테이크, 달팽이 요리 등 프랑스 음식, 멕시칸, 브라질 등의 옥수수 전병과 고기를 기본으로 하는 기름진 음식 등이 있다.

우리의 전통 음식이었던 것처럼 여겨지는 자장면, 탕수육, 만두 등과 함께 다양하고 화려한 요리로 일컬어지는 중국 음식, 회와 초밥, 각종 덮밥 류, 돈가스와 같은 일본 음식, 카레 등의 인도 음식, 최근 대학로 또는 홍대거리를 중심으로 퍼진 태국 음식, 베트남 쌀국수, 쌈 등의 아시아 음식까지 외식문화 성장과 함께 한식을 밀어내는 듯한 양상이다.

다양한 세계의 음식문화가 유입되었지만 오히려 서양에서는 우리의 쌀밥, 한국의 발효음식, 채식 위주의 식단이 건강에 좋다는 이유로 유행이 되고 있는 것은 아이러니한 현상이다. 여러 나라와 우리의 음식문화를 비교하면서 얻어지는 의미 있는 내용은 한국전통음식을 꾸준히 섭취한다면 기름지고 지방질, 콜레스테롤 등이 높은 서양 음식으로부터 유발되는 성인병 예방, 생식기능 개선, 비만 예방 등에 고루 도움이 된다는 것이다.

5. 건강 식이요법

1) 장·노년기의 건강관리 변화 징후

장년기는 여러 가지 갱년기 증상이 나타나면서 만성 퇴행성 질환이 발생되며 노년기에는 더욱 격심한 변화를 맞게 된다. 장년기에는 사회, 경제적 지위가 절정에 도달하였으나 성취감보다는 하강과 은퇴를 감지하여 무기력해지기 쉬운 시기이다. 노년이 되어 은퇴를 한 경우에는 경제적 압박, 자녀들의 독립이나 배우자 사별에 따른 고독, 소외감, 우울감 등의 사회, 심리적 변화도 크지만 신체적으로도 여러 가지 변화를 맞게 된다.

(1) 소화기계의 변화

나이가 들면 우선 미각과 후각이 전반적으로 저하되는데 짠맛이 가장 떨어지고, 단맛에 대해서는 논란이 많다. 또한 음식물을 씹거나 소화하는 기능이 저하되고 변비가 생기기 쉽다.

(2) 중추신경계의 변화

20세와 90세를 비교했을 때 뇌의 무게는 10% 감소하며, 감정, 인지, 시각, 청각, 기억을 담당하는 대뇌 부위의 세포 수가 현저하게 감소하며 신경돌기의 감소도 있어 다른 세포와의 접촉이 감소된다고 한다.

뇌세포의 병적인 심한 파괴로 노인성 치매가 오기도 하는데 장단기 기억장애 외에도 추상 능력 장애, 판단력 장애, 실어증, 실행증, 인격 변화를 동반하여 통상적인 사회 활동이나 타인과의 관계가 심하게 지장을 받게 된다.

(3) 내분비계의 변화

노화와 함께 호르몬의 합성과 방출이 손상을 받아 호르몬의 혈액 내 수준이 떨어지기 쉽고, 이용도가 감소하며 천천히 배설된다. 또한 뇌의 시상하부에서 호르몬 분비, 저장, 방출에 대한 정보나 전달 내용에 덜 민감하게 반응함으로써 내분비 기능을 변화시켜 당뇨병과 같은 질병을 일으키기도 한다.

(4) 심장 순환계의 변화

나이가 듦에 따라 혈액 내의 중성 지방이나 콜레스테롤이 높아지는 고지혈증, 동맥경화로 심장에 부담이 증가하고, 심장 근육의 펌프 효과도 감소하여 혈류량이 줄어 산소와 영양소 공급에 제한을 받게 된다.

(5) 신장의 변화

30세와 80세를 비교해 보았을 때 신장 기능이 40% 정도 감소하여 약물이나 대사산물을 처리하는데 시간이 많이 걸리게 된다. 오줌량을 조절하거나 농축시키는 능력이 감소하여 탈수되기 쉬우며 탈수가 되더라도 갈증을 느끼는 감각이 감소하므로 수분의 적절한 공급이 필요하다.

(6) 장 · 노년기 영양문제의 중요성

45세 이후부터는 근육량의 감소로 기초 대사량이 줄고, 활동량도 감소하게 되므로 전체적인 열량 필요량이 줄게 되어 섭취하는 열량을 감소시키지 않으면 비만이 되기 쉽다.

노년기로 접어들면 미각, 후각, 시각, 기억력 등의 감퇴로 식품섭취와 먹는 음식이 제한되기 쉬우며 식품의 구입, 조리, 섭취 곤란 등으로 균형 잡힌 식생활을 하기 어렵게 되기도 한다. 또한 소화기, 신장 등 장기의 기능 감소로 음식물의 소화, 흡수, 배설에 문제를 가지게 되며 여러 가지 만성 퇴행성질환으로 영양 상태는 더욱 나빠질 수 있다. 이러한 것들에 대한 심리적 위기감으로 건강유지와 노화 방지에 강한 집착을 갖게 되어 영양제나 보약, 건강, 보신 식품을 남용하는 사례가 늘게 된다.

그러나 건강과 체력을 유지하고 이미 발생한 질병을 치료하기 위하여 이러한 식사상의 문제점을 해결해야 한다. 즉, 노년기라 해서 잘못된 식습관을 그대로 방관하거나 예전의 식습관에 안주해서는 안 되고, 보다 나은 식습관에 적응하도록 계속적인 훈련을 할 때 건강하고 활기찬 노년기를 보낼 수 있을 것이다.

2) 건강한 장·노년을 위한 식생활 지침

(1) 정상 체중을 유지하세요

장년 이후부터는 근육량의 감소로 기초 대사량이 줄고, 활동량도 감소하게 되므로 전체적인 열량 필요량이 줄게 되어 지금까지 먹던 것만큼만 먹어도 비만이 되기 쉽다. 밥량이나 기름기가 많은 음식을 피하여 열량섭취를 줄이도록 하여 체중증가를 방지해야 한다.

그러나 너무 심하게 열량섭취를 제한하면 신체가 허약해지기 쉽다.

그러므로 신체 운동능력 범위 내에서 활동을 늘려가면서 열량섭취를 조절하는 것이 바람직하다. 신체 활동은 청·장년기부터 규칙적인 운동을 해오다가 노년기를 지내면서 조정해 나가는 것이 필요하다.

(2) 단백질은 질적으로 좋은 것을 선택해서 섭취한다

열량 필요량은 나이가 듦에 따라 감소하지만 체중 kg당 단백질 필요량은 청·장년기의 필요량과 같다. 이것은 노인의 경우 단백질의 체내 이용률이 떨어지기 때문이다. 그러나 우리나라 노인들을 대상으로 한 연구들을 보면 식사 중 단백질의 섭취 부족이 큰 문제로 나타나고 있다. 치아가 좋지 않은 노인들을 위해서는 질이 좋은 단백질을 가지고 있는 부드러운 생선, 살코기, 두부, 간, 우유 및 유제품을 적절히 섭취하도록 권장한다. 하지만 너무 많이 섭취하는 것은 오히려 해가 된다는 것을 잊지 말아야 한다. 그 이유는 단백질이 대사되고 남은 찌꺼기는 신장을 통해 배설되는데 단백질을 너무 많이 섭취하면 찌꺼기를 많이 만들어서 신장에 부담을 주어 신장 기능을 떨어뜨릴 수 있기 때문이다.

(3) 단순 당질은 피하고 지방은 식물성 기름을 우선으로 섭취하세요

장년기의 과다한 당질과 열량섭취는 혈액 중의 중성지방과 혈당을 올리기 쉽다. 또한 단 음식은 가뜩이나 악화되는 치아 건강에도 해가 되므로 삼가는 것이 좋다. 일반적으로 혈청 콜레스테롤 함량은 나이가 듦에 따라 증가하는데, 여자의 경우 20~55세까지는 남자보다 낮으나 폐경 이후에는 남자보다 높아진다.

육류와 굳기름_{버터, 라드}에 많은 포화지방산보다 보통 온도에서 액체 상태인 식물성 기름_{불포화 지방산}을 더 많이 섭취하면 혈청 콜레스테롤, 중성지방이 낮아지는 경향을 보인다. 동물성 기름이라도 등푸른 생선_{꽁치, 정어리, 고등어}에 들어 있는 기름은 불포화 지방산_{ω-3계 지방 : EPA, DHA}이 많아 동맥경화증, 혈전증, 심장순환기계 질환을 예방하는데 도움을 주므로 섭취를 권장하며, 식물성 기름이라도 팜유, 야자유_{과자나 라면, 커피용 분말크림에 많이 쓰임}는 포화지방산이 많으므로 주의해야 한다.

(4) 골격질환 예방을 위해 칼슘을 충분히 섭취하세요

노인에게서 큰 문제의 하나가 골다공증에 의한 골절이 증가하는 것이다. 특별히 폐경 후의 여성에게 척추의 골절과 요골하단골절이 많으며, 70세 이후에는 남녀 모두에게서 척추, 엉치, 상완골 하부, 경골 및 골반 하부 골절이 흔히 일어난다. 특히 우리나라의 장·노년층은 우유와 유가공품의 섭취량이 적어 하루 칼슘 권장량에 훨씬 못 미치는 양을 섭취하고 있다. 최근에는 권장량인 700mg은 너무 적고 1000~1500mg을 섭취해야 한다는 주장이 유력시되면서 하루에 "우유 2컵 마시기 운동"이나 칼슘보충제 사용을 권장하는 영양학자도 있을 정도다.

그러나 칼슘보충제는 우유 섭취가 곤란해 어떠한 방법을 써도 식사상의 칼슘섭취가 부족한 경우에 사용하며, 신장기능이 정상적이어야 하고, 너무 다량 섭취할 경우에는 소화기관 장애, 변비, 혈액에 칼슘 함량이 높아지고, 신결석의 부작용이 있으므로 식생활을 잘 평가하고 전문가와 상의해서 사용 여부를 결정해야 한다.

우유가 잘 받지 않는 경우에는 찬 우유보다는 따뜻하게 덥혀서 마시고, 우유와 전분이 함께 조리된 형태로^{푸딩, 크림스프 등} 하며, 조금씩 씹듯이 여러 차례에 나누어 마시면 좋다. 그래도 가스가 차거나 묽은 변을 보면 유당 가수분해 우유^{상품명 : 락토우유}를 사용한다.

(5) 철분이 부족할 위험이 있으므로 주의하세요

빈혈은 노인에게 자주 나타나는 건강문제로 심장박동수가 증가하고, 숨이 가빠지며 허약해진다. 그러나 이런 증상은 보통 노인에게 전형적으로 나타나는 증상으로 생각되어 빈혈로 발전되는 위험신호를 미처 깨닫지 못하고 간과하는 경우가 많다.

노년기에는 혈액 성분을 만드는 골수에 변화가 있고, 또 조혈 영양소의 결핍으로 빈혈이 되기 쉽다. 우선 동물성 식품의 섭취가 적은 경우 철분 섭취도 같이 줄게 되며, 위액 분비량이 줄어들어 철분의 흡수율이 떨어질 뿐만 아니라, 궤양, 치질 등이 있을 경우 출혈로 혈액 손실이 있을 수도 있다.

식사로 철분을 충분히 섭취하지 못할 때에는 철분 보충제로 하루 권장량^{12mg}만큼만 섭취하는 것도 좋다. 그러나 고단위의 철분 보충제 사용은 혈색소증과 간의 손상을 일으킬 수 있으므로 주의해야 한다.

육류, 생선, 가금류^{닭고기 등}, 콩류, 녹색 채소류는 철 함량이 높은 식품인데 이 중 동물성 식품의 철이 이용률이 높다. 또한 적절한 단백질 영양 상태와 비타민 C와 비타민 B12, 엽산 등의 섭취가 빈혈을 예방

하는 데 도움이 된다. 철분의 흡수를 방해하는 차^{녹차, 홍차, 커피}는 제한하
는 것이 좋다.

(6) 염분 섭취를 절제하세요

노인들은 미각이 감퇴하기 때문에 아무리 간을 해도 싱겁게 느껴져
자꾸만 소금을 치는 경우가 많다. 그러나 나트륨의 섭취가 높은 사람
들 중에서 고혈압의 발생빈도가 높아 건강상의 문제로 대두되고 있다.
고혈압은 다른 여러 가지 합병증을 유발시킬 수도 있으므로 고혈압을
예방하는 것은 매우 중요한 일이다.

우리나라는 곡류의 과잉섭취와 함께 매우 짜게 먹는 식습관을 형성
해 와서 1일 평균 식염 섭취량은 20g을 넘어 서구 여러 나라보다 높은
편에 속한다. 그러므로 짜게 먹는 식습관을 고쳐 나트륨 섭취를 줄이
도록 노력해야 한다.

나트륨의 섭취를 줄이려면 간장, 된장, 고추장 등의 사용량을 줄이
고 김치, 장아찌 등 염장식품 섭취의 사용을 줄여야 한다. 또한 둔해
진 혀끝의 감각에 속지 말고 소금을 절제하는 습관이 필요하다. 새로
운 식품을 이용하거나 다양한 양념을 사용하여 입맛을 되찾도록 하는
노력이 필요하다.

(7) 비타민, 무기질은 균형식으로 충분히 섭취할 수 있습니다

다섯 가지 기초식품군^{어육류 및 두류, 우유류, 채소 및 과일류, 곡류, 유지류}이 골고
루 포함된 균형식은 필요한 비타민, 무기질을 골고루 포함하고 있다.

그러므로 고단위 영양제가 좋다는 말만 듣고 무심코 사용하다가는 과잉증과 독성을 나타낼 수 있으므로 주의해야 한다. 가급적 식사를 충실히 하려는 노력을 하고 필요한 경우에는 반드시 전문가와 상의하도록 한다.

 (8) 식사시간은 규칙적으로, 그리고 적당한 운동과 휴식을 취하세요
 매일 매끼 식사시간을 규칙적으로 하여 생활 리듬이 깨지지 않도록 합니다. 또한 운동량 부족, 수분섭취 부족, 소화기 운동 저하, 식사량 감소로 변비가 생기기 쉬우므로 신체 상태와 기능에 적합한 가벼운 운동과 휴양을 하도록 한다. 이것은 정신적, 정서적으로 생활에 만족감을 주게 되며, 건강하게 지낼 수 있는 좋은 방법이다.

3) 건강한 식생활, 식이요법 diet therapy

 건강을 위한 식생활, 식이요법이란 질병 치료의 목적에 따라 음식이나 식사를 적절히 활용하는 치료 방법이다. 올바른 식생활의 방법으로, 각 개인의 건강 상태나 병이 있고 없음에 따라 강조됨이 다르지만 근본적인 원칙은 같다. 좋은 건강에 필수적인 식품의 균형된 선택을 강조하며 가장 적절한 영양을 공급함으로써 질병을 개선 및 회복시키려는 치료 방법의 일종이다. 식품과 영양에 대해 올바르게 이해하고 신속한 회복과 질병의 재발 방지, 예방은 물론 완전한 건강을 유지하도록 한다. 식이 요법은 질병 및 취약기의 영양 원리를 이해하여 개개

인에게 일어나는 영양 상태를 평가하고 이에 과부족이 없도록 필요한 영양을 잘 공급한다. 식생활의 문화적인 측면까지 고려하여 방법에 문화성을 띤다는 것이 다른 요법과 차이가 있다.

요즘은 식사요법이라고도 부른다. 한국 사람들은 식이요법을 아주 특별한 음식을 먹거나 체중을 줄이는 살 빼기의 동의어로 종종 생각한다. 식이요법이란 올바른 식생활의 방법이며 각 개인의 건강 상태나 병이 있고 없음에 따라 강조되는 점이 조금씩 다르나 출발점은 같다. 식이 요법은 환자의 신속한 질병 회복과 병의 재발 방지 및 질병 예방에 목적을 두고 있다. 병이 생기고 나서 식이 요법을 하는 것보다는 평상시 올바른 식생활을 하여 병을 예방하는 것이 더욱 중요하다.

질병의 종류가 수도 없이 많고 복잡하듯이 식이 요법의 종류도 다양하다. 당뇨병, 비만, 동맥경화, 고혈압, 심장병, 신장병, 통풍, 알레르기, 단백질 결핍증, 비타민 결핍증, 과잉증 등 질병 증세에 따라 특정한 영양소를 제한하거나 보충을 한다. 식이 요법의 기본 원칙인 3끼 식사와 2~3번의 건강 간식을 규칙적으로 정해진 시간에 천천히 적당한 양을 먹어야 한다는 것은 같다.

병에 걸리면 치료의 방법으로 약, 수술로 쉽게 해결될 것 같아 서둘러 병원을 찾고, 식이 요법에는 소홀한 사람이 있다. 치료의 한 방법인 약이나 수술로만 병이 나을 수가 없음에도 불구하고 식이 요법을 게을리하는 이유는 사람에 따라 다르겠지만 첫째는 음식을 제대로 먹지 않고도 좋은 약이나 수술만으로 병이 치료되거나 나을 수 있다고 잘못 알고 있다. 둘째는 음식을 제대로 먹는 식이 요법의 중요성을 충분히 알고 있지만 식생활을 바꾸는 것이 어렵기 때문이다. 사람의 식습관은 태어나서 수유, 이유, 영유아기를 거치며 자리 잡게 되며, 성장한 후에 식습관은 쉽게 바꾸기 어렵다.

만약 어려서부터 채소를 거의 먹지 않던 사람이 당뇨병에 걸려 당뇨병 식이 요법을 처방받게 되었을 때를 생각해보면, 혈당 조절을 위해 섬유질이 풍부한 채소를 매끼 2~3가지씩 먹어야 하는데, 채소를 거의 먹지 않으니 식품 선택에 있어 많은 문제에 부딪히게 된다. 당뇨병 치료는 식사와 운동, 약물 관리의 조화 속에서 효과적으로 이룰 수 있다. 먹고 싶은 대로 먹고 약과 운동만으로 당뇨병 관리를 잘 하는 사람은 거의 없다. 어렸을 때부터, 건강할 때부터 좋은 식습관을 갖도록 노력하는 것이 필요하다.

사람들의 건강과 영양에 대한 수많은 관심으로 인터넷과 텔레비전에는 '이 음식만 먹으면 좋다더라. 저 음식만 먹으면 좋다더라.' 하는 말들이 쏟아져 나온다. 좋다고 하는 음식들이 너무 많아 오히려 혼동을 가져오기 쉽다. 좋은 음식이라고 하는 한 가지만을 집중하여 먹고 흡연, 과음, 과식, 폭식, 과로, 결식 등 몸에 해로운 것을 일삼는다면 병은 나아지지 않는다. 우리 몸은 매일 40여 가지 이상의 다양한 영양소를 필요로 한다. 아무리 좋은 음식도 한 가지로는 이 모든 영양소들을 충족시킬 수는 없다. 적당히 먹었을 때는 몸에서 좋은 기능을 하지만, 좋다고 하여 과량으로 먹게 되었을 때는 오히려 몸에 악영향을 가져오기도 한다.

한 가지 사례로 오메가3 지방산이 풍부한 들기름이 건강에 좋다는 이야기를 듣고 식사 때마다 1~2수저씩 빠짐없이 드셨던 70대의 할아버지는, 변비가 개선되고 활력이 생겼다고 좋아하던 것도 잠깐, 평소 지방섭취량의 3~4배 이상을 먹게 되는 바람에 고지혈증 환자가 되어 병원을 찾게 되었다. 들기름이라는 식품이 우리 몸에 좋은 작용을 하는 것은 맞다. 돼지기름과 비교하면 들기름이 우리 몸에 더 좋은 작용을 한다. 그러나 들기름을 얼마나 어떻게 언제 먹느냐의 문제가 남아 있다. 먹을 것이 부족했던 과거에는 무엇인가를 '먹고 안 먹고'가 문제였다면, 현재와 미래에는 음식의 선택은 기본이고 얼마나 어떻게 언제 먹느냐 까지가 식이 요법 관심 영역으로 커지고 있다.

각종 매체에서 매일같이 맛집들을 소개하는데 조리과정을 보면 많은 정성과 노력으로 맛을 내고 고객들의 취향에 맞추려고 하지만 실제 각 개인의 건강상태나 정도를 감안하여 조리하기보다는 일반적, 보편적 입맛에 맞추다보니, 다량의 조미료, 감미료 등을 첨가할 수밖에 없고, 간혹은 조리과정에서 합성수지 또는 합성사로 만든 망으로 뜨거운 물에 삶는 과정 등을 보면 환경호르몬 등을 우려하여 놀라움을 금치 못하는 경우가 종종 있다. 이렇듯 불특정 다수를 짧은 시간에 보편적인 음식을 제공하려면 어쩔 수 없는 선택일 것이고, 그런 기름지고 입에 착착 붙는 맛을 내는 방법이 반드시 건강에 좋다고 할 수 없다는 것이다.

오랜 기간 동안 맛집 등을 방문하여 먹어보고 음식이 정갈하고 건강에 좋을 것 같은 곳도 있지만 실망을 느낀 분들도 많을 것이다. 집에서 주부 즉 아내가 가족들의 건강을 생각하고 사랑과 정성으로 빚은 음식이야말로 바로 건강을 지켜주는 바로미터임을 알고는 있지만 바쁜 일상과 집에서 가사노동의 어려움, 피곤함을 이유로 점진적으로 외식이 늘어나는 것은 한편으로 건강에 문제를 가져올 소지가 높음을 자각할 필요가 있다 할 것이다. 특히 장년기 이후 건강을 생각하고 차차 나타나는 노화 현상과 각종 질환에 원천적으로 대응 또는 건강 보호와 보완하는 식이요법을 정리하여 보고자 한다.

식이 요법은 한두 달만 하고 나면 성공적으로 끝낼 수 있는 것이 아니다. 하루아침에 식이 요법을 통하여 질병이 치료되리라는 생각은 옳지 않다. 꾸준한 식이 요법과 운동관리가 필요하다. 좋은 식습관 형성을 위한 지속적 노력을 통해 심장병, 당뇨, 고혈압, 암 등 다른 질병 발생의 위험을 줄일 수 있도록 한다.

또한 특정 음식이나 식품에 지나치게 집중하거나 비균형적인 잘못된 식이 요법으로 비만, 동맥경화, 당뇨병, 등 또 다른 질병을 유발할 수 있다. 필요 이상의 단백질은 내에 흡수되지 않고, 몸에서 열만 발산시키며 소변으로 배출된다. 그 과정에서 칼슘만 소모시키는 역효과를 낳는다. 모든 음식들이 언제나 누구에게나 다 좋은 것은 아니므로, 신중하게 선택하도록 한다.

최석문

제3절
바람직한 주거환경에 대하여

1. 주住, 주거 형태와 주거 환경

주거환경은 인간에게 가장 필수적인 생활환경이며, 삶의 질을 결정하는 중요한 요인이다.

장·노년기의 주거환경이 갖는 의미는 다른 세대와 기본적으로 다르지 않으나, 장·노년기에는 생활영역의 축소, 환경에 대한 적응능력의 약화로 인하여 독립적인 일상생활에 제한을 받는 경우가 많기 때문에 이를 보완할 수 있는 주거환경을 갖출 필요가 있다. 그리고 퇴직 등으로 인하여 사회관계망이 위축되고, 이로 인해 심리적 고독감과 사회적 소외를 경험할 가능성이 높기 때문에 이를 유지 또는 보완할 수 있는 주거환경과 지역사회환경의 구축은 더욱 중요하다.

최근 여유로운 삶을 즐기기 위한 사람들이 많아지면서 가족과의 유대를 중시할 수 있으면서도 합리적인 가격대의 주거지를 선호하는 것으로 나타나고 있다. 특히 과거보다 소득수준이 향상되고 교통과 정보통신이 발달하면서 편리함을 갖춘 것은 물론, 자연의 쾌적함을 동시에 누릴 수 있는 주거지가 하나의 트렌드로 자리 잡았다. 더군다나 요즘은 1~2인 가구를 비롯해 소형가구가 많아지는 추세라 가족 구성원 개개인의 라이프스타일을 함께 가꿔나갈 수 있다는 점에서 독창적인 공간개념의 주거지가 뜨고 있다.

그러나 이렇게 쾌적한 환경을 선호하기도 하는 반면에 젊은 세대를 중심으로는 쾌적한 환경보다는 문화적, 사회적 욕구를 채우는 것을 더 중요하다 여기고, 장·노년기 세대는 금융기관, 병원, 문화, 쇼핑 및 복지시설의 근접성을 중요하게 생각한다.

세대의 변화, 다양한 계층의 복합성은 오늘날 집에 대한 소유욕이 줄고 도심에서 거주를 원하는 사람들이 많아졌다는 것이다.

『2017 대한민국 트렌드』의 조사통계에 의하면 63.1%가 아무리 힘들어도 내 집은 반드시 가져야 한다고 하지만 과거 2001년73.3%에 비하면 줄어들었다. 과거에 비해 내 집 마련 욕구가 많이 꺾였는데, 내 집 마련이 삶의 목표였던 과거의 모습을 생각해 보면 매우 큰 변화라고 할 수 있다.

‘서울서베이 도시정책지표조사’는 서울시민이 느끼는 삶의 질, 주거, 교육 등 주요 생활상을 파악하기 위해 서울시가 매년 하는 조사다. 이번 조사는 2016년 10월 한 달간 서울시 거주 2만 가구와 외국인 2천500명을 대상으로 이뤄졌다.

서울시가 발표한 '2017 서울서베이 도시정책지표조사'에 따르면 지난해 서울시민의 주택 소유 형태 가운데 월세 비중은 31.3%였다. 2003년 서울서베이 조사가 시작된 이래 처음으로 월세가 전세 비중 26.2%을 넘어섰다. 자가 주택 비율은 42.1%로, 꾸준히 40% 초·중반대를 유지하고 있다. 그러나 월세가 늘고 전세가 줄어드는 현상이 갈수록 두드러진다.

2. 50대도 5명 중 1명은 월세 주택에 산다

50대 월세 비율은 2015년 13.8%에서 지난해 22.4%로 급격히 증가했다.

이와 동시에 자가주택 비율이 61.6%에서 52.7%로 낮아졌다. 변미리 서울연구원 글로벌미래센터장은 "지금까지는 50대의 가장 큰 보유 자산이 집이었다."며 "경기가 나빠지면서 집을 팔아 생활비를 충당하는 50대가 늘어난 것으로 보인다."고 말했다.

주거비 부담이 갈수록 증가하는 가운데 서울시민은 여전히 아파트에 살고 싶어 하는 것으로 나타났다. 10년 후 희망하는 거주 형태를 조사해보니 61.1%가 아파트, 24.2%는 단독주택을 희망했다.

특히 아파트에서 태어나고 자란 '아파트 키드'가 많은 30대는 75.2%가 아파트 거주를 희망하고 있었다. 전 연령대 중 비율이 가장 높다.

3. 장·노년기의 주거환경과 생활의 의미

① 장·노년기에는 주된 생활 영역이 가정환경으로 축소되는 경향이 있기 때문에 주택은 중요한 삶의 터전이 됨과 동시에 노후생활 안정의 가장 중요한 요소가 된다.

② 우리나라와 같이 주택가격이 비싸고 주택연금제도가 실시되는 상황에서는 주택의 소유가 중요한 노후 소득보장의 도구가 될 수 있으며, 자가를 소유한 경우, 추가적인 주거비용 부담이 줄어 안정적 경제생활을 할 수 있게 된다. 이런 면에서 장년기에 주택을 소유하고 있어야 하는데 과도한 경제적 투자나 자식 교육에 몰입하여, 노년기에 경제적 어려움에 처하는 경우를 주변에서 듣고 보게 되는데 장·노년기를 위한 준비에 대하여 생각해 볼 여지가 있다.

③ 동일 주택에서 지속적으로 거주할 경우, 친구나 이웃 등과 같은 사회관계망을 유지하고, 지역사회 내에서 웃어른으로 대접받는 등 사회적 지위의 유지가 가능해진다. 물론 도시와 농어촌 또는 시골에서는 도시보다는 이런 환경을 접하기 쉬운 반면 개인 생활의 기밀성, 개성을 중시하는 도시에서는 옆집에서 누가 사는지도 모르는 경우가 많아, 보편적으로 여기기 어려운 현실이다. 그리고 농어촌 등 시골은 병원, 복지시설, 문화시설 근접성 면에서는 어려운 부분들이 있다.

④ 인간으로서 존엄성을 유지할 수 있는 사생활의 자유를 공간적으

로 확보할 수 있으며, 이전부터 생활해온 주택에서 계속해서 살 경우, 추억과 경험의 연속성을 유지할 수 있다.

⑤ 노년기 생활에 적합하도록 계획된 주거공간을 확보함으로써 신체기능 및 일상생활 기능 저하를 보완하고 수용하며, 안전생활을 보장하는 물리적 환경 확보가 가능해진다.

향후 우리나라의 경제적 발전과 복지정책의 확대 또는 유지나 축소에 따라 양상이 변화하겠지만 노년기 이후 주거문제는 스스로 또는 가족의 힘으로 해결해야 한다는 인식이 주류를 이루고 있기 때문에 학술적 논의나 정책적 대안 마련은 미흡한 상황이다.

4. 장년기 후 노년기의 주거 형태와 현실

1) 주거 형태 분류

현재 우리나라의 노년기 주거형태를 연령, 일상생활 동작 능력, 의료 및 복지 서비스 욕구, 그리고 입주방법을 기준으로 분류하여 보면 앞의 도표와 같이 분류할 수 있다.

인생에서 황금기라 할 수 있는 장년기에는 이후에 다가올 노년기의 주거 생활이나 형태에 대해 구체적으로 생각하기가 어렵거나 피하고 싶은 심리가 많다. 거주형태를 감안하면 자녀들과 함께 살며, 이런저런 일에 부딪히기보다는 독립적인 주거형태를 유지하면서 자녀들과 가까이 살면서 자녀들의 도움을 받기를 원하는 추세인 듯하다.

삶이나 사회적 경험, 지혜 등은 장년기 이후 세대가 많은 반면 새로운 문화 추세 예를 들어 스마트 폰, IoT 등 새로운 기술과 문화로 등장하는 각종 생활편의기구에 대한 운용은 자녀세대에게 묻고 배워야 하는 것을 피해 갈 수가 없는 것이 현실이다.

그래서 가장 선호하는 주거형태는 완전분리형으로 살되, 인근의 가까운 곳에서 자녀들과 함께 살 수 있다면 자녀들도 새로운 가족으로 편입된 아이들을 부모님께 잠시라도 위탁할 수 있고, 부모들도 자녀 및 손자, 손녀와 세대를 이어가는 마음의 위안과 행복감을 충전할 수 있을 것이다. 이 또한 장년기에 노년기를 대비하는 경제적, 심리적, 사회적 준비 등이 필요한 요소일 것이다.

2) 노인 주거 실태

지역사회에서 생활하고 있는 노인의 주택형태를 보면, 단독주택에서 거주하는 경우가 52%로 가장 많고 그다음으로 아파트가 35%, 연립주택과 다세대주택이 12%, 나머지 2% 정도의 노인은 상가주택 또는 기타의 주택에서 생활하고 있는 것으로 나타났다. 그리고 주택소유 상태를 보면 본인, 배우자 또는 자녀 명의의 자기 집에서 생활하는 노인이 69%, 전세인 경우가 8%, 그리고 월세가 12%, 기타가 11% 정도인 것으로 나타났다보건복지부, 한국보건사회연구원, 2015.

노인의 건강유지와 질 높은 삶의 영위를 위해서는 적절한 주거환경이 구축되어야 한다.

우리나라에서 공급되는 주택의 구조나 시설, 가구 등은 젊은 세대의 기호에 맞추어져 있어 대부분의 노인은 주거 생활에 불편을 경험하고 있다. 따라서 노인의 생물적, 심리적, 사회적 특성을 고려한 주거 환경이 계획되어야 한다.

[참고 문헌 및 자료 명세]

최인수, 윤덕환, 채선애, 송으뜸, 김윤미, 『2017 대한민국 트렌드』, 한국경제신문사, 엠브레인 2017

김난도, 전미영, 이향은, 이준영, 김서영, 최지혜, 『트렌드 코리아 2017』

『모바일 트렌드 2017』, 커넥팅랩

KOTRA, 『2017 한국이 열광한 세계 트렌드』

『대한민국 토탈 트렌드 2017』

『2017 트렌드 노트』

『2017년 업종별 트렌드 자료 모음집(5) 식음료/외식업』

박영숙, 김주연, 박상규, 강영실, 신소정, 김수정, 황희숙, 문영희, 『인간행동과 사회 환경』 그린출판사 사회복지 시리즈 2

김규수 외 7인 『인간행동과 사회 환경』, 나눔의 집

최옥채, 박미은, 서미경, 진석균, 양서원 『인간행동과 사회 환경』

『인간행동과 사회 환경』 나윤정의 중·장년기

김동배, 권중돈 『인간행동이론과 사회복지 실천』, 학지사

김은수 『초 고령사회의 복지 주거환경 및 자원의 경제학』

찰스 E. 도겐『왜 삶의 마지막에서야 제대로 사는 법을 깨닫게 될까』

『한국의 의식주 오딧세이』

김희재『한국사회변화와 세대별 문화코드』, 신지서원 2004. 02.

김태일(2000)『노년기의 주거 유형 분류』, 노인주택모형, 한국노인학회편, 노년학의 이해,
대영문화사

자료

〈가정 축소기의 의식주생활〉, 〈노인빈곤문제〉

〈생애주기별 맞춤형 복지계획〉, 〈고령자의 주거실태와 정책방향〉

〈인간의 삶과 사회복지〉, 〈인간의 성장과 발달〉, 〈노인복지 정책 보고서〉,

〈사회복지 개론 ; 인간의 삶과 사회복지〉, 〈노인 빈곤문제〉

〈생애주기별 맞춤형 복지계획〉

〈15년 새 변화된 의식주 문화〉, 〈옷이 날개〉, 〈2017 소비 트렌드 중심에 '젊은 중년'이 있
다〉,

〈한국민속 문화전통과 세계화의 길〉

〈한국소비자들의 7가지 라이프스타일〉 LG경제연구원

〈장년기, 노년기의 신체적 변화〉, 〈중장년층의 성〉

〈한국음식문화의 의미와 표상〉

〈한국음식문화의 특성〉, 〈한국 식생활과 문화〉

〈노년기의 주거생활과 고열친화산업〉

〈30대 서울시민 절반이 월세 산다〉, 〈한 지붕 세대 공감〉, 〈대학가에 퍼지는 '쉐어하우스'〉

〈장년기의 질병 예방〉, 〈자연에서 온 심혈관질환 예방약 20가지〉

제2장 **생활환경의 변화**

〈식이요법(diet therapy)〉 서울대학교병원 의학정보, 서울대학병원

〈무병장수의 열쇠 소식(小食)〉,〈인터넷에서 발췌한 건강식품 효능〉

제3장

인간관계 유지

제1절
공동체 관계 및 유지 활동

이주홍

인간이 살아가면서 삶의 근간을 형성하고 유지 및 지탱시켜주며 인간관계의 중심에서 촉매 역할을 하고 있는 것은 공동체共同體 활동이라고 본다. 공동체 활동은 태초부터 시작하여 가족, 부락, 지역, 사회, 국가, 국가 간으로 확대되어 왔고, 그리고 향유하고자 하는 개인 및 단체의 선호選好에 따라 무척 다양하게 형성되어 왔으며, 시대와 의식 수준의 변화에 의해 여러 가지 방향으로 진화되어 왔다. 또한 공동체 삶이 없다면 인간관계 질서는 무너질 것이며 인류가 존속할 수 있을까 하는 근본적인 문제가 대두된다고 본다.

한국 사회에서 좁은 의미의 이념형적 공동체는 계속 감소해 왔고, 산업화와 정보화가 급속히 진행되면서 전통적인 공동체는 자취를 감추고 있는데 촌락, 문중, 두레, 계 등은 해체되어 일부 농촌지역을 제외하고는 그 모습을 찾아보기 어렵다.

그러나 사회적 존재로서의 인간은 공동체적인 경험에 대한 욕구를 가지고 있으며 그 관계망 없이는 살 수 없다. 따라서 전통적인 공동체와는 다른 방식의 공동체를 만들어내고 있다. 그리고 새로운 공동체에서 강조되는 것은 상호작용에 기반을 둔 신뢰, 규범, 연대와 같은 가치들이다.

공동체는 사람들이 모여 하나의 유기체적 조직을 이루고 목표나 삶을 공유하면서 공존할 때 그 조직을 일컫는다. 단순한 결속보다는 더 질적으로 강하고 깊은 관계를 형성하는 조직이다. 여기에는 상호 의무감, 정서적 유대, 공동의 이해관계와 공유된 이해력을 바탕으로 한 사회적 관계망關係網을 핵심 내용으로 하며, 개인과 공동체 사이의 갈등조정葛藤調整이 중요한 관건이다. 또한 집단이 구성원 각자의 존엄성을 인정하여야 하듯이, 개인들도 집단의 이익과 조직의 권위를 존중하고, 공동체의 조화로운 발전을 염두에 두고 생각하고 행동하여야 한다. 이는 사회 구성원들이 서로에 대한 배려라고 할 수 있고, 어느 하나에 대해 자기가 주인이라는 것을 인식하고 행동할 수 있게끔 하는 것인데 이러한 자세를 공동체 의식이라고 한다.

공동체는 사회적 존재로서의 인간에게 꼭 필요한 관계 집단이다. 경쟁과 이익 추구의 자본주의 사회 속에서 경쟁적인 삶이 더 치열할수록 공동체에 대한 욕구는 커진다고 할 수 있다. 따라서 신뢰, 호혜성, 친밀성 등 공동체적 가치를 추구하는 새로운 형태의 공동체들이 생겨나고 있다. 최근 들어 공동체는 개념으로서나 실제 모습에서 유연하고 다양해지고 있다. 공동체의 구성원들은 지리적 제한을 넘어서 다양한 상호작용을 하며, 공동의 연대를 모색한다. 다른 한편으로는 소규모

지역의 면대면 관계의 중요성을 강조하며, 강한 공동체를 추구하는 경향도 있다.

오늘날 공동체의 요소 가운데 가장 쟁점이 되는 것은 공간지역이다. 사이버 공동체 혹은 온라인 공동체는 공간지역을 무력화시킨다. 거리의 소멸에 의해 지리적 요소를 넘어서서 새로운 공동체를 만들어내는 것이다. 수많은 사이버 공동체들이 블로그, 카페, 메일링 리스트 등의 상호작용을 통해 친밀성을 교환하고, 공동체적 유대감社帶感을 형성하며, 공동체적 참여를 한다. 사이버 공동체 가운데 상당수는 오프라인 공동체와 상호작용相互作用함으로써 흥미로운 사회현상을 낳기도 한다.

앞에서 살펴본 바와 같이 공동체 활동의 범위와 종류는 헤아릴 수 없을 정도로 광범위하고 세분화되어 형성되어 있다. 여기에서 다루고자 하는 공동체 활동은 노후의 삶에 있어서 최소한 어느 정도까지는 참여하며 유지할 필요가 있는 보편적인 것이다.

각 개인 삶의 과정 현장에서 자연적으로 형성되거나, 개인들이 필요에 의해서 적극적인 사회참여社會參與를 통한 삶의 질을 높이고 자존감自尊感을 향상시키기 위해 어느 한 공동체의 구성원이 되고자 하는 데에 초점을 맞추어 생각해보기로 한다. 전자를 자연 발생적 참여, 후자는 적극적 참여라고 칭稱하고자 한다.

1. 자연 발생적 참여의 대표적으로는 학연에 의한 공동체 활동으로 각종 동창회와 직장 애우愛友회 및 사업가인 경우 관련 업종 모임을 들 수 있겠는데, 인생의 중추적中樞的인 삶의 오랜 기간을 함께하는 동안

희로애락喜怒哀樂을 공유하면서 다져진 공동체라 할 수 있어서 숙명적인 만남인 것이다. 따라서 활성화 여부와 관계없이 오랜 기간 존속이 가능한 공동체이다.

1) 동창회同窓會는 경우에 따라서는 대규모의 조직으로 형성될 수 있고 그렇지 않은 경우도 있다. 일반적인 성격은 사회적인 격의隔意를 버리고 옛날로 돌아가 꿈을 같이 하였던 추억과 몸담았던 학교의 정신과 전통을 기반으로 친목을 도모하는 것이 주목적이며, 상호 간의 모든 행동이 자유로워서 부담이 없이 즐길 수 있는 장점을 갖고 있다. 기별 및 통합 동문회로 구성되어지는데 실제적으로 참여율은 높지 않은 것이 사실이다. 하지만 일반적으로 조직에는 30% 규칙이 적용되는 바와 마찬가지로 사명감을 갖고 뜻을 같이하고자 하는 데 적극적인 소수의 정예인원精銳人員이 이끌며 다수는 동참하게 된다.

구성원의 형태를 살펴보면 성공한 사람과 그렇지 못한 사람, 성격이 적극적이거나 소극적인 경우, 이해관계를 따지느냐 무조건적이냐에 따라 조직 참여가 결정이 되며, 동창회가 추구하는 목적과 리더의 성향에 따라 활성화活性化가 좌우된다. 때로는 해를 끼치는 부류로 경제적인 여유를 무기로 동창회 조직을 본인 사익私益의 목적으로 이용하려는 무개념자와 파벌派閥을 조성하는 타산적인 사람들 때문에 삐걱거리며 시끄러워지기도 하면서 자정기능自淨機能이 가동되어 조직은 이어져간다. 왜냐하면 동창회라는 것은 젊은 시절 마음의 고향故鄕이기 때문이다.

2) 경제적인 삶을 가능케 한 직장은 또 하나의 삶의 고향이다. 직장의 일원이었던 인연으로 이어지는 공동체는 대체로 광범하지 않고 근무 시기, 부서, 지위의 정도에 따라 부분적으로 구분되어진다. 결속력은 강하기 때문에 지속적인 활동이 가능한데 저변에 형성되어있는 동료애同僚愛가 받쳐주기 때문이라 할 수 있다.

3) 기타로 자녀를 매개媒介로 한 공동체를 들 수 있는데, 어린 자녀들의 유아 시절을 같이 하면서 육아育兒의 애환을 경험하며 오랫동안 동질성을 느껴온 인연으로 형성되는 자연적인 모임인데 이 또한 동병상련同病相憐의 정신이 존재하기 때문에 가능한 것이다.

2. 적극적 참여의 대표적으로는 동호인同好人회와 전문교육專門敎育을 매개로 한 모임체가 있는데, 다양성 및 다각화 사회에서 사회적 관계가 그 어느 때보다 요구되는 사회로 접어들어 필요에 의해 구성되어지는 공동체이다.

1) 동호인 회는 역동적인 삶을 가능하게 해주는 동시에 삶의 질을 향상하는 역할을 하며 공동체 활동 중에 다수를 차지하고 있다고 본다. 예를 들면 각종 스포츠 모임, 여러 봉사 활동, 체험 활동, 취미 활동 등이다.

동호인 회는 목적이 뚜렷하게 정하여져 있기 때문에 호불호好不好의 분명함으로 그 어느 공동체보다 활발하고 능동적으로 운영이 된다. 또한 구성원들은 활동에 참여함으로 보람과 자존감을 살릴 수 있는 기회를 얻을 것이다.

제3장 인간관계 유지

2) 전문교육을 매개로 한 공동체는 목적이 특수하다. 하고 있는 사업에 서로가 도움이 되는 인적 네트워크의 구축을 목적으로 하고 있어 이해관계가 맞아떨어져 있기 때문이다. 이러한 공동체는 어느 정도 사회에서 성공하고 있는 사람들로 구성되어 있어 이해타산利害打算적일 수 있지만 한편으로는 여유가 있기 때문에 모임이 심화될 수도 있고 일정부분에서는 사회의 오피니언리더 역할도 하게 된다.

위와 같이 우리 일상생활에서 공동체가 형성되는 여러 가지 과정에 대하여 살펴보았다. 이러한 공동체가 추구하는 방법론에 있어서는 다양多樣하면서도 일정한 공통적 규칙을 공유하고 있다.

다양함이란 것은 각각이 공동체로 형성된 근본적인 고유의 목적 즉. 등산을 비롯한 운동 및 취미 활동, 사회 공헌, 봉사 활동, 예술 및 전문분야 탐구, 테마가 있는 여행, 문화행사 참여 등을 수행하는 것이며, 일정한 규칙이라 하는 것은 위의 다양한 공동체 활동이 끈끈하게 이어지도록 공통적으로 하는 것인데 친목親睦 모임을 통한 친선 도모, 경조사 참여 등이다. 이 모든 것의 내재적 핵심가치核心價値는 개인의 보람과 만족감이라고 본다. 공동체 활동이 성공하려면 어떻게 하여야 할까? 필자의 경험상 강조하고자 하는 성공 요건은 첫째로 조직이 갖추어야 할 조건, 둘째는 핵심자원인 구성원의 역할이며 이에 대하여 살펴보고자 한다.

1. 공동체가 갖추어야 할 조건

공동체가 지속적인 유지 및 발전을 위한 조건으로는 구성원의 참여도, 재정 자립도, 공병하고 합리적인 리더와 헌신적獻身的인 간사, 공동체 정신을 들 수 있다.

1) 구성원의 참여도

어느 공동체이든 구성 초기의 인원이 변함없이 일정하게 유지되는 경우는 거의 없다. 점차 감소되어 정예精銳인원만 남아 관계를 유지하며 인간관계를 형성하고 있거나 유명무실한 경우도 발생한다. 따라서 참여도가 중요하며 이를 위해서는 구성원 유인책誘引策이 지속적으로 수행되어야 한다.

2) 재정 자립도

소위所謂 회비, 기부금 등으로 재정이 적립되고 이것을 활동 및 행사비용으로 사용되는데, 적정하고 투명하게 관리가 되어야 하며 어느 정도의 자립도는 유지되어야 할 것이다. 합리적인 재정관리가 안 되고 어떤 경우는 회비 사고가 발생하여 조직이 무너지는 경우가 발생하기도 한다. 회비의 규모나 사용에 관해서는 대부분의 구성원들 공통 관심사이기 때문에 합리성合理性이 담보되어야 한다.

3) 공평하고 합리적인 리더와 헌신적인 간사

(1) 공평하고 합리적인 리더 : 리더의 중요성은 공동체의 핵심사항

중 하나이다. 사익을 위한다거나, 독단적인 운영, 개인 경제력 과시용으로 조직을 관리하면 절대로 안 된다. 그리고 자기의 견해와 다른 구성원들을 포용(包容)할 줄 알아야 하고 장기적인 발전을 위하여 리더십을 발휘하여야 하며 리더는 정기적으로 순환되어야 한다.

(2) 헌신적인 간사 : 간사의 역할은 공동체가 활성화되느냐 침체되느냐의 열쇠를 갖고 있다고 하여도 과언이 아니다. 구성원의 관리 및 공동체 성격에 맞는 행사를 추진하고 실행하는 데 있어서 앞장을 서고 뒷바라지를 하는 헌신적인 봉사 정신이 필요하다. 공동체에서 참된 간사를 찾는 것은 훌륭한 리더 선정과 더불어 핵심사항이다.

4) 공동체 정신

공동체가 추구하는 설립 취지 즉 해당 공동체의 정신과 규범이 명확히 구축되어야 한다. 그래야 구성원이 참여를 결정할 때 충분히 인식한 후 의사결정을 할 수 있기 때문이다. 따라서 설립정신에 따라 발전이 되면서 신뢰하여 동참한 구성원들로 하여금 보람을 찾게 하고 스스로 소속감(所屬感)을 느껴 보다 적극적인 활동을 기대할 수 있는 것이다. 운영적인 측면에서는 만남 그 자체의 의미도 있겠지만 활력을 줄 수 있는 적절한 이벤트가 있음으로써 활성화가 되도록 기본 정신을 이탈하지 않는 범위에서 꾸준한 변화가 일어나야 할 것이다.

2. 공동체 구성원의 역할

1) 구성원 각 개인은 서로의 자유와 권리를 인정하고 상호 대등한 관계를 인정하여야 한다. 서로에 대한 이해와 소통流通을 중시하며 조직의 목표를 공유하고 공통 주제를 수행한다는 의무감과 정신을 앞세워 노력하여야 하며, 규칙을 준수하는 규범정신規範精神이 매우 중요하다.

2) 공동체 구성원이 되려면 그 계기가 있어야 하므로 진입에는 어느 정도 장벽이 있을 수 있으나 탈퇴는 자유이다. 그만큼 결속력이 약한 것이다. 그렇다고 해서 질서를 자유롭게 해석하여서는 안 된다. 상호 관계망 속에서 똑같은 인격을 갖추고 요구하고 있기 때문에 상호 존중의 덕목이 있어야 하며 배려정신配慮精神이 필요하다.

3) 개인이 공동체가 추구하는 일련의 내용과 갈등이 있을 경우에는 어떻게 대처하여야 할까 하는 것도 매우 중요하다. 또한 구성원들도 소수의 의견을 배제하기보다는 설득 내지는 보완의 방법으로 포용을 하여야 한다. 개인은 싫으면 그만두지 하는 부정적인 생각이 우세하지만 이견이 있더라도 다수의 의견을 존중할 수밖에 없는 조직의 생리生理에 적응할 필요가 있다. 인격 수양이 필요한 것이다.

4) 참여는 공동체 활동에서 핵심적인 사항으로 지속가능성의 우선 순위이다. 구성원으로 유지되는 한 적극적이어야 하며 참석 여부를 명확히 하는 최소한의 예의禮儀를 갖추어야 한다.

우리가 삶의 과정 속에서 직, 간접적으로 만나게 되는 수많은 공동체에 과연 몇 곳의 구성원이 되어있는지는 각자의 생활 패턴에 따라 천차만별千差萬別이고, 사람의 성향에 따라 각양각색各樣各色일 것이다. 지나치게 많다거나 극히 제한적인 경우도 있을 것이다. 각자의 처한 환경이나 여건에 따라서 적정성을 유지할 필요가 있다.

이러한 공동체는 보편타당성普遍妥當性이어야 한다. 인간 감정의 골은 진폭振幅이 크고 사람마다 삶을 살아가는 기준이 다르기 때문에 어느 한 쪽에 치우쳐 편파偏頗적으로 이루어진다면 대다수는 이탈하기 마련이다. 따라서 중간지대中間地帶에서 유지되도록 하여야 할 것이다. 개인들도 이러한 공동체의 특성을 이해하여야 하며 이에 맞추는 노력이 필요하다.

공동체 활동이 우리 삶에 필수라 하지 않을 수 없는 것은 개인의 역량 하나만으로 오늘날 같은 다원적多元的인 사회를 온전하게 살 수는 없다고 본다. 인간은 사회적인 관계인으로 살아가도록 운명되어져 있기 때문이라 할 것이다. 어쩌면 스스로가 초래한 원인에 의하여 공동체에서 소외된 삶을 산다면 무미건조無味乾燥한 생이 아닐까 한다.

특히 인간의 수명이 연장되면서 경제적인 활동은 약화되는 반면에 그동안 다양한 인연으로 참여하여왔고 지속되고 있는 공동체 활동이 중요하게 인식되어지고 있다. 또한 새로운 공동체에 참여하여 보람을 찾게 되고 생활의 활력을 갖게 된다. 특히 은퇴 후의 삶을 더욱 값지고 건강하게 가꿀 수가 있는 면에 있어서 공동체 활동의 필요성必要性이 매우 중요하게 강조되고 있다.

[참고자료]

네이버 지식백과 한국민족문화대백과, 한국학중앙연구원

네이버 지식백과 문학비평용어사전, 2006.1.30. 국학자료원

나는 당당하게 늙고 싶다
부제 : 은퇴 후 단체 집합 활동을 통한 삶의 질 향상

이주흥

우리나라가 고령화 사회 진입과 함께 노령인구의 증가에 따른 은퇴자^{노인} 삶의 질 향상을 위한 준비가 절실히 필요한 시기가 도래하고 있다. 특히 의학기술의 발전과 생활환경의 개선 등으로 평균 수명이 길어지면서 고령화 사회는 이제 피할 수 없는 현실로 2020년 중반 이후부터 "100세 시대"진입을 쉽게 예측할 수 있다.

우리나라는 세계 그 어느 나라보다도 고령화가 급속히 진행되고 있고 주요 선진국에 비해 상당히 빠른 편으로 인구 구조의 고령화에 대한 대비가 시급하다. 2050년에는 OECD 회원국 중 일본, 스페인에 이어 세 번째로 고령화율이 높을 것으로 전망된다. 수명연장은 인간이 꿈꿔오던 것이지만 준비되지 않는 고령화는 오히려 재앙이 될 수 있다. 고령화는 노인 인구에 대한 부양 부담 증가, 노동력 공급 감소와 소비축소 등에 따른 성장 잠재력 약화 등 사회경제적 문제를 수반하는 까닭이다. 하지만 우리나라는 세계 그 어느 나라 보다 급속히 고령화

가 진행 되고 있는 반면 노인의 삶의 질 향상을 위한 준비는 개인이나 사회 차원의 대비는 턱없이 부족하다.

노인의 4苦경제적 빈곤, 건강문제, 역할상실, 소외감등 각종 노인 문제가 대두되고 있는 작금에 은퇴자노인의 삶의 질이 화두가 되고 있다. 고령화 사회에서의 노인의 여가란 남아도는 시간이 아니라 보다 적극적인 의미에서 인간이 인간답게 삶의 질을 영위하기 위해 필요한 개념으로의 인식과 노인 여가는 노인들의 여가생활과 활동이 노년기의 삶의 질 향상을 위하여 노인 자신들에게 휴식과 안정을 주고 기분을 전환하게 하며, 노년기에 자기 계발과 발전을 할 수 있게 하는 원동력으로서 그 중요성과 필요성이 제기된다. 고령 인구의 여가활동으로는 개인 취미 활동과 단체집합 활동, 자원봉사 활동 등의 유형으로 나눌 수 있다.

고령화 사회의 노인 인구는 산업사회 이전의 노인들에 비해 교육수준 등 사회적 배경과 21c 정보화 사회의 발전된 사회 경제문화 속에서 가부장적 권위보다는 자신의 선택을 중요시하는 가치관과 사회 다수 구성원 집단으로서 위상을 갖고 자신들의 사회적 경험과 경륜을 바탕으로 현실 참여 욕구와 영향력은 증대될 것이다. 이러한 배경 속에서 노인들의 사회적 경험과 경륜을 바탕으로 한 현실적 사회참여와 경험과 능력을 활용할 수 있는 일을 통한 건강하고 보람 있는 노후생활 영위가 필요하다.

현대사회는 인구의 도시 집중화, 고도화된 과학 기술혁신, 정보화 사회 및 매스컴의 발달, 고도의 관리사회, 인구의 증가와 고령화 사회, 핵가족화, 학습사회, 여가 사회와 대중의 여가시대, 고학력 사회

등으로 표현될 수 있다. 이러한 현대사회의 특징 속에서 노인여가 의미도 새로운 개념으로 부각되었으며, 고령 인구의 급속한 증가로 노인의 여가생활이 중요한 사회문제와 정치적 문제로 부각되고 있다.

인간의 성장과 자기 만족감 그리고 사회적 공헌은 반드시 일과 과업의 성취에 의해서 느끼는 경우도 있으나 휴식과 여가, 여행, 놀이문화 등을 통하여 육체적 성장과 정신적 안녕을 경험할 수도 있다. 또한 이러한 여유로운 시간과 새로운 문화 체험 등이 개인과 가정 및 사회의 유기적 관계를 촉진시키고 새로운 문화에서 경험한 삶의 지혜를 우리 생활에 적용하는 재창조의 기능을 한다. 그러므로 노인의 여가문화생활은 현대사회의 복잡한 의식과 생활구조를 변화시키며 스트레스, 번민, 고뇌, 고통, 갈등을 해소하고 건강관리를 위한 방법으로 활용하게 된다.

노인의 여가 활동은 첫째 건강 증진, 둘째 사회적 접촉과 사귐의 기회 증진, 셋째 사기와 생활만족감 증진, 넷째 신체적 및 정신적 자신감 증진, 다섯째 자기 가치 성찰과 자기 유용성의 확대, 여섯째 자립성 향상, 일곱째 재미있고 즐거운 삶의 방법이 되어야 한다.

고령화 인구의 사회적 소외구조는 그들로 하여금 여가가 중요한 생활의 한 측면으로 자리 잡기 때문이다. 노인은 그 특성상 심신의 기능 감소, 사회적 기능 약화, 열등감과 고독감, 경제적 상실, 여가시간의 증가에 있기 때문에 노인에게 주어진 여가시간의 올바른 활용에 대하여 그 방법, 기능, 습관은 중요한 것이 된다.

노인 활동은 일과 여가로 구분할 수 있다. 일과 여가의 구분은 활동의 의무성과 임의성을 기준으로 하고 있다. 여가활동은 자유로운 시간의 활동으로 임의적이다. 노년기는 대부분의 사람에게 있어 직업적인 활동이 중단된 시기이므로 노년기의 대부분은 여가활동이라고 할 수 있다. 노인 활동은 수단적 활동과 표현적 활동, 공식적 활동과 비공식적 활동, 1차 집단 참여 활동과 2차 집단 참여 활동, 대인관계 활동과 단독활동, 유사활동과 자원 활동으로 구분한다.

"늙어가는 사람만큼 인생을 사랑하는 사람은 없다"고 소포클레스는 말한다. 남은 삶이 그들에게 있어 무엇보다 소중한 가치가 되는 것을 의미한다.

노인들의 활동을 유형별로 살펴보면 다음과 같다.

1. 개인 취미 활동

노인들은 정년퇴직으로 인하여 의무적인 일에서 벗어나 자유로이 활동할 수 있게 된다. 따라서 정년퇴직은 여가활동의 전제조건이 된다고 하겠다. 노년기를 직업적인 활동에서 벗어난 시기로 본다면 노인의 대부분의 시간과 활동은 여가 활동인 것이다. 그러므로 풍부하게 주어져 있는 시간을 어떻게 유효적절하게 활용하느냐에 따라 노후생활에 미치는 영향은 매우 크다. 많은 여가시간을 효과적으로 활용하지 못할 경우 노인들은 무료한 생활을 지속하게 되고 이는 바로 노후생활을 불행하게 만드는 주요인이 되는 것이다.

2. 단체 집합 활동

가정 내에서의 노인 지위의 저하와 가사 결정권에서의 소외 등은 가족 집단 내에서는 삶의 보람과 만족도를 저하시킨다. 때문에 노인들이 모여서 상호 의존하고, 위로하고 용기도 주고, 불평을 나누면서 소일한다는 것은 노인들의 심적 갈등을 어느 정도 해소하는 데 순기능을 하고 있다.

노인들이 가족 외의 사람들과 인간관계를 맺어 나가는 기회는 종교 활동, 교육 활동, 봉사 활동 등 단체 활동에서 찾을 수 있다. 이러한 활동을 통해 노인들의 생활도 생산적이고 적극적인 취미 생활로 발전하게 되는 것이다.

3. 자원봉사 활동

일반적으로 노인은 서비스를 주는 자보다는 서비스를 받거나 도움을 받는 자로 인식되고 있다. 그러나 대부분의 노인은 실제 건강하고 활발한 활동이 가능하다는 점에서 평생을 통하여 축적한 많은 지식과 기술로 서비스를 제공하는 봉사자가 될 수 있음을 사회구성원들이 상호 공감해야 한다.

노인들의 자원봉사 활동에의 참여는 퇴직으로 상실되었던 사회적 지위와 역할을 보충해줄 뿐만 아니라 사회에 봉사하고 사회를 발전시킨다는 사명감을 지닌 순수한 의식으로 공헌할 수 있다는 점에서 대단히 큰 의의를 가지고 있다고 하겠다. 노인의 자원봉사 활동 참여는 노년기의 생활을 더욱 풍요롭게 하며 생의 만족감을 높이는 데 크게 기여하는 것이므로 노인 스스로는 자아실현과 사회발전에 참여하려는 태도를 더욱 발전시킬 필요가 있으며, 국가와 사회는 노인봉사 활동의 여건과 기회를 만들기 위하여 더 많은 관심과 지원이 있어야 할 것이다.

지난날 우리 전통적 유교 사상이 뿌리 내리고 정착을 했던 가족사회에서는 노인들은 가정과 사회에서 비교적 안정된 생활을 할 수 있었다. 당시의 노인들은 가부장적인 역할이 있으므로 가정과 사회적 지위도 높았다.

그러나 젊은 부부들이 주체가 된 핵가족화로 바뀌면서 노인들은 과거에 가졌던 지위가 붕괴되고 권위와 경제권마저 상실하기 시작함에 따라 사회에서 밀려나게 되었으며 세대차라는 명분에 젊은 층으로부터 소외되는 등, 이로 말미암아 현대 사회문제 중에서 가장 크게 부각되는 노인문제를 야기했다.

이와 같은 문제는 사회국가가 산업화함에 따라 많은 노인들이 노동과 사회참여의 기회를 잃게 되고, 핵가족제도로 인하여 가정에서의 역할마저 상실하게 됨으로써 노인들은 현실적으로 너무 많은 여가시간을 가지게 되었다. 이 여가시간을 어떻게 보내는가가 매우 중요한 이슈이며 중요성은 날로 증대하고 있다.

이에 필자가 속해 있으며 대한민국 기업 중에서 은퇴자를 위해 가장 모범적이고, 조직적으로 활동 하고 있는 H그룹의 은퇴자 모임인 H회를 소개하고자 한다. 많은 그룹들이 H회를 벤치마킹하려 하나 근본적으로 기금 확보에 어려움이 있어 그리 쉽지만은 않은 것 같다.

H회는 H그룹 계열사에서 임원을 역임하고 퇴직한 사람 1,000여 명이 회원으로 구성된 친목 단체로 1997년에 창립되어 원로 고문단, 회장단회장, 부회장, 이사, 회원퇴직 임원, 준회원현직 임원으로 이루어졌으며 20년간 지속적으로 회원들의 삶의 질 향상을 위해 노력해온 모범적인 조직이며 회원이 지속적으로 늘어나고 있다.

이렇게 조직이 활성화되는 것은 무엇보다 예산이 확보되지 않으면 불가능한 일이라 생각된다. H회는 현재 약 30억의 예산을 확보하고 있으며 그 재원은 준회원현직 임원이 월급여의 0.5%를 회비로 납부하고 정회원은 연 3만원, 회장단은 연 10만원의 회비를 납부하고 H그룹 회장의 각별한 관심과 애정으로 특별 희사금으로 마련된 기금을 각 사업, 동우회별로 집행하고 있으며 각 회원의 애, 경사 시 조의금 및 축의금 등으로 집행되며 동시에 회장 명의의 화환을 보내주며 환갑, 70세 축하금, 위로금장기 와병등을 지급한다. 또한 각 동우회 활동 지원금으로 연간 약 8,000만 원을 지원하고 있으며 H회를 지원하는 사무국이 있어 현직 직원 2명을 지원 받고 사무공간으로 서소문 소재 H빌딩의 한 개 층을 지원받아 사무실, 회의실, 행사공간으로 사용하고 있다.

또한 H그룹 소유 골프장, 콘도를 회원 대우로 지원받고 있으며 H회 내에는 등산 동우회, 골프 동우회, 답사 동우회, 바둑 동우회, 당구 동우회 5개 동우회가 연간 계획에 따라 매월 동우회별 행사를 실시하고 있으며 탁구 동우회가 금년준비를 완료하여 내년부터 정식 동우회로 인준을 받아 활동 예정으로 총 6개 동우회가 활동 예정이다. 각 동우회원은 중복 지원 활동 가능하여 필자 같은 경우는 6개 동우회에 모두 가입하여 열심히 활동 중이다.

H회 전체행사로는 매년 초1월 총회 겸 신년 하례식을 ㅍ 호텔에서 회원 전체가 참석하여 성대히 거행하며 교양강좌 년 2회, 신입회원 간담회, 이사회 등의 행사를 실시하고 있다.

동우회 활동은 H회 창립의 모태가 되었고 창립과 동시에 20년간 연중무휴로 매월 산행을 실시하여 현재까지 200여 회의 산행해외 산행 포함을 실시하였으며 국내 명산은 물론 해외 명산까지도 두루 경험하였고 동우회 중 가장 모범적이고 활발하게 운영되고 있으며 필자가 5년째 회장으로 봉사하고 있는 등산 동우회 활동을 상세히 소개하고자 한다.

현재 회원은 200여 명이 가입하였고 연간 약 3,000여만 원의 예산을 집행하고 있는데, 매월 1회의 산행을 실시하여 창립 후 약 200회의 산행을 실시하였다. 매년 초 시산 제, 1월 설산 산행, 해외 산행, 반기별 국내 장거리 산행2박3일 2회, 분기별 장거리 산행당일 4회, 서울 근교 산행 3회, 총 12회의 산행을 매달 3주 금요일에 연중무휴로 실시하고 있다. 각자 체력에 맞게 A조, B조로 두 개조를 운영하고 있으며 경비는 H회에서 지원을 받고 행사 참여회비로 실비를 받고 있으며 산행 중 또 하나의 즐거움인 각 지방마다 먹거리를 발굴하여 유명식당을 찾아 각종 주류와 더불어 특식을 제공하여 회원들이 즐거운 산행이 되도록 하며 부근 유명 온천이나 목욕탕을 찾아 심신을 깨끗이 하여 귀가할 수 있도록 배려한다.

등산 동우회의 장점은 산을 좋아하는 사람들이 평소에 가고 싶은 산들이 많은데 개인적으로는 경비, 교통수단, 숙박, 안전 산행 등의 문제로 쉽게 산행을 나설 수가 없다. 그러나 H 등산동우회에서는 숙식 제공그것도 특식, 교통편 제공으로 산 입구까지 안내, 절친한 동행자와 함께하는 안전 산행, 산행 후 목욕, 실비 등 어느 것 하나 불편함 없이 산행을 할 수 있다.

노년기에 산행으로 건강을 유지하고 젊은 시절에 생사고락을 같이 했던 옛 동료들과 만나 덕담을 주고받으며 먹거리를 즐기며 한잔 술을 나눌 수 있다면 이것이 정말 행복 아닌가? 이런 좋은 수단을 적극 활용하지 못하면서 노년의 행복을 논할 수 있을까? 일부의 젊은 은퇴자들이 이런저런 이유로 참여를 꺼리는데 회장으로서 안타까울 따름이다.

등산 동우회 회장으로서 고민은 지금까지, 설악산, 지리산, 한라산 등 명산은 안 가본 산이 거의 없어 새로운 산행지 발굴이 가장 큰 고민거리다. 또한 등산동우회가 20여 년간 활동하면서 가장 큰 자랑거리가 무사고 산행이다. 그런데 창립 동시에 활동하던 회원들이 대부분이라 회원 평균 연령이 75세로 안전산행에 신경이 무척 쓰인다. 하지만 즐거운 마음으로 봉사하여 선·후배, 동료들에게 즐거움을 느끼게 해주면 그것이 곧 나의 행복이고 나의 삶의 질적 향상이 아닐까 한다.

다음으로 골프 동우회를 소개하면 하절기, 동절기를 제외하고 연 7회 매월 첫째 화요일에 용인 CC에서 친선 모임을 갖고 5, 6월에는 회장 배 대회를 실시한다. 점심과 저녁을 제공해주며 생맥주, 커피 또한 제공된다. 대회 때는 여러 분야로 나누어 시상도 하고 참가자 전원에게 참가상도 주어진다. 회비는 H회 지원과 회원 대우를 받아 실비만 납부한다.

답사 동우회는 체력적인 문제로 등산을 하지 못하는 회원 배려 차원에서 발족하였으며 현재는 전국의 유적지, 사찰, 유명지를 찾아 전국을 누비며 활발하게 활동하고 있다. 혹서기, 혹한기를 제외하고 연8회, 매월 1회 실시하며 연1회 해외답사 활동도 병행 실시하고 있다.

당구 동우회 또한 월 1회 지정 당구장에서 친선 대회를 실시하는데 점점 회원들이 늘어나는 추세로 약 40여 명이 모여 당구를 즐기며 회비는 10,000원이며 모자라는 경비는 H회에서 지원받아 운영한다. 게임 후에는 식사와 주류를 제공하여 회원 간의 우의를 다진다.

바둑 동우회는 월 1회 H회 사무실에서 중, 고급으로 나누어 풀리그로 우승자를 가리어 조별 시상을 하며 춘, 추계로 나뉘어 대회도 치르고 있다.

이상과 같이 필자가 소속되어 활동하고 있는 H회 및 동우회에 관한 소개를 마치며, 적극적으로 참여하다 보니 H그룹에 대한 관심과 애정이 현직 때보다 퇴직 후가 더 커지는 것 같다. 필자 개인적으로는 5개 동우회에 모두 적극적이고 주도적으로 참석하여 삶의 활기를 찾아 나가고 있다.

필자는 H회 임원이사뿐 아니라 필자가 주도하고 있는 등산 동우회의 행사준비 및 산행, 타 동우회 활동을 하다 보면 한 달이 금방 가곤 한다. 물론 H회 모임만 아니고 여타 사회적 모임, 친우 모임, 동창 모임도 적극적으로 참여하고 있다.

이렇게 소속감을 가지고 집단 활동 모임에 적극 참여함으로써 생의 활기도 찾고 봉사를 통해 보람도 찾고 있으며 현역 시절보다 더욱 활발하게 살아나가고 있다고 하여도 과언이 아니다.

　서두에서 언급한 바와 같이 은퇴자의 노년기를 어떻게 보내는가가 매우 중요한 이슈가 되었고 많은 관심을 불러일으키고 있다. 물론 사회적 관심, 정부의 노인 정책의 변화 등이 대두되고 있지만 중요한 것은 은퇴자 스스로가 여가를 즐거이 보내는 방법을 스스로 찾아내고 참여하여 즐겁고 보람된 삶을 추구해 나감은 물론 소외감도 해소해 나가야 한다.

그 하나의 방법이 단체 집합 활동을 통한 여가 활용이다. 은퇴자 개개인의 주변을 다시 한 번 돌아보고 주위의 많은 모임에 능동적으로 적극 참여하여 활기찬 여생을 보낼 수 있도록 하여야 할 것이다. 적극적 참여와 활동을 통하여 육체적, 정신적 건강을 유지함은 물론 생의 활기를 찾고 성공적인 삶을 위한 마무리를 준비하고 행복한 여생을 보내며 당당하게 늙고 싶다.

제4장

중장년의 건강관리

노인의 건강

이국희

사람이 건강하게 태어나서 규칙적인 생활을 하면 건강은 유지될 수 있고 간혹 일시적인 일로 건강이 부분적으로 나빠져도 병원에서 치료를 하면 곧 회복되는 것이다. 음식을 잘 먹고 활동하면 건강은 유지된다고 할 수 있다. 그러나 생활이 불규칙적, 비상식적이거나 사고로 인하여 건강은 상할 수 있고 건강관리를 위하여 병원 신세를 지게 되는 것이다.

장년의 건강은 나이 들어 몸의 모든 기관이 노쇠하기 시작하고 나이가 들수록 더 심해지기 때문에 음식섭취량도 줄고 운동양도 줄며 수면도 편치 않은 경우가 있어 건강은 특별히 더 신경을 써서 관리해야 하는 것이다.

음식은 청결한 것을 고루 잘 취하면 좋고 운동은 자기의 능력이나 취미에 따라 또 과거에 한 운동을 고려하여 여유 있게 하고, 또 새로운 운동을 시도하는 것은 새로운 활력을 갖게 하고 인간관계도 새로워질 것이다.

이렇게 잘 관리하였는데도 나이 들어 병이 생기면 어쩔 수 없이 의사에게 맡기고 마음의 유연성과 여유를 갖는 것이 몸에도 좋다고 하지 않는가? 이렇게 유연하게 마음을 갖고 생각하며 생활한다면 건강은 잘 관리될 것이다.

건강한 육체는 마음에 있고 건강한 마음은 육체로부터 나온다고 하는 말을 되새겨 보자.

건강은 어떻게 지켜야 하나?
어떻게 하면 건강하게 장수할 수 있나?
인간의 오랜 꿈이고 아직도 확실한 방법은 없다.

확실한 것은 먼지는 먼지로 돌아가고 재는 재로 돌아간다. 만일 암이 우리를 죽이지 않으면 동맥경화증이 우리를 죽인다. 그러나 문제는 그때가 언제인가? 모든 장기가 아직도 활발하게 그 기능을 잘 발휘하고 있는데 한 가지 장기가 고장이 나서, 인간다운 삶을 누리지 못하거나 주어진 천수를 누리지 못한다면 얼마나 안타까운가?

모든 것이 그렇듯 준비하는 자세로 노년을 맞아야 한다는 것을 새삼스럽게 느낀다. 신체적, 정신적인 건강을 유지하면서 자신의 삶을 제어하며 독립적인 인간으로서 마지막까지 인생의 즐거움을 느끼면서 살고자 한다면 결국 현명하게 늙는 것^{노화}에 대해 잘 알고 준비하는 방법밖에 없다.

1. 노화의 과정

1) 활성산소의 저주

세포 내부에는 각자의 미세한 화학 공장이 있다. 이를 미토콘드리아라고 하는데 공장을 가동하면 활성산소radical oxygen를 만들어서 오염되고 쌓여서 늙게 만든다.

2) 생체시계

세포는 태어날 때 텔로미어telomere라는 생체 시계를 가지고 태어난다. 세포가 분열할 때마다 조금씩 줄어들어 세포분열 속도가 느려지고 늙어 가는 것이다.

3) 손상된 유전자

면역체계는 외부의 병원균의 침입에 대항하여 방어하는 것뿐만 아니라 내 몸 안에 있는 손상된 세포, 비정상적인 세포 등을 쉽게 분리하여 처리하는 것인데 손상된 유전자가 쌓이면서 늙어간다.

2. 어떻게 노화의 시계를 늦출 수 있을까?

1) 자기 자신을 Body guard로 신체를 일찍 늙게 만드는 행동 양식을 포기

예 : 흡연, 과음, 스트레스, 비만

2) 수많은 노화 방지방법 중 정말 신뢰할 만한 과학적 연구에 바탕을 둔 방법을 선택해야 한다.

예 : 걷기와 같은 격렬하지 않은 운동, 넘어지지 말고, 충분한 숙면

3) 가장 훌륭한 노화의 예방 방법으로 새로운 지식에 관심이 많을수록, 사회적 접촉과 폭넓은 친구 관계를 유지할수록 젊음을 유지하고 수명을 연장한다.

4) 창조주는 인간의 몸에 1호10의 16승 면역체를 주었다.항체, TCR 기준

이는 어떠한 외부의 병균의 침략이나 몸의 이상 물질이 생겨도 물리칠 수 있는 몸의 메커니즘이고, 계속 진화하고 있기 때문에 사실상 무한대의 방어 능력을 갖고 있다 하겠다.

3. 그러면 왜 병에 걸리고, 어떻게 해야 건강백세를 맞이하게 되는가

면역으로 처리될 수 있는 질병은 면역 기능이 활발하게 수행할 수 있는 여건을 만들어 주어야 한다. 따라서 면역 기능이 활발하도록, 외부의 침입이나 이상 물질이 세력을 키우지 않도록 하여, 면역기능으로 건강을 지킬 수 있다.

노인성 질환 알아보기

이국희

1. 골다공증

사람의 수명이 길어질수록 골밀도가 감소될 위험성은 점점 커진다. 특히 여성들은 갱년기가 되면 여성 호르몬인 estrogen의 생성이 줄어 들어 뼈의 분해와 재생 사이의 균형이 깨어져 더욱 위험하다.

위험 예 : 독일은 일 년에 6만5천 명이 다리가 부러져 고통 받고 이 중 1/3은 불구자가 되어 타인의 도움을 필요로 하고 있다. 척추 뼈가 부러지는 사고는 더 자주 발생하여 50세가 넘는 사람들 중 20~25% 가 척추 뼈를 다친다.

예방을 하기 위해서는 젊었을 때부터 뼈를 튼튼히 하고, 아래와 같 은 충분한 칼슘을 위한 식단을 즐겨야 하며, 뼈를 튼튼히 하는 달리 기, 걷기, 등산 등의 운동을 한다.

우유, 요구르트, 치즈 등 충분한 칼슘^{매일 1,000mg 이상}, 칼슘 정제, 비타민 D 등 의약품 등을 가까이하고, 칼슘을 배출하는 식품 줄이고 설탕, 음료수, 커피, 알코올을 멀리한다.

2. 심장과 순환기 장애

심장과 순환기는 먼저 혈관질환이 나타나고 이후에 심장이 나빠진다. 거의 모든 심장 질환은 콜레스테롤 등 이물질이 혈관 안쪽으로 쌓여서 좁아진 동맥에 혈액의 흐름이 원활하지 않게 되어 영양과 산소가 공급되지 못하여 발생한다.

1) 심장마비

심장은 전신에 혈액과 영양분을 보내고 있지만 자신도 산소와 영양이 없으면 움직일 수 없다. 심장은 심근_{심장근육}으로 만들어져 있어 이 근육에 산소와 영양을 보내는 것이 관상동맥이다. 이 동맥이 동맥경화 또는 혈전 등으로 갑자기 막히면 이 동맥으로부터 피를 공급받던 심장 근육 일부가 죽고 소멸된다. 급사, 돌연사가 될 가능성이 아주 높다.

예방을 하기 위해서는 식생활의 서구화와 과도한 스트레스를 피하고, 동물성 지방을 줄이고 등푸른 생선이나 식이섬유를 섭취한다.

운동 부족, 수면 부족, 흡연, 과도한 음주, 스트레스 등도 원인이며 건강진단으로 조기 발견하여야 하고, 염분 섭취 조정으로 고혈압을 예방하여야 한다.

치료 방법으로는 관상동맥이 좁아진 환자들에게 좁아진 부위에 미세한 풍선을 삽입하여 혈관의 막힌 부분을 넓히는 시술을 한다. 그런 다음 동맥벽을 Stent그물망로 혈관이 다시 막히지 않도록 한다. 심하면 고장 난 동맥 대신 심장근육에 새로운 혈관으로 관상동맥 우회술을 실시한다.

심장마비의 전조 증상은 다음과 같으며, 만사 제쳐 놓고 병원을 찾아야 한다.

- 계단을 오를 때 또는 찬 공기에 노출되었을 때 가슴이 조이고 타는 듯한 느낌
- 짧은 어지러움심장박동 장애, 또는 뇌졸중의 신호
- 조금만 힘들어도 숨이 차거나 또는 계단을 오를 때 숨이 차는 증상
- 잠잘 때 베개가 세 개나 높아야 자는 경우심장 이상으로 숨쉬기가 곤란하기 때문
- 다리가 부어오르는 경우

2) 부정맥

너무 빠르거나, 너무 느린 또는 불규칙한 심장 박동을 부정맥이라 하고 원인은 여러 가지가 있다. 원인으로는 심장에는 심장이 일정하게 수축 이완하는 신호를 보내는 세포가 있는데 이 심박조절기에 문제가 생겨 전기적 충격이 정상적으로 전달되지 않아 발생한다. 치료는 대부분 약물로 치료된다.

심장박동이 계속해서 느리면 인공 심장박동기를 환자의 가슴근육에 수술하여 집어넣는다. 이 조율기에서 심장근육을 전기 자극하여 규

칙적으로 박동하도록 한다. 인공 심장박동기는 몇 센티미터로 작고 얇아 생활에 불편 없으나 혈액이 응고되지 않도록 하는 약을 복용한다.

3) 하지 혈액순환 장애

이 환자들은 50미터도 걷지 못하고 다리가 아파서 더 이상 움직이지 못한다. 나이가 많은 사람들에게 많고 다리의 혈관들이 동맥 경화로 협착되고 막혔기 때문이다. 다리 근육은 걸을 때 더 많은 산소를 필요로 하는데 동맥이 좁아져서 혈액의 공급이 원활하지 않다.

원인으로는 고혈압, 흡연, 높은 콜레스테롤, 당뇨로 인한 동맥경화가 주원인이다. 치료로는 약물치료, 걷기 훈련, 혈관이 완전히 막힐 위험이 있으면 혈관 우회술이 필요하다.

3. 당뇨병

두 가지 종류가 있는데 제1형은 췌장에서 인슐린을 생산하지 못하는 경우이며, 주로 어린아이에 있다.

제2형은 "노인성 당뇨"라고 하는 생활습관병의 대명사로 췌장에서 인슐린을 생산 하나 제대로 작용하지 못하는 경우를 말한다.

우리는 혈액 속이 포도당을 태워서 생명을 유지하기 위한 에너지를 얻고 있다. 그 작용을 도와주고 있는 것이 인슐린이고 인슐린이 부족하면 포도당은 불완전 연소를 일으키고 혈액 중의 포도당의 농도가 높아진다. 이것을 고혈당이라 하고 이 상태가 계속되는 것이 당뇨병이다.

이 형태의 당뇨병을 앓고 있는 환자의 숫자가 점점 증가하고 있고 또 발병 연령도 점점 낮아지고 있다.

당뇨병은 교활한 질병이다. 초기에는 자각하기 어렵고 다소 혈당치가 높은 정도로는 전혀 증상이 나타나지 않는다. 증상이 드러날 때쯤이면 혈당치가 상당히 높아져 있고 신장 기능이 저하되어 소변에 단백질이 나오는 신증, 안구 망막이 손상되어 출혈하여 실명하는 망막증, 혈관의 손상, 전신의 말초신경이나 자율신경이 손상되는 신경 장애_{눈.} _{신장. 신경 장애를 3대 당뇨 합병증이라 한다} 가장 일반적이고 생명의 위협을 주는 뇌졸중의 위험이 5배나 높다.

원인은 신진대사 과정의 이상에서 발병하는 것으로, 유전, 과체중, 운동 부족이다. 치료방법은 의사의 처방을 따라 구강으로 또는 인슐린 주사가 있고, 운동요법으로 신진대사 과정을 자극하기 위하여 규칙적으로 운동을 하여야 한다. 식이요법으로 신체에 빠르게 흡수되는 탄수화물_{설탕. 빵. 과자 등}을 포기하고 통밀 식품, 과일, 야채 등 천천히 흡수되

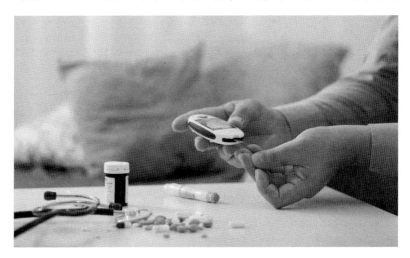

는 탄수화물 섭취. 매일 섭취하는 지방의 양도 줄여야 한다.

당뇨병으로 인한 발의 상처를 항상 조심을 하여야 한다. 고혈당으로 인해 신경이 손상되면 통증 지각을 느끼지 못해 염증 등을 즉시 인식하지 못한다. 사소한 상처가 감염 또는 수술로 절단하게 된다. 맨발로 다니지 말고, 사소한 상처라도 주의 깊게 살펴보고 적절한 치료가 이루어져야 한다. 당뇨병 진단기준으로는 다음과 같다.

● 공복혈당 126mg/Dl 이상8시간 이상 금식 후 혈당을 측정
● 포도당 내당검사(GTT) 200mg/Dl 이상포도당 섭취 후 2시간 뒤

4. 뇌졸중

1980년 초 사망원인 1위 자리를 암에게 넘겨주기 전까지 4명 중 1명은 뇌졸중으로 사망했다. 그 후 의학의 발달로 뇌졸중에 의한 사망자 수는 조금씩 줄고 있지만 여전히 환자 수는 암보다 많다.

일단 뇌졸중으로 사망하지 않더라도 그 후유증으로 삶의 질이 현저히 감소하므로 위험인자를 복수로 가지고 있는 자는 뇌의 혈관을 매년 초음파검사를 통해 정기적으로 검사를 받는 것이 좋다.

주요 원인은 고혈압, 고지혈증, 동맥경화. 당뇨병, 흡연, 비만, 스트레스 등이며, 종류로는 뇌경색, 내출혈, 지주막 출혈이 있다.

① 뇌경색은 콜레스테롤이 축적 또는 혈전피떡에 의해 혈관이 막히는 것이다.

② 뇌출혈은 뇌 안의 가는 혈관이 손상되어 출혈이 일어나고 산소

와 영양을 공급받지 못한 뇌세포는 죽으므로 그 부위의 조직이 지배하던 중추 즉 팔다리를 움직이고, 말을 하고, 인식하고, 사고하고, 이해하고, 기억하는 능력 등도 사라진다.

③ 지주막 출혈은 뇌를 보호하고 있는 지주막과 뇌 사이에 출혈이 생겨 뇌를 압박한다.

전조 증상으로는 언어장애, 팔다리의 일시적 마비, 시력장애, 어지럼증, 생소한 머리가 깨지는 듯한 통증 등이 불과 몇 분 동안 지속되는데 이 증상들이 나타나면 무조건 응급실 또는 뇌졸중 센터로 가야 한다. 다시 정상으로 돌아왔다고 하더라도 꼭 병원에 가서 진단을 받아야 한다. 예방을 하려면 자신의 혈압을 알아두고 급격한 온도변화를 피하며 과로나 수면 부족을 피한다. 그리고 규칙적인 운동과 식습관을 개선하며 금연과 과음을 하지 않고 스트레스를 해소하여야 한다.

- 후유증으로는 손발의 마비, 언어장애
- 고혈압 기준60세 이상, 휴식 시
- 정상혈압 최고/최저 140/90mmHg이 된다.

5. 기억 장애 및 치매

50세가 넘어가면 기억이 나빠지고 자꾸 잊는다고 투덜대지 않는 사람이 없다. 기억력은 많은 부분이 훈련에 달려 있다. 노인에게서 대부분의 뇌기능 장애의 원인은 기억하는 연습부족이다. 특히 혼자 살아서 대화할 상대가 없고, 자신의 생각을 나눌 수 있는 사람이 없는 경우 더 자주 발생한다.

왜냐하면 이런 대화를 통하여 사상들은 정신에서 반복하여 활성화되어 기억세포에 다시 한 번 저장될 수 있는데 대화가 없으면 그럴 기회를 얻지 못하기 때문이다.

1) 기억 손상의 원인

(1) 혈관의 협착 또는 뇌졸중 : 뇌의 동맥경화는 노인들의 사고 장애의 가장 빈번한 원인 중 하나이다. 민감한 뇌는 잘 기능하기 위하여 원활한 피의 공급이 필요하다. 뇌의 작은 동맥이라도 막히거나 터지면 거기에서 피를 공급받던 뇌세포 집단이 죽게 되고, 이것이 소위 뇌졸중이다.

(2) 우울증 : 우울증 상황에 있는 뇌는 마치 마비 상태와 같다. 노인들의 우울증은 흔히 간과되고 제대로 치료받지 못하는 경우가 많다. 피로, 무기력, 망각 등 우울증의 전형적인 증후들이 노인이기에 발생한다고 생각하기 때문이다. 우울증의 원인은 노인의 생활고뿐 아니라 세로토닌이라는 신경 물질의 분비가 적기 때문이다.

신체적으로 건강한 사람이라면 집중적으로 운동을 하여 많은 양의 세로토닌이 생성되도록 하여 약물 없이도 우울증에서 벗어날 수 있다. 갑상선 질환도 우울증을 일으켜 기억력 감퇴의 원인이다.

2) 알츠하이머 질병

얼마 전까지만 해도 원인이 수수께끼였을 뿐 아니라 기억, 인지능력, 성격의 붕괴를 막을 수 없다는 이유로 운명으로 여겨졌던 병이다.

예방으로는 혈액의 콜레스테롤 수치를 낮추고, 비타민 C와 E를 다량 포함하는 식품들 즉 항산화 효소를 섭취하며, 뇌를 많이 사용하면 걸리지 않거나 늦게 발병한다. 이들은 활동적인 뇌세포를 충분히 가지고 있기 때문에 알츠하이머 질병에 의한 세포의 점진적인 손실을 더 오래 그리고 잘 보완할 수 있다.

- 정상 콜레스테롤 범위12시간 금식 후 혈액
- 총 콜레스테롤 200mg/Dl 미만, 240 이상이면 고 콜레스테롤 혈증이다.
- HDL좋은 60 이상과 LDL나쁜 130 미만 , 160 이상이면 고 콜레스테롤 혈증이다.

3) 파킨슨병

뇌가 근육에게 이렇게 하라는 신호를 보내면 근육에게 명령을 내리고 유연한 움직임을 발생하도록 한다. 파킨슨병 환자는 중뇌의 움직임을 제어하는 영역에 있는 도파민을 전달 물질로 가지고 있는 신경세포들이 죽기 때문에 발생한다.

도파민 부족으로 움직임을 제어할 수 없게 되고, 얼굴은 이상하게 경직 모습을 띄게 된다. 대부분의 경우 환자의 팔과 다리에 억제할 수 없는 경련이 일어난다. 목소리는 작아지고 기분은 우울해진다. 예방 및 치료로는 유전이 영향을 미치고 뇌 영역을 전기적 자극을 하는 방법은 효과가 있다고 하고 최근에는 줄기세포를 이용한 치료도 하고 있다.

6. 암

인간이 장수하면서 생긴 질병 중의 하나로, 먹고살 만하고 애들도 다 키우고 편하게 쉬려고 할 때 암에 걸린다. 확률은 남자는 1/3, 여자는 1/4이 암에 걸린다. 2002년에는 전체 사망자 중 28%가, 2006년에는 37%가, 2015년에는 약 40% 이상이 암으로 사망했다.^{미국의 경우 남자의 경우 1/2, 여자는 1/3이 일생 중 어느 시점에 암에 걸리며 이 중 5명 가운데 1명은 사망할 것으로 예측}

특성으로는 암도 내 몸의 세포, 정상 세포와 구분이 어렵고 통제 불능으로 죽지 않는 태아 세포로 무한 분열한다. 암세포는 이성단백이라는 독성물질을 분비하여, 대사 장애. 영양 독식, 혈관 생성을 하여 주변의 영양을 독식하여 암을 키우므로 환자는 야위고 저항을 잃는다. 심장에만 암이 없고 몸 어느 부위에도 암이 발생한다.

1) 암 병기 분류 일반적인 기준

① 1기 : 장기 내 한 곳에만 2cm 이하^{5년 생존율 90%}

② 2기 : 암세포가 주위 림프절에만 침범^{5년 생존율 2/3}

③ 3기 : 인근 장기로 전이^{Metastasis, 5년 생존율 1/3}

④ 4기 : 몸 전체로 퍼짐

2) 암 진단을 받고 해야 할 일

① 빠른 시일 내에 한 군데 더 가서 진찰받을 것, 오진 확인

② 암 전문 병원에서 치료받을 것

③ 어떤 의사가 좋은지 선택해라. 가까운 의사에게 자문을 구해라

④ 꼭 명의를 찾지 마라.

⑤ 선택했으면 의사를 믿어라. 잘 아는 의사가 있으면 도움이 된다.

⑥ 자신의 권리를 제대로 주장하라.

⑦ 의사와 커뮤니케이션을 포기하지 마라.

3) 암 치료법

<u>(1) 수술</u> : 의사가 수술하자고 하면 일단 당장 죽는 것은 아니다. 살 수 있다.

<u>(2) 방사선치료</u>

<u>(3) 화학적 항암요법</u> : 빨리 자라는 것 공격_{머리카락, 혈구, 정자, 점막 등} 화학 요법 중에는 면역력이 떨어져 감염이 되면 치명적이다.

<u>(4) 기타 항암요법</u>

가. 표적치료제 백혈병Gleevec, 상피세포 폐암Iressa, 유방암Herceptin 등

나. 면역치료제 : 지미 카터 전 대통령의 흑색종 완치 Keytruda, Opdivo

다. 기타 : 유전자, 고주파, 색전술

4) 항암치료 시 주의할 점

① 면역력

② 운동 : 누우면 죽고, 움직여야 산다.

③ 소화 : 구토, 식욕부진

④ 수면

⑤ 배설 : 변비, 설사

⑥ 손발 저림

⑦ 음식

⑧ 통증 관리

⑨ 체온 : 항암치료 중에는 면역이 극도로 약화되어 체온이 38도 이상이면 감염이 의심되어 즉시 항암 치료한 병원으로 가서 치료 받아야 한다.

5) 항암 후 주의할 점

① 항암식품에 현혹되지 말라.

② 어설픈 대체의학, 민간요법으로 치료하는 소위 도사들 흑세무민 사기꾼, 죽어가는 환자의 돈을 뜯어먹는 하이에나….

[참고 문헌]

한만청 전 서울대병원장, 암과 싸우지 말고 친구가 돼라

고창순 전 YS 대통령 주치의, 암에게 절대 기죽지 마라

Marianne Koch, 신체지능, 시그마 프레스

쓰루미 다카후미, 건강 상식, 부광

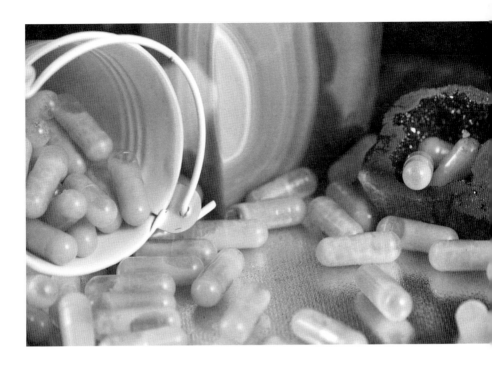

리처드 고든, 역사를 바꾼 놀라운 질병들, 에디터

가이 맥칸 외, 박동수 역, 젊은 뇌를 지켜라, 시그마프레스

계형근, 질병과 치료, 청어

Kuby Immunology 7 th edi

건강을 책임지는 베개 습관
잠자리 베개

장영봉

만병의 원인 즉, 스트레스, 우울증, 불면증, 두통, 어깨 결림, 허리 통증, 악관절 장애, 구토증, 현기증, 목 디스크, 오십 견, 경추 편타 증, 골다공증, 코골이, 수면 무호흡 증후군, 아픈 목, 저린 손, 관절 류 머티즘 등 이 모두 베개 때문이다.

높은 베개를 베고 자면 오래 못 산다는 말은 어느 정도 근거가 있다. 하지만 골다공증 환자나 고령자, 혹은 사고 때문에 등뼈가 흰 사람은 보통보다 높은 베개가 필요하다. 즉, 나에게 맞는 베개 높이는 단 하 나뿐! 한 사람, 한 사람의 체격과 병력을 고려한 최적의 베개 높이는 따로 있다.

편안한 뒤척임과 목의 안정은 수면의 핵심! 올바른 수면 자세는 베 개의 모양과 소재로 결정된다. 잘 때 머리가 푹 꺼지는 푹신한 베개나 너무 딱딱한 베개는 몸을 뒤척이기 힘들고 목에 무리가 간다. 뒤척이 기 쉬운 평평한 모양과 더불어 자면서도 내 체격에 맞는 높이를 유지할 만한 단단한 소재의 베개가 중요하다.

내 몸에 맞는 베개를 사용한다 하더라도 주변 환경 변화에 따라 적절한 베개 높이가 달라진다. 매트리스의 경도, 계절에 따른 온도와 습도, 잠옷의 두께, 몸무게 등 체격의 변화에 따라 베개 높이는 달라져야 한다. 또한 사용하면서 점점 베개 모양이 달라지기도 한다. 주변 변화에 대응하며 베개를 조정하는 것, 이것이 올바른 베개의 마지막 조건이다. 평생 건강을 책임지는 베개 습관. "이게 다 베개 때문이다"

1. 우울증이 의심된다면 베개 점검이 필수

한번 흐트러진 컨디션에 스트레스가 겹겹이 쌓인 채 2주 이상 지속된다면 그것이 우울증으로 발전할지도 모른다. 한편 우울증 가운데서도 가장 흔히 나타나는 증상이 수면장애다. 실제로 우울증 환자의 82~100%가 수면장애에 시달리고 있다. 잠은 비교적 쉽게 드는데 새벽 서너 시쯤에 잠이 깨버리거나, 낮에 잠이 쏟아지는 수면과다 증상이 많이 나타난다고 한다.

수면장애 다음으로 많은 증상은 피로감. 3위가 식욕 부진, 4위가 두통 및 머리가 무거운 증상이다. 또한 가벼운 우울증의 징후로 잘 알려진 '조간 증후군'이 있다. 아침마다 챙겨보던 신문조차 읽을 마음이 안 나고 기분이 무겁다. 머리로는 뭔가 해야 한다고 생각하는데 몸이 안 따라준다. 등의 느낌을 보인다. 옆에서 보면 아침부터 왜 그리 처져 있냐고 한마디해주고 싶지만, 결코 게으름 피우는 게 아니다. 간밤에 잘 못 잤기 때문에 심신의 에너지가 떨어져 도저히 몸이 안 움직이는 것이며 아마도 당사자의 괴로움이 가장 큰 것이다.

이때 반드시 점검해야 할 부분이 있다. 바로 베개를 비롯한 침구와 수면 환경이다. 아침에 일어났을 때 기분이 우울할 뿐만 아니라 목이 아프거나 어깨가 뻐근하지는 않은지 살펴봐야 한다. 혹시 두통이 나거나 손이 저리고, 일어나자마자 몸 여기저기가 결리지는 않나요? "그거 나야, 나!"하고 고개를 끄덕이는 분이 있다면, 베개가 안 맞는 탓에 수면 자세가 나빠져 불면증을 조장했을 수 있다. 그럴 때 적절한 베개로 교체하는 것만으로도 우울증 증상이 가벼워질지 모른다. 수면장애는 우울증에서 가장 많이 나타나는 증상이지만, 반대로 수면장애를 개선함으로써 우울증이 나을 수도 있는 것이다.

2. 나만의 '납작 방석 베개' 만드는 법

● 준비물

안에 솜이 든 납작한 방석 1개, 타월 이불 1~2장

*방석은 50cm X 50cm 크기에 솜이 든 단단한 것. 손으로 힘주어 쥐었을 때 두께가 5cm정도면 좋다.

● 만드는 법방석을 1개 사용할 경우

① 방석과 타월 이불을 베개 삼아 옆으로 눕고, 아래쪽 팔은 자연스럽게 앞으로 내민다.

② 목부터 허리까지 몸의 중심이 일직선이 되었는지 다른 사람이

확인한다. 또는 거울을 앞에 놓고 직접 확인한다.

③ 머리가 아래로 내려가 있다면 타월 이불을 접는 횟수를 두 번, 세 번 늘려 옆으로 누운 몸과 머리의 중심축이 일직선이 될 때까지 높이를 조절한다.

④ 목에서 허리까지 몸의 축이 일직선이 되었다면 이제 반듯이 드러눕는다. 목울대나 목덜미에 압박감은 없는지, 뒤통수부터 어깨에 걸쳐 힘이 안 들어가고 가벼운 느낌이 드는지 확인한다.

⑤ 몸을 양옆으로 수월하게 뒤척일 수 있는지 확인한다.

⑥ 편안한 높이로 조정했다면, 방석과 타월 이불을 접착테이프 등으로 고정하고, 얇은 천으로 덮개를 만들어 완성.

* 사용할 수 없는 소재 : 깃털, 왕겨, 메밀껍질, 케이폭, 플라스틱 칩 등

* 주의할 점 : 방석을 반으로 접을 경우 두께가 일정해지지 않으므로 절대 금지

[참고 자료]

야마다 슈오리 지음/ 신 유희 옮김. 평생 건강을 책임지는 궁극의 베개 습관. 이게 다 베개 때문이다. 위즈덤 스타일 출판사. 2011

헐! 어주구리漁走九里! 100세 시대!

부제 : 중 · 장년들의 지혜로운 건강 치유 요법이란?

김진홍

1. 걸으면 살고 누우면 죽는다

산山으로 가는 길에는 등산登山이 있고, 입산入山이 있다. 등산登山은 땀 흘리고 운동運動하는 산山길이라면, 입산入山은 궁지에 몰렸을 때 해 답을 모색하고 구원을 강구하는 길이다入山修道. 골산骨山.바위산은 정기精氣 를 얻으러 입산을 하고 육산肉山흙으로 덮인 산은 정기靈氣를 맞이하기 위해 서 등산을 한다. 통즉등산通卽登山이요 궁즉입산窮卽入山인 것, 인생100세 걷지 못하면 끝장이고 비참한 인생 종말을 맞게 된다. 걷고 달리는 활 동력을 잃는 것은 생명 유지 능력의 마지막 기능을 잃는 것이 아닌가? 걷지 않으면 모든 것을 잃어버리듯 다리가 무너지면 건강이 무너진다.

무릎은 100개의 관절 중에서 가장 많은 체중의 영향을 받는다. 평 지를 걸을 때도 4-7배의 몸무게가 무릎에 가해지며 부담을 준다. 따 라서 이 부담을 줄이고 잘 걷기 위해서는 많이 걷고 자주 걷고 즐겁게 걷는 방법밖에 없다. 건강하게 오래 살려면 우유를 마시는 사람보다 배달하는 사람이 돼라! 더 무슨 설명이 필요한가. 언제 어디서든 시간이 나면 무조건 걷자. 유명한 고전인 동의보감에서도 약보藥補보다는 식보食補요, 식보 보다는 행보行補이니라 했다. 서 있으면 앉고 싶고 앉으면 눕고 싶다. 누우면 약해지고 병이 들게 되고 걸으면 건강해지고 즐거워진다. 질병, 절망감, 스트레스, 모두 걷기가 다스리고 병이란 내가 내 몸에 저지른 죄의 산물이다. 일어나기 몇 시간 전에 잠이 깨어 죽은 듯이 누워 무슨 근심 걱정에 가슴 아파하지 말고 박차고 일어나서 운동화 하나 신으면 준비는 끝이다.

뒷산도 좋고 강가도 좋고 동네 한 바퀴도 좋고 그러나 이왕이면 가까운 도시공원 이 있으면 숲속을 걸으면서 피톤치드, 음이온 등 생태 숲이 주는 자연의 보약을 마음껏 마시면서 걷자. 어디를 가도 부지런한 사람들과 만나면서 서로의 대화와 소통을 나누면서 고독감에서 벗어나 보자. 이것이 진정한 건강 치유 요법이다. 처음에는 30분 정도 천천히 걷지만 열흘이면 한 시간에 20리를 걸을 수 있다. 몸과 마음이 가뿐해지며 자신감과 즐거움이 늘어난다. 당신은 어느새 콧노래를 부르고 있을 것이다. 뇌혈관 지표를 정상으로 돌리는 방법, 먹는 식습관보다 걷는 운동 습관이 더 중요하다. 걷는 것은 곧 유산소 운동을 활발히 하여 혈관을 깨끗이 하는 것, 때와 장소를 가리지 말고 걷자. 허리둘레는 가늘수록, 허벅지 둘레는 굵을수록 좋다. 산림치유프로그램

2. 하늘이 내리신 최고의 건강치유 요법, 복식호흡의 비밀 !!!

1) 휴식休息과 휴양休養의 의미는?

세종대왕이 창시한 용어 중 휴식休息과 휴양休養이란 단어가 복식호흡과 긴밀한 관계가 있다. 휴식과 휴양의 글자 속에 담겨진 한자의 의미를 풀이해보면 휴식 및 휴양을 원하는 사람은 나무森밑에 가서 복식호흡息을 하라는 의미가 내포되어 있다. 즉 20세기 초에 발견되어진 최고의 건강 치유인자인 숲속의 피톤치드와 음이온이 복식호흡법과 연결되면서 세종대왕의 인문학과 과학적인 한글 창조가 현재 하나 하나 입증되고 이런 요소들을 배경으로 숲속에서의 명상과 복식호흡운동이 중장년들에게 최고의 건강치유요법으로 부각되고 있다.

2) 복식호흡의 숨겨진 비밀이란?

(1) 숨쉬기를 어떻게 하느냐에 따라 건강이 나빠질 수도 있고, 좋아질 수도 있다.

너무도 자연스러워서 누구도 의식하지 않는 '숨쉬기' 속에 건강의 비밀이 있다. 체내에 산소를 충분히 공급하고 자율신경을 안정시켜주는 효능이 알려지면서 요즘 관심이 높아지고 있는 '복식호흡법', 시간과 돈 들이지 않는 알짜배기 건강보험이 복식호흡이다.

(2) 장수 동물을 관찰하면서 노화를 연구하는 학자들은 '고래, 거북, 코끼리 등 장수동물은 예외 없이 모두 느리고 깊게 호흡 한다'고

말한다.

사람과 가장 유사한 포유류인 고래는 최고 수명 120세. 숨을 한 번 들이쉰 상태로 물속에서 30분 견딜 수 있을 만큼 긴 호흡의 지존이다.

(3) 복식호흡이 우리의 몸을 건강하게 하는 이유?

인간이 생명을 유지하는 데 가장 기본적이고 중요한 에너지원이 산소다. 체내에 산소가 부족하면 아무리 영양 섭취를 잘해도 연소가 안 돼 에너지로 전환할 수 없고, 불완전 연소물인 노폐물만 축적되어 몸에 이상이 생기게 된다. 독일의 유명 의학자 오토 월드는 '산소 결핍에 의한 장애는 현대 의학에서는 상식'이라면서 암이나 심장병도 세포내 산소부족 때문에 생긴다고 주장한다.

(4) 복식 호흡의 효과는

가. 복식호흡은 자율신경을 안정시킨다.

자율신경계의 지배를 받는 뇌의 활성도, 혈압, 심박수, 호흡수, 체온이 모두 영향을 받게 되는 것이다. 특히 뇌의 긴장상태를 조절해서 이완시켜주는 능력이 탁월한 것으로 보고 있다. 자율신경이 안정되면 모든 병을 효과적으로 예방하고 치료하는 데에 상당한 도움이 되며 세포에 활력을 주어 인체 면역기능도 강화 된다. 백혈구 생성 속도가 높아지거나, 손상된 조직 회복 속도가 빨라지는 등의 효과도 생기는 것이다.

나. 체지방을 감소시켜 다이어트에 도움이 된다.

세포 내의 에너지대사 즉 신진대사를 활발하게 만듦으로써 체지방을 감소시켜준다. 복식호흡을 1시간 하는 것은 걷기 25분, 자전거타기 35분을 한 것과 동일한 양의 에너지를 소모한다고 한다.

(5) 복식호흡은 심폐기능을 향상시킨다.

쉼 없이 움직이는 심장의 유일한 에너지원은 관 동맥에서 주입되는 산소이다. 그러므로 심폐기능을 향상시키기 위해서는 충분히 산소를 흡입해야 한다. 복식호흡은 횡경막을 상하로 많이 확장 및 수축시키므로 무엇보다 산소 섭취와 이산화탄소 배출을 효과적으로 해준다. 즉 폐활량이 커지고, 심폐기능을 향상시키는 것이다. 복식호흡은 불면증, 우울증 등 불안장애를 치료한다.

(6) 교감신경이 활발하면 심장박동이 빨라지고 혈관이 수축하는 등 심신이 긴장하게 된다.

반면 부교감신경이 활성화되면 심장박동이 진정되고, 산소 공급이 원활해지면서 근육이 이완되고 심신이 편안해진다. 무엇보다 복식호흡을 하게 되면 부교감신경이 활성화 된다고 한다.

복식호흡을 30분쯤 하고 뇌파를 검사해보면 알파파가 나온다고 한다. 알파파란 근육이 이완되고 마음이 편안하고 의식이 집중된 상태에서 측정되는 뇌파이다.

복식호흡을 하면 정신이 맑아져 집중력도 높아지고 몸과 마음의 반응이 달라지는 것은 결국 복식호흡이 자율신경을 조절한다는 의미가 된다.

(7) 콜레스테롤을 감소시켜 심혈관 질환 및 고혈압 치료 효과가 있다.

복식호흡을 하면 혈중 지질 상태를 개선해 심장병, 뇌졸중 등 심혈
관 계통의 병을 예방하고 치료하는 데 효과적이다. 혈압을 떨어뜨려
고혈압 치료에 효과 있다. 복식호흡을 하면 혈관이 이완되면서 혈압이
내려가는 효과가 있다. 말초식 호흡이 말초혈관을 확장시켜 말초혈관
의 저항이 감소되면 결과적으로 혈류속도가 느려져 혈압이 떨어지게
되는 것이다. 실제 고혈압 환자에게 복식호흡을 연습시키고 난 다음
30분만 지나도 혈압이 낮아지는 걸 확인할 수 있다고 한다.

4. 100세 시대에 맞는 건강 치유 운동이란?

1) 단동7훈壇童 七訓에 숨겨진 비밀치유적 효과 분석

단동 7훈의 운동은 7가지 종류로서 각각 해당되는 운동에는 사상
적인 삶의 지혜가 담겨져 있으며 또한 각각의 운동 동작이 인체의 각
부분을 자극하고 치유하는 기능을 가지고 있다. 특히 상기 운동은 '순
환 장애'로 인한 뇌출혈, 뇌경색, 치매, 풍 등의 예방에 탁월하기 때문
이다. 조선 왕조 600년 동안 어린 왕세자들에게 집중적으로 지도했던
운동이 바로 단동7훈이며 현대에 와서는 성인 및 노년들의 치유적 운
동에 아주 적합하다고 권고하고 있으며 이에 대한 의학적인 논문 및

결과가 하나하나 입증되고 있는 현상이다.

(1) 도리 도리_{道理 道理}

· 목을 좌우상하로 움직이는 동작의 목운동

· 귀, 눈, 입, 코로서 자연을 감지하고 사람의 도리와 세상의 이치를 직접 보고 느끼고 사람됨을 배우라는 교훈도 포함.

· 의학적 치유효과 : 뇌파진동의 활성화 특히 알파파와 세로토닌 활성화, 집중력 향상, 50견을 퇴치, 혈액 순환 향상으로 피부가 좋아진다.

(2) 건지 곤지_{乾知 坤知}

· 왼손바닥에 오른손 검지를 찍는 동작

· 건지란 하늘을 뜻하고 곤지는 땅을 뜻하는데 인간은 땅의 이치 속에 살고 땅은 하늘의 이치 속에서 만물의 변화가 이루어지니 사람은 먼저 하늘과 땅의 이치를 알고서 사람이 땅의 이치 속에 존재한다는 세상 이치를 깨닫는 동작(음양오행설의 이치 터득).

· 의학적 치유효과 : 각종 장 기능 발달 및 혈액순환에 효과가 있다.

(3) 작작궁 작작궁_{綽綽躬 綽綽躬}

· 양손바닥을 마주치는 동작

· 음양 조화의 원리를 터득하여 삶의 과정에서의 소통과 화합이 중요하다는 교훈

· 팔 부분 근육 발달 및 혈액순환에 효과가 있다.

(4) 깍궁 깍궁^{覺躬 覺躬}

· 서로의 등을 마주대고 상반신을 교대로 구부렸다 폈다를 반복 한다.
· 몸을 보이지 않게 하였다가 보이게 하는 동작.
· 자기 존재를 부각 및 인식시킨다는 의미로서 세상을 살아가면서 보다 적극적으로 자기의 존재감을 알리면서 살아가야 한다는 의미
· 상반신의 반복적인 동작으로 허리 및 상반신 운동에 도움이 된다.

(5) 훨 훨^{虛 虛}

· 양손을 펴고 손바닥이 아래로 가도록 하고 전후좌우로 흔드는 동작
· 소유욕 및 모든 탐욕을 버릴 수 있도록 마음을 비우고 살아가야 한다는 교훈
· 손목운동과 팔운동을 통한 관절운동 및 근육강화에 도움이 된다.

(6) 잼 잼^{潛 潛}

· 양손을 쥐었다 폈다 하는 동작
· 마음을 비우고 살아가되 인생의 필요조건은 성취하라는 의미이고, 잼^潛은 재물을 뜻하는 단어이다.
· 손가락 운동 및 위장계통 강화운동이 된다.

(7) 따로 따로他路 他路

· 태어나서 발을 세워서 홀로서는 동작임한 발로 뜀박질 운동

· 사람의 독립성을 일깨워 준다는 의미

· 성장 발달에 도움이 된다.

[참고 논문 및 인용 자료]

의학전문 컬럼니스트 홍혜걸 박사의 신문 컬럼

김민정 헬스 조선 기자의 신문 칼럼

http://www.fullspike.com

현대인의 생활 영양, 저자 박태선, 김은경. 2013년

식품과 영양, 저자 김태진 외3명 2010년

http://www.google.com.

운동 영양학, 저자 이진 외 2명.

물 건강학, 저자 이계호 교수 2003년

성인의 물 섭취량에 관련된 요인, 유주연. 아주대 국내 석사학위 논문 2010

충북대 대학원 산림 치유학과 논문집

노인성 극복과 탁구의 매력

김인철

일찍이 '앙드레 지드'는 말했다. "늙기는 쉽지만, 아름답게 늙기는 어렵다." 누구든 늙게 마련이다. 아무리 평균수명이 늘어났다 해도 늙지 않는 사람은 없다. 젊은이들은 흡사 늙지 않을 것처럼 살지만, 그들도 역시 늙게 된다. 인간이 늙는다는 것은 보편적인 자연현상이지만, 아름답게 늙는다는 것은 선택적이다.

아름답게 늙기 위해서는 그에 상응하는 대단한 노력이 있어야 한다. 주변을 살펴봐도 그냥 늙어가는 사람은 많아도 아름답게 늙는 사람은 드물다. 그만큼 그 일이 어렵기 때문이다. 아름답게 늙으면 그 삶의 질은 윤택해지고, 다른 사람들이 보기에도 좋고, 본받을 만한 노인이 되는 것이다.

그러나 그렇게 아름답게 늙는다는 것이 쉽지 않고, 또한 보이지 않게 사회적 노인차별이 존재하는 것은 무엇 때문일까? H.G.보운은 "건강과 부는 미를 창조한다." 는 명언을 남긴 바 있지만 노년들이 아름답게 늙기가 어려운 것은 바로 건강과 부의 뒷받침이 없기 때문이 아닌가 생각한다.

노인이란 무엇인가? 그것은 사회, 경제. 심리. 생리. 의학 등 각각의 관점에 따라 다양하게 표현되고 있고, 개인의 정신적, 신체적, 사회적, 문화적 요인 등을 고려하여 정의될 수 있을 것이다. 국제노년학회에서는 노인을 노화Aging 과정에서 나타나는 생리적 환경적 변화 및 행동의 변화가 상호 작용하는 복합형태의 과정에 있는 사람으로 정의하고 있다.

노화란 무엇인가? 노화란 인간의 발달 중 퇴행적 발달을 말하며 인간에게 유해한 과정으로 정의하고 있다. 노화에 따른 노인의 특징과 변화로는 신체적 변화, 심리적 변화, 사회적 변화 등으로 나누어 볼 수 있는데 그 중 신체적 변화로서 가장 대표되는 변화는 행동이 느려지고 추해진다는 점이다.

행동이 느려진다는 것은 각종 신체기관의 기능이 저하되거나 쇠하여지고 있어 신체가 약화되고 있다는 것을 의미한다. 추해진다는 것은 신체의 외관상 보이는 각 기관들이 퇴행적 발달로 인하여 보기 싫게 되어 간다는 것을 의미한다.

이러한 노인성의 특징을 극복하고 보다 행복한 노년을 즐기기 위하여서는 운동이 필요하고 그 중에서도 탁구의 장점을 적극 추천하고 싶다.

생활 속에서의 운동 종목은 첫째, 재미가 있어야 한다고 생각한다. 흥미와 재미가 없다면 출발은 단단히 결심을 하고 시작하지만 결국에는 중간에 포기하고 말거나 소홀히 하게 된다. 탁구는 건전한 게임이라는 승부를 통하여 모든 것을 집중할 수 있고, 나의 창의와 능력을 최대한 발휘하여 전략을 구사할 수 있으며 그 결과로서 성취감과 스릴을 즐길 수 있다.

둘째, 무엇보다 시간에 쫓기는 사람들에게는 시간을 너무 많이 할애할 수 없기 때문에 퇴근 후나 주말에 적은 시간을 들여서 운동의 효과를 극대화할 수 있어야 한다. 또한 쉽게 접할 수 있어야 한다.

셋째, 경제적으로 부담이 합리적이어야 하고 현재 하고 있는 일의 수행에 지장을 주거나 부담이 되어서는 아니 될 것이다.

넷째, 남녀노소는 물론 가족 간에도 함께 즐길 수 있어 좋은 대인관계 및 가족관계 형성에도 도움이 되어야 한다.

다섯째는 무엇보다 건강증진에 도움이 되고 또한 하는 일의 성과에 도움이 되어야 한다.

탁구의 좋은 점에 대하여서는 많은 내용들이 거론되고 있지만 무엇보다 노인성 질환 예방과 극복에 가장 적합한 운동이라는 점을 강조하고 싶다.

미국의 하바드 대학에서 행한 내재적 연관성테스트Implicit-association test에 의하면 젊은이들과 노인에 대한 일반인들의 믿음과 태도는 80% 이상이 무의식적으로 젊은이들을 선호한다는 것과 노인에 대한 부정적인 태도를 견지하고 있다는 것이며, 나머지 20%미만이 부정적인 태도를 유보하고 있는 수준이라는 것을 나타내 주고 있다.

미국의 Posner 조사결과에 따르면 미국사회에서는 노년들older people에 대한 경멸disdain과 분개심resentment이 존재함을 나타내주고 있으며,

이러한 일반인들이 노인들에 대한 부정적인 태도를 취하는 이유는 용모looks와 행동behavior때문이라 한다.

탁구는 전신운동으로 다이어트 효과 및 폐 기능강화, 근육배근. 복근. 장딴지, 종아리 . 팔과 손목 등의 발달과 강화에 도움이 되고, 소화와 장 기능개선과 변비개선, 피부미용 등에 큰 효과가 있는 것으로 알려져 있다.

따라서 탁구는 육체적인 면에서의 근력, 순발력, 반응시간, 감각의 예민성, 유연성, 지구력 등의 강화 뿐 아니라 정신적인 면에서의 집중력, 동기, 안정성, 사회성, 좋은 품성 등을 높일 수 있기 때문에 노인성의 극복에 매우 적합한 운동이라 확신한다.

이러한 의미에서 느려지고 추해지는 노인성 극복을 위한 가장 적합한 운동으로 아름다움과 민첩성, 좋은 용모와 좋은 행동을 위하여 탁구를 적극 권장하고 싶다.

13년간의 치매 간병癡呆 看病 기록서

조병석

　* 본 글은 필자 이국희의 죽마고우 조병석 군이 13년간 부모님의 치매 간병을 한 실제사례로서, 친구의 심해深海와 같은 효심에 대하여 무엇이라고 표현할 수 없을 정도로 그 고귀함에 존경을 금할 수가 없다. 이러한 천사 같은 친구는 지금 현재도 어머님 치매 간병에 여념이 없이 지내고 있다. 그래서 조 군에게 조심스럽고 간곡하게 요청하여 치매 간병 기록서를 공개하여 많은 사람에게 알리어 귀감이 되게 하고, 아울러서 중장년이 되는 계층들에게 교훈이 되게 하고자 한 것이다. 혹자或者는 인간이 운명을 할 때까지 절대로 걸려서는 안 되는 것 중 첫 번째는 치매라고 하였다. 곁에서 지켜본 친구의 부모님을 위한 처절한 효심의 행동을 보면서 나의 자식들에게 이러한 고통을 당하게 하지 않으려면 나 스스로가 어떻게 건강관리를 하여야 하는지가 철저하게 깨달아지지 않을 수가 없다.

　이 글을 읽는 중장년 여러분들에게 많은 도움이 되기를 간절히 빈다.

100세 장수 시대에 치매는 어쩌면 얼마 남지 않은 우리 인생에 조만간 부닥칠 현실문제일 것 같아서 13년간 치매 부모님을 모셨던 경험들이 도움이 될까 해서 이 글을 올린다.

2003년 봄 아버님이 아침에 잠깐 산보하고 오신다고 하더니 저녁이 되도록 안 들어오신다는 어머님의 전화를 받고 동생들과 갈 만하신 곳을 찾았지만 못 찾고 경찰서에 신고를 해야 하나 하고 있는데 동사무소에서 전화가 왔다. 주소도 모르고 길을 찾아달라는 노인네가 몇 시간째 앉아 있는데 퇴근도 못 하고 겨우 전화번호를 알아서 전화하니 빨리 모셔가라는 전화다. 동사무소는 아버님이 사시는 아파트 바로 앞 10m 건너편에 있었다.

다음날 구로에 있는 ㄱ 정신병원에 모시고 가서 진단을 받았다. 결과는 중증의 치매로 완치는 힘들고 증상을 완화시켜주는 약을 줄 테니 크게 기대하지 말라는 표정이었다.

현 상태로 어머님이 아버님을 혼자 모시기는 힘든데 장남인 내가 부모님을 모시는 것이 순리지만 시할아버지를 5년간 모시면서 똥 치레를 경험한 집사람에게 차마 입이 떨어지지 않았다. 동생들은 요양원에 모시기를 바랐지만 어머님이 펄쩍 뛸 것이 분명하니 말들을 못 하고 있었다.

결국 내가 출퇴근을 하면서 아버님을 돌보는 것으로 굳히고 방배동에 있던 사무실을 아버님 주택 거실 옆방으로 이전하고, 인터넷을 운영하던 서버와 통신장비 및 전화 16회선을 영동전화국 아이티센터에 월 100만 원에 위탁시켰다.

아침 5시 30분에 기상해 30분 걸어서 오이도역에 도착. 6시경에 전철을 타면 7시 10분 신용산역에 내려서 마을버스를 타고 아파트에 도착하면 7시 30분, 이렇게 두 시간 걸리는 출근이 시작되었다. 오전 업무를 마치면 점심 후 아버님을 모시고 한 시간 정도 잘 다녔던 길로 산책을 다녔다. 산책 후에는 어머님이 아버님에게 아들 손자 이름과 주소를 노트에 적어서 쓰도록 하고 반응이 좋으면 과자도 드리곤 하셨다. 그때 아버님의 연세는 80살인데 정신은 60년 전 고향에 가 있었고 아파트를 시골 초가로 알고 계시면서 산책 다니는 길은 개구쟁이 시절 뛰어놀던 고향 길로 착각하고 계셨다.

한 번은 점심식사 후 산책하러 엘리베이터를 타고 내려가는데 바지를 내리고 소변을 보시기에 "참으시고 화장실에 가서 보세요."하니, "야, 논두렁에 좀 누면 안 되냐?" 하신다. 하늘이 무너지는 절망감을 느꼈다. 정년퇴직까지 농협에서 지점장, 조합장 하시고, 얼마 전까지도 수의사 자격증을 갖고 계셔서 돈가스 공장의 품질 관리를 맡았던 분인데…. '매일 점심 후 한 시간 산책, 오후 2시간 어머님 교육' 이런 일과가 반복되면서 3개월이 지나면서 점점 좋아지기 시작하였다. 손자 이름도 다 적으시고 시계도 볼 줄 아시고 고향 길로 알던 산책길도 이젠 이발소, 목욕탕, 효창공원 등을 가는 길로 기억해내시기 시작했다. 기적이 일어난 것이다. 치료는 어렵고 증상을 늦추는 것이 최선이라는데 어떻게 된 것이냐고 정신과 의사에게 물었다. 자기도 잘 모르겠다는 것이다.

1년이 지나면서 거의 90% 이상 치매가 치료된 것 같았다. 처음에 찾아와서 자기도 몰라보는 친구를 보고 우셨던 분들이 정신병원을 소개해달라고 난리다. 많은 분들을 ㄱ 정신병원에 소개해 드렸는데 치료가 됐다는 분은 못 들어봤다.

2005년에는 회사 일도 도와주기 시작하셨다. 은행가는 일, 우체국 가는 일 등 소소한 일을 꼼꼼히 챙겨서 도와주셨다. 그러나 호사다마라고 할까 머리가 좋아지시는 만큼 걸음걸이가 힘들어지셨다. 정형외과에 모시고 다녔지만 다리의 근육 뼈 관절에 아무런 이상이 없다는 것이다. 용하다는 한의원에 가서 침도 맞으시고 정형외과에서 물리 마사지를 매주 서너 번씩 받으셨지만 별 효과가 없었다. 친구 모임이나 가족 행사에 모시고 나가면 화장실을 가다가 소변을 싸셔서 행사 분위기를 망쳐 놓으셨다.

2006년부터는 방 안과 화장실 벽에 긴 손잡이를 부착하고 디근자 형 걸음보조기를 사용하시고 외출 시 기저귀를 채운 채 다녔다.

2007년 여름 배가 아프고 소화가 잘 안 된다고 하시기에 동네 병원을 모시고 갔더니 소화불량이라고 한다. 일주일이 지나도 차도가 없는 것 같아서 ㅈ 대학병원에 갔더니 담낭이 터져 시기를 놓쳐서 큰 수술을 해야 한다고 한다. 한 달간의 병원 생활 후 퇴원하니 제대로 걷지를 못하셨다. 침대를 병원용 침대로 교체하고 의자 생활만 하시도록 환경을 바꿔드렸다. 이동할 때는 휠체어에 앉혀드리고 이동변기를 사용하도록 침대 옆에 놓았다.

2009년부터 그렇게 다니시길 좋아하던 분이 하루 종일 침대에서 TV만 보시고 대소변을 침대에서 싸시면서 식사 때 휠체어 타시는 것

외에는 기저귀를 하루 종일 차고 누워계시는 세월이 시작되었다 배설물이 범벅이 되면 처치가 힘들어서 중요 부위에는 아이용 기저귀를 비닐봉지에 말아서 넣어드려 별도로 갈아드렸다. 맨 처음에는 기저귀를 갈아 드리는 것이 어려웠지만 숙달되니 할 만한 일이었으나 진짜 힘든 건 여름에 기저귀 주변의 피부와 등에서 발생하는 욕창 관리였다.

어머니의 치매는 2005년부터 건망증이 심하시고 음식 조리할 때 잘 태우셔서 나이가 들면 오는 증상이라고 생각했는데 결정적인 인식은 2006년 6월경 하루는 조용히 오셔서 귓속말로 "너만 알고 있어라. 너의 처가 내 방에서 돈을 가끔 훔치는 것 같다. 너도 조심해라."라고 하셨다. 이 말을 듣고 바로 정신병원에 모시고 갔다. 어머님은 아버님과 달리 치매 초기로 관리를 잘하면 좋아질 수 있다는 것이다. 그러나 현실은 아버님과 반대로 기이한 행동을 하시기 시작하셨다.

하루는 아파트 경비원이 찾아와 어머님이 한밤중에 밖에 돌아다니셔서 한 번 모셔다드렸다는 것이다. 그날부터 퇴근 때에는 아파트 현관에 커다란 화분을 받쳐 놓아서 밤에 밖에 못 나가게 해드렸다.

그다음 날 아침에 출근해서 현관문을 열려니까 문이 안 열려서 보니까 안에서 어머님이 문을 잠그신 모양이라 아무리 문을 두드려도 안 돼서 119를 불러서 문을 열고 보니 현관에 쪼그리고 앉아 계셨다.

어느 땐가 동창회에 참석해서 식사하는 중에 아버님한테서 다급한 전화가 왔다. 어머님이 10년 전에 돌아가신 장모님을 찾아내라고 한밤중에 시도 때도 없이 아버님을 못살게 군다는 것이다. 다음날부터 퇴근할 때 아버님 안방을 잠가드리고 퇴근을 했다.

그 후 얼마 지나지 않아서 아침에 출근하니 아파트 안이 탄내가 가득하고 주방이 엉망인데 두 분은 안방과 건넛방에서 곤히 주무시고 계셨다. 이상해서 경비실에 전화하니 한밤중에 화재신고가 들어와서 소방차가 출동하여 아파트 안에 들어갔었다는 것이다. 어머님이 밤중에 밖에는 못나가고 안방도 못 들어가고 심심하니까 주방에서 찌개요리를 하다가 주무신 모양이다. 찌개가 타면서 탄내가 위층 아파트로 올라가서 위층에서 119에 화재신고를 한 것이다. 다행이 불은 나지 않았다는 것이다.

어머님은 생활비를 일주일 단위로 드리면 지출내역과 잘 맞추시고 잔액을 꼼꼼히 챙기셨는데 점점 셈이 흐려지셨다. 그래도 장 보고 반찬하고 하는 것이 치매 진행을 늦출 수 있을 것 같아서 일주일에 한 번 같이 시장에 가서 장도 봐 드리고 무리라도 계속할 수 있도록 했다.

그 후 119가 한 번 더 오는 사건이 발생하고 난 후 평소 치매 부모님을 모시고 고생한다며 과일이나 떡을 종종 갖다 주시던 앞집 아주머니가 요즘 우리 애들이 앞집에 불이 날 것 같아 잠을 못 자니 어떻게 조치를 취하라는 것이다. 할 수 없이 주방의 가스레인지를 철거하고 전자 인덕션으로 교체한 다음 동생들과 의논해서 반찬을 일주일 단위로 돌아가면서 해오도록 하여 어머니의 취사 활동을 정지시켰다. 반찬을 안 만드시더라도 아침에 출근하면 냉장고에서 반찬을 꺼내고 아침 점심 저녁을 차려 주셨다. 이것도 잠시 한밤중에 냉장고를 열어서 반찬을 잡수시고, 전자밥통도 열고 닫지를 않아 밥이 항상 식어 있어서 퇴근 때에 냉장고 문과 밥통을 항상 헌 넥타이로 꼭 묶어 놓고 퇴근하였다.

하루는 아침에 출근하니 어머님 얼굴이 눈이 안 보일 정도로 부풀어져 있었다. 주변에 보니 비누, 세제, 가그린 세정제 등이 보였다. 냉장고를 못 여니 대신 드신 것 같았다. 연세병원 응급실에 모시고 가서 위를 세척하고 종합 검사하니까 간이나 위에 손상을 받지 않았다는 것이다. 그날로 주방과 목욕실의 액체 용품과 비누를 어머님 손 안 닿는 곳으로 옮겨놓았다. 어머님의 행동은 평소 정상인처럼 얌전하시다가도 손톱 발톱 깎을 때와 목욕할 때엔 무슨 힘이 발작적으로 나오시는지 한바탕 전쟁을 치르는 기분이었다.

두 분을 요양원에 모시는 것도 생각해 봤지만, 하루 종일 친구, 친척, 조카들에게 전화하시고 친구들을 집에 불러서 마작하시고 담소를 나누시는 것이 유일한 취미이신 아버님이 반대할 것은 뻔해서 생각을 접었다. 정말로 힘든 시기였다.

이때 나에게 구세주처럼 나타난 것이 요양보호사 제도였다. 2008년 4월에 시행되어 9월에 아버님은 3급을 받았고 어머님은 팔다리 튼튼하고 자기 옷을 입을 줄 안다고 떨어졌다가 2009년 다시 신청하여 3급을 받았다. 매일 오후 4시에 퇴근하면서 요양사에게 인계하면 요양사는 저녁을 해드리고 8시에 두 분을 잠재운 다음 퇴근하고 토요일 일요일은 8시간을 봉사하였다.

숨통이 트였다. 특히 아버님이 더 좋아하셨다. 노래도 같이 부르시고, 아버님의 지난 얘기를 들어줄 친구가 생긴 것이다. 그러나 요양사가 여자라 아버님 기저귀 갈 때나 목욕할 때 거시기 처리가 걱정이 됐

는데 다리로는 못 서면서 이건 가끔 서 가지고 요양사를 나가게 만들었다. 요양사들도 힘이 드는지 1년 이상 오래 있지를 못했다. 나중에는 남자 요양사를 구했는데 이분은 아버님 돌아가실 때까지 3년 동안을 너무나도 잘 돌보아주셨다.

2012년 아버님 89세, 어머님 86세 되는 해는 유난히 병원 신세를 많이 지셨다. 아버님은 허리통증으로 ㅈ 대학병원에 입원시켜드렸는데 척추 관절이 다 붙어서 별다른 치료방법은 없고 통증 완화 주사를 맞으시고 퇴원하셨다. 어머님은 10년 전에는 무릎 관절 통증으로 지하철 계단은 거의 오르내리질 못하셨는데 양쪽에 인공관절 수술을 받으신 후에는 O형으로 휘었던 다리가 일자가 되면서 날아다니시는 것 같았다. 인공관절은 노인의 삶을 좋아지게 한 현대의학의 최대 성과로 생각된다.

인공관절로 잘 다니시던 어머니도 10년이 지나면서 잘 걷지를 못하셔서 아버님이 쓰시던 이동 변기를 사용하도록 하였는데 의외로 잘 사용하셨다. 휴지를 너무 좋아하셔서 옷장 서랍, 옷 주머니, 사방 군데에 휴지를 차곡차곡 접어서 두셨다. 어떤 때는 화장실 휴지를 전부 변기에 넣어 변기가 막혀서 화장실 휴지를 높은 곳에 놓았다. 의사에게 자문을 구하니까 의사 왈 여기 정신병동엔 정말로 이상한 환자가 많은데 어머님은 얌전한 치매시니 휴지를 맘껏 쓰시도록 하라는 것이다.

어머님은 변비가 심하셔서 관장을 한번 해드리려면 요양사와 둘이서 치열한 몸싸움을 30분 이상 해야 한다. 한 요양사는 관장하는 것 때문에 그만두기도 했다. 관장을 해드리는 것이 너무 힘들어서 변비약을 드리면 배설물을 흘리고 다니셔서 식단을 야채 위주로 바꾸기로 했다. 양배추를 잘게 썰어서 큰 대접에 절반은 양배추를 넣고 나머지 절반에 밥과 동생들이 만든 반찬을 섞어 참기름을 넣어 비벼서 드렸다. 양배추 비빔밥은 어머님 변비를 완화시켜주었지만 의외로 나의 평생 고질병인 미란성 위장병이 고쳐진 것이다.

이해 5월경 요양사가 목욕하는데 어머님 겨드랑이에 빨간 발진이 발생했다는 것이다. 동네 병원에 모시고 갔더니 대상포진이라는 것이다. 약을 일주일 정도 드시면 낫는데 연세가 있어 후유증이 걱정이라는 것이다. 일주일 후 빨간 발진이 없어졌는데 그때부터 얌전하던 어머님이 엄청난 통증에 나 죽겠다고 하신다. 동네병원에 모시고 갔더니 신경조직이 손상당해서 치료 약은 없고 대신 ㅇㅅ병원 통증클리닉을 소개해 주었다. 담당 여의사가 대상포진 통증은 연세가 있으시면 무덤까지 갖고 가는 경우가 많다고 겁을 준다. 다행히 3개월 동안 척추에 통증 완화 주사를 맞고 6개월 만에 통증이 가라앉았다. 그동안 극심한 통증 때문에 고생하시는 어머님을 보고 나이가 들면 대상포진 예방주사를 꼭 맞아야겠다고 생각했다.

2013년 7월 아침에 출근하니 아버님이 침대에서 떨어져 신음하고 계셨다. 119를 불러서 ㅇ 대학병원 응급실에 모셨다. 정밀진단을 하니 왼쪽 고관절이 부러져서 인공 고관절 수술을 해야 한다는 것이다. 지금 연세도 90살이고 거의 누워서 생활하시는데 꼭 인공 고관절이 필요하나 하니, 아버님을 영원히 앉은뱅이로 만들 것이냐고 엑스레이를 들이대니 불효자 모면하려고 어쩔 수 없이 인공 고관절 수술을 해드렸다. 10일간 입원 후 수술이 잘됐으니 재활훈련을 하라는데 몇 년간 눕거나 앉아 있던 분이 일어서겠는가? 수술하느라 고생만 엄청나게 해드리고 그 의사만 보면 열이 확 났었지만 결정은 내가 했으니, 수술 후 아버님의 건강은 급속히 악화되었고 그해 여름은 욕창수술 부위 후유증으로 정말로 많은 고생을 하셨다.

이후 그렇게 하루 종일 전화하시던 분이 거의 전화를 안 했다. 전화가 없으니 그 동안 자주 전화를 받았던 친구와 친척들이 안부 전화를 종종 하시고, 친구들이 놀러 와서 마작을 하시면 종종 벌었다고 자랑하셨는데, 친구 분들이 이젠 마작의 기본을 잊어버린 것 같다고 하신다.

아버님 전문학교 동창 분 중에 후쿠다란 일본인이 계셨는데 한번 통화하시면 1시간 이상을 붙잡고 계셔서 전화 요금이 10만 원이 넘어가기도 했다. 이분이 일본에서 부인의 부축을 받으며 방문하셨다. 일본인이라 일식집에서 회를 준비해드렸는데 밥에 고추장을 비벼서 드시고 회는 손도 안 대셨다.

후쿠다씨는 형이 전사해 일본 풍습으로 나이 많은 형수와 강제 결혼했다가 상처하고, 동생이 죽으면서 유골을 어린 시절에 놀던 서울 북악산에 뿌려 달라고 유언을 해서 한국에 왔었다가 아버님 중매로 한국 여자를 만났다. 한일 교류가 힘든 시절 바로 결혼은 못 하고 3년 동안 아버님이 중간에서 여자 편지는 일본어로 번역해서 일본으로 보내고, 남자 편지가 오면 한글로 번역해 여자에게 전하면서 어렵사리 두 분을 결혼시켜서 현재 40년 이상 해로하며 이번에 부부가 같이 방문하셨다. 헤어질 때 현관에서 휠체어에 앉아 있는 아버님을 향해 부인의 부축을 받으면서 겨우 지팡이 짚고 일어나 손 흔들면서 "이젠 저승에서나 보세."하고 떠나셨다.

2014년 여름 3남 1녀 중 막내로 부모님의 귀여움을 가장 많이 받은 막내 여동생이 갑상선 수술을 받고 5년이 지나서 다 치료가 된 줄 알았는데 임파선으로 암이 전이가 되어서 다시 암 치료를 받아야 한다는 것이다. 걱정이 되어 일산에서 식당을 운영하는 여동생 집을 찾았는데 둘째 동생도 마침 와서 같이 식사를 하는데 얼굴이 반쪽이라 빨리 병원에 가보라고 하니 몸이 좀 안 좋아서 ㅅ대병원에 예약을 했다는 것이다. 다음날 오후에 걱정이 되어 전화를 거니 담즙이 내려가는 관에 주먹만 한 암이 생겨서 의사는 수술을 권하지만 말기여서 고생만 하다가 갈 것 같다는 것이다. 그대로 두면 생존 기간은 8개월 정도라는 것이다.

할아버지, 할머니, 외할머니, 큰아버님, 고모님들 다 85세 이상 90

세가 넘어 사셔서 우리는 90살 이상 살 것이라고 했는데, 구로병원 의사는 수술은 절대 하지 말고 자연치유로 고치도록 해서 그 혹독한 암 치료로 고생시키지 말라는 것이다. 동생은 암 수술은 안 하고 양평에 있는 자연식으로 암을 치유하는 데 가서 특별 식사조절로 암 치료를 받았다. 몸과 마음이 많이 좋아지는 것 같았다. 12월에는 셋째 동생과 같이 3형제가 남산 중계 탑에서 서울 야경을 내려다보면서 식사를 했다. 그 이후 동생은 건강이 급속히 악화되어 집에서 치료를 받게 되었다.

2015년은 다사다난한 해였다. 1월 중순경 출근해보니 침대에 아버님이 보이지를 않는 것이다. 바닥에도 없고 점점 쇠약해지셔서 겨우 누워서 계시는 분이 어디로 사라진 것 같았다. 다시 침대 근처를 살피니 바로 침대 밑에서 꼼짝 안 하고 계셨다. 어떻게 침대 난간을 넘었으며 바닥에 떨어졌으면 침대 밑으로 어떻게 기어들어 가셨는지, 119를 불렀더니 소방대원이 "또 이 집이네." 하고 아는 체를 한다. 하도 여러 번 불렀으니 좀 미안했다. 목동병원 응급실로 모셨다. 어디 크게 다치신 것 같지는 않은데 쇠약하시고 의식이 없으셨다.

응급실 의사는 요양병원으로 모시라는 것이다. 여기는 종합병원이라 입원한 후 음식을 못 드시면 목구멍에 구멍을 뚫어야 하고 숨을 못 쉬면 산소마스크도 해야 하고 소변을 못 누시면 배에서 구멍을 뚫어 방광에 연결하여야 한다는 것이다. 병원에서 원하는 모든 치료를 하겠다는 각서를 쓰지 않으면 입원시킬 수 없다는 것이다. 평소 아버님은 100세까지 살면 잔치를 크게 해야 한다고 하셨다. 죽음에 대해서는 아예 생각조차 안 하셨다. 오래 사시는 것이 소원이신데 각서를 쓰고 입원시켜드렸다.

3일이 지나면서 의식이 돌아오셨다. 영양주사에 의존하던 식사도 미음을 조금씩 드셨고, 물은 기도로 내려가는 것을 막기 위해 묵같이 만드는 약을 타서 떠드렸다. 방광에 집어넣었던 소변 줄도 상태가 양호해 뺐다. 응급실 의사가 걱정하는 상태는 발생하지 않았다.

10일이 지나니 의사들에게 수고한다고 덕담도 하시고 좋아지셔서 13일째에 퇴원하셨다. 집에 돌아오셔서 3일 정도는 상태가 좋으셨는데 점점 물을 못 잡수셔서 병원에서 쓰던 약을 섞어서 드렸지만 하루에 한 잔, 식사는 환자용 영양 주스를 드렸지만 한 잔도 힘드시다. 목구멍이 제 기능을 못 하는 것 같았다. 이런 상태가 3일 지나니 의식도 점점 없어지셨다. 다시 종합병원을 모시고 가면 이번에는 정말로 목구멍에 구멍을 뚫고 온갖 생명연장 장치를 몸에 붙일 것 같았다. 이대로 보내드리는 것이 편할 것 같았다. 100세까지 사시길 원했던 아버님 불효를 용서하세요. 하고 밤새 울었다.

2월 3일 운명하실 것 같아서 동생들을 불렀다. 숨을 혁혁 쉬시는 게 너무 안타까워 전에 집에 왕진했던 의사를 불러서 숨을 편하게 쉬게 해달라고 요청했다. 기도를 편하게 하는 주사를 맞으시니 숨을 고르게 쉬었다. 며칠 더 사실 것 같아서 저녁에 헤어지려고 하는데 아버님을 돌보던 요양사가 아버님이 숨을 안 쉰다는 것이다. 혼자 조용히 가신 것이다. 향년 92세. 아버님은 사후에 대해서는 전혀 언급을 안 하셔서 화장해서 선영에 모셨다. 화장장에서 뼈를 추리는데 고관절을 빼서 버리는 것이 보였다. 그 의사가 생각이 나서 다시 한 번 열 받았다.

아버님 돌아가신 후 4월 20일 동생이 소천 했다. 담관암을 발견한 지 8개월 만에 갔다. 어차피 고치지 못할 병인데 수술했어야 고생만 연장했을 것이다. 어머님은 이제 인지기능이 현저히 떨어지셔서 남편 영정을 보고도 누구인지 모르신다. 자식들도 나 이외는 잘 알아보지를 못하신다.

　5월 14일 식탁에 앉다가 넘어지셨는데 별 통증이 없으신 것 같았는데 다음날 보니 잘 걷지를 못해서 정형외과를 갔더니 고관절이 부러져서 종합병원에 가라는 것이다. ㅇ 대학병원에 모시고 갔더니 인공 고관절 수술을 하여야 한다는 것이다. 아버님 때 경험이 있어서 구로병원 의사에게 자문을 구했더니 절대 수술을 하지 말라는 것이다. 이 친구는 의사이면서 의사 욕을 더 많이 한다.

　어머님은 그래도 걸어 다니셨는데 수술을 시켜드렸다. 15일 동안 입원하셨는데 몸에 부착된 것들을 자꾸 빼서 양손을 침대 난간에 붙잡아맨 채 계셨다. 의사는 수술이 잘 돼서 재활만 잘하면 종전과 같이 걸어 다닐 수 있다는 것이다. 집에 와서 아버님이 사용하던 디근자 보조기로 걸음마 연습을 해드리는데 15일 만에 걷는 것을 잊어버리신 것 같았다. 재활은 본인의 의지가 중요한데 전혀 걸으실 의지가 없으니 앉아 있는 게 편한데 왜 귀찮게 하느냐는 것이다.

　치매 환자에게 재활은 불가능하다는 것을, 구로병원 의사가 그렇게 반대한 이유를 깨달았다. 이때부터 어머니도 기저귀를 차시고 휠체어 타는 신세가 되었다. 고관절 수술로 인한 후유증이 어머님이 더 심하셨다. 밤에 기저귀에 고인 소변이 수술 부위를 감염시켜서 화농이 되었고 이걸 손으로 후벼서 악화시켰다. 할 수 없이 병원에서 사용하던 장갑을 양손에 낀 다음에 양쪽 난간에 묶어서 꼼짝 못 하고 주무시게 해드렸다. 잘 움직이지 못하시니까 욕창이 생겨서 욕창 때문에 고생을 많이 하셨다.

이젠 어머니를 요양원에 모시기로 동생들과 결정하고 아파트를 팔려고 내놨는데 아파트가 어머님 명의라 치매자는 매매계약 같은 법률 행위를 할 수 없다는 것이다. 법원에 어머님의 성년후견인 신청서를 제출해 6월에 성년후견인 등기가 됐다. 성년후견인도 부동산 매매 같은 자산 매각 행위는 법원의 허가를 받아서 했다. 아파트 매각 처리비를 공제한 금액은 어머니 요양에만 사용하여야 한다는 문구가 필수적으로 들어가서 허가가 났다. 그리고 일 년에 한 번씩 사용 명세서를 법원에 제출하게 되었다.

성년후견인 제도는 치매 환자에게는 꼭 필요한 제도 같았다. 아파트를 8월에 계약하고 잔금은 11월에 받기로 했다. 아파트를 팔아서 어머니 예상 요양비를 제하고 4형제가 똑같이 증여받는 것으로 구상했으나 법원 지시에 따라 매각비를 제외한 전 금액은 전액 어머님 통장에 입금시켰다.

아파트를 계약하고 어머니를 요양원에 보내는 것으로 결정이 나니 유품처리가 문제였다. 동생들과 주위 분들에게 필요한 물건이 있으면 가져가라고 했지만 대부분 다 갖추고 살기 때문에 장식장에 있는 소품 몇 가지만 가져갔다. 두 분이 수십 년간 결혼생활 하며 알뜰히 모았던 가구, 옷, 식기, 가전제품 등은 아파트를 비워줄 날이 임박해서 어쩔 수 없이 쓰레기로 처리되어 단돈 60만 원에 오히려 돈을 주고 처분했다.

2015년 10월 말에 13년간 살았던 아파트에서 어머니를 모시고 나왔다. 어머니 보따리엔 사계절 겉옷 속옷 내의 한 벌씩 만 있었다. 어머니를 월곶 포구 근처 한적한 요양원에 모셨고, 나는 근처에 있는 오피스텔에 사무실을 열었다. 요양원은 깨끗했고 한 방에 네 분이 계시고 거실에 나와서는 월곶 소래 포구가 한 눈에 보였다. 처음에는 거의 매일 들렀으나, 요양원에 눈치가 보여 요즘은 주 1회 정도 찾아뵙는다.

작년2015까지는 나를 알아보셨는데 이젠 누군지도 모르신다. 요양사 이야기로는 밤에 잠꼬대 하실 때 내 이름을 자주 불러서 요양사들이 내 이름을 다 안다는 것이다. 어머니! 꿈속에서는 나를 꼭 잊지 마시고 항상 건강하소서!

제5장

적극적인
실천 활동

시간을 보람 있게 보내려면

최우림

산업사회와 정보화 사회 그리고 4차 산업혁명시대가 공존하는 현 사회에서 직업이란 일상생활의 근간이며 소득의 원천이지만 직장에서 정년으로 퇴직하고 나면 이러한 정상적인 직장에 재취업하는 것은 기회가 적어지고 소득수준도 달라진다.

직장을 가지고 생활하며 활동한다는 것은 인간관계도 유지하고 건강도 유지되는 삶의 원동력이라고 할 수 있다. 은퇴 후에도 자기가 하던 종류의 일을 계속하거나 새로운 일을 하게 되는 것만큼 큰 행복도 없을 것이다. 직업종류는 산업분류표에 의하면 1만여 종류나 되지만 실제는 2만여 종류나 된다고 한다. 나이 들어 은퇴 전의 직장과는 다른 활동을 여러 가지 하며 좋은 여생을 보낼 수 있는 곳을 찾는 것은 제 2 인생을 사는 즐거움이다.

이렇게 하기 위하여 직장을 갖고 있을 때 미리 준비하는 지혜를 갖는 것이 좋은 일이다. 자기가 평소에 하고 싶은 사업을 하거나 창업을 하고, 공부를 하거나 봉사활동 및 취미활동을 하는 것 등은 좋은 예일 것이다.

사업이나 창업은 사전에 준비가 많이 필요한 것이며 도와주는 기관이 기업, 협회, 금융기관, 자치단체, 사설단체 등 많이 있으며 재정적인 지원도 하여준다. 공부는 학원이나, 학교, 전문기관 등이 있으며 교육비지원도 하는 곳이 있다. 봉사활동은 지방자치단체, 협회, 기업, 종교단체 등 수 없이 많이 있으며 소일이나 인간관계에도 도움이 된다.

취미활동은 인문학, 기술부문 등 찾아보면 그 수를 헤아릴 수 없을 정도로 많이 있어 자기가 마음먹기에 따라 한두 가지 이상 할 수 있는 것이다. 가능하다면 하고 싶은 취미를 경험하여보는 것도 인생에 후회가 없는 즐거움일 것이다. 조지버나드 쇼의 "살만큼 살다가 보면 이런 일이 일어날 것이라는 것을 난 알고 있었어." 또는 "우물쭈물하다 내 이럴 줄 알았어."와 같은 때 늦은 한탄대신 후회 없는 삶으로 좋은 한마디를 할 수 있는 삶을 산다면 얼마나 행복할까!

나이를 먹어 가면 갈수록 시간은 더 많이 남아돈다. 하루를 지내기는 무척 지겹기도 하다. 하루는 그리한데 지나간 날들을 뒤돌아보면 번개 같이 지나가버린 세월이라고 여겨진다. 그리고 남은 날들이 얼마 남지 않았다고 한탄한다.

이런 분들이 정신을 쏟아서 할 수 있는 일을 찾을 수 있다면 무료한 노후를 잘 지낼 수 있을 뿐만 아니라 작은 보람마저 느낄 수 있지 않을까 하고 생각해 본다. 이런 일들에 많은 시간을 쏟을 수 있고 거기에다 약간의 용돈이라도 벌 수 있다면 이보다 더한 것이 또 있을까.

이것은 욕심이라고 치고, 하다못해 정신을 집중할 수 있는 일이라도 있었으면 얼마나 다행일까? 하루에 한 시간이라도 여기에 정신을 쏟을 수 있다면 그 하루를 별다른 지겨움이 없이 지낼 수 있을 것이라 생각한다. 나는 지금 시간이 남아돈다는 생각을 하지 않고 있다.

1. 그러면 어떤 것이 있는지 살펴보자

서예, 그림그리기, 글쓰기로는 시, 수필, 소설 등, 노래 부르기, 악기 연주, 도예, 근육 운동, 요가, 선, 봉사활동, 종교 활동, 외국어 공부, 컴퓨터 공부, 댄스 교습 등 이런 활동을 하기에 우리나라는 여건이 잘 갖추어 있다.

1) 지방 자치단체의 주민자치센터에 이런 프로그램을 운영하고 있다.

서예, 미술, 글쓰기, 노래 부르기, 악기 다루기, 운동에 필요한 프로그램 분야마다 전문 강사를 두고 부담되지 않는 수강료를 내면 된다. 무료로 하는 곳도 있고, 분야마다 모임을 만들어 별도로 전문 강사를 초빙하여 하는 곳도 있다.

2) 지방자치단체에서 운영하는 문화센터에도 같은 프로그램이 있다.

수강비도 주민자치센터보다 약간 높고 수준도 높다.

3) 노인복지회관에서도 비슷한 프로그램이 있다.

무료이거나 저렴한 비용으로 수강이 가능하다.

4) 지방자치단체가 운영하는 체육시설에서도 비슷한 프로그램을 운영한다.

5) 백화점에서도 생활문화 활동을 한다.

수강비가 좀 비싸나 내용이 좋은 수강도 받으며 좋은 사교 모임도
된다.

6) 지방 문인협회에서는 글쓰기 교실을 운영한다.

일주일에 2~3일 하루에 3~4시간 정도이며 그렇게 비싸지 않는 수
강료를 내고 수준 높은 강의를 들으며 글쓰기를 배울 수 있다. 문우회
에 가입도 가능하다.

7) 개인적인 교습을 받을 수도 있다.

8) 각 대학의 평생교육원에서도 다양한 프로그램을 운영하고 있다.

9) 문학의 경우 한국문인협회 평생교육원이 있다.

2. 나는 은퇴 후 지금까지 별 지루함을 느끼지 못하고 보낼 수 있었다.

1) 봉사활동을 꾸준히 하였다.

(1) 중소기업 경영 자문 봉사 : 2007년 4월부터 2015년 8월까지 전경련의 봉사활동의 일환으로 매월 4~6회를 꾸준히 중소기업을 방문하여 그들과 같이 애로를 얘기하고 풀기도 하였다. 나는 중소기업을 정할 때 가급적 지방 기업을 택했다.

(2) 대학생 진로 지도 : 2009년 4월부터 2016년 12월까지 한국장학재단에서 실시하는 대학생 진로 지도 프로그램에 참여하여 매월 1~2회 그들과 같이 나아가야 할 길을 서로 토의하였다. 이 때 하루의 만남을 위해 나는 4~5일을 준비하였다.

(3) 중소기업 기술 자문 : 2004년 11월부터 현재까지 한국 산업기술 진흥협회의 원로산업기술인 모임의 일원으로 중소기업의 연구 과제의 선정과 지도를 해왔다.

(4) 새 기술 창조 지원 : 2013년부터 미래창조기술센터의 자문위원으로 참여하여 중소기업의 신기술 창조를 도왔다.

2) 개인적인 활동은 다음과 같다.

(1) 서예 : 2003년부터 혼자서 서예를 했다.

(2) 등산 : 2000년부터 2016년까지 주로 북한산을 일주일에 한 번 꼴로 올랐다.

(3) 아침달리기 : 2000년부터 2002년까지.

(4) 만보 걷기 : 2016년부터 시작하였다.

(5) 모임 : 가능하면 연락 오는 모임에는 빠지지 않고 참석하였다.
① 고교동기 모임 : 매 분기 1회, 문화 탐방 매월 1회
② 회사동료 모임 : 등산 매 주 2회, 독서회 매월 1회, 문화 탐방 매월 1회
③ 첫 직장 동료 모임 : 매 분기 1회
④ 기타 부정기적인 모임이나 세미나에도 적극 참석하였다.

(6) 수필 창작 활동 : 2015년부터 시작하였다.
이 창작활동의 시작으로 봉사활동과 개인 활동 중 서예, 아침 달리기, 등산은 시간 관리상 접을 수밖에 없었다. 반면 작품 활동에 하루 6~7시간을 쏟고 있으며 보람을 가지고 정진하고 있다.

배움에는 나이가 없다Lifelong Study

이원순

이십대 신입 직장인 시절 회사의 한 교양강좌에서 초청강사인 안병욱 교수의 '5S법칙"이란 강의를 들었는데 그 가르침에 감명을 받아 이를 늘 가슴에 새기고 나름 그대로 실천하도록 노력해왔다.

그 첫 번째 S는 'Speed'의 첫 글자로 당시 막 개통한 고속도로를 비유로 한 말씀인데 고속도로에는 주행선과 추월선이 있어 빠른 차는 느린 차를 추월해간다는 뜻이다. 이 가르침을 받았던 당시 많은 젊은이들이 국내외의 일터에서 시간과의 싸움을 해가며 일을 하여 우리나라의 경제발전에 많은 기여를 해온 것이 사실이다.

두 번째 S는 'Smile'의 첫 글자로 당시 유행하던 모 화장품회사의 여성화장품 광고 중에 '라피네'라는 화장품이 있었는데 우리들도 늘 웃는 얼굴로 환하게 '나피네'라고 하며 살라는 뜻이다. 노력은 해도 참 실천하기가 어려운 부분이다. 특히 우리 한국 남성들에겐.

세 번째 S는 'Save'로 성공적인 인생을 살기 위해서는 건강이나 물질을 젊어서부터 낭비하지 말고 잘 저축하라는 말인데 어느 정도는 노력을 하여 오늘에 이르게 되었다.

네 번째 S는 불행하게도 아무리 기억하려해도 떠오르질 않아 그 좋은 덕목 하나는 실천도 못 해보게 되어 너무나도 아쉽다.

마지막으로 다섯 번째 S는 'Study, lifelong study^{평생공부}'로 이는 나름대로 열심히 노력하여 직장생활 내내 손에서 책을 놓지 않도록 힘을 써 제법 많은 독서를 하였다고 자부하였다 .

그러던 중 어느새 세월이 흘러 외손^{外孫} 하나를 보게 되었는데 아이 때는 마냥 귀엽고 말도 잘 들더니 초등 3학년이 되더니만 벌써 제 고집과 제 주장이 날로 커가 할아버지는 그냥 속된말로 손자녀들의 밥이 되고만 것 같다.

가끔 집에 오면 장난감도 사주고 같이 조립도 하곤 했는데 조금 커서 게임기에 눈이 뜨니 완전 게임기를 끼고 산다. 실컷 놀다가 재미없어지면 새로운 게임 칩을 사야 되는데 할아버지한테 사달라고 조른다. 사주는 것은 문제가 없는데 당최 무슨 이야기를 하는지 못 알아듣겠어서 몇 번 물어보니 "할아버지는 왜 그것도 모르세요?" 하고 핀잔을 준다. 할 수 없이 데리고 나가 게임기 판매 숍에 갔더니 그 담당 매장 아주머니 직원과는 아주 짝짜꿍 말이 잘 통해 자기가 원하는 것을 사가지고 왔다.

오면서 생각을 해보니 우리 한참 위 선조님들은 한학^{漢學} 하나 잘 해놓으셔서 이것으로 사회생활, 자녀교육, 심지어는 풍류생활까지 다 망라하여 거의 모든 분야에서 주도적인 역할을 감당할 수가 있었는데,

오늘날의 할아버지들은 이렇듯 빠르게 변화되는 사회에서 이러한 시대적 추세를 따라가지 못하면 적응할 수가 없게 된 시대가 되었다.

한학공부 잘 해 과거시험에서 급제를 하여 관직에 오르면 직장이 해결되고 퇴임 후에 낙향을 해도 서당 훈장도 될 수 있고, 무엇보다도 가정에서 위엄을 가지고 자녀들 교육뿐만 아니라 손자녀들까지도 대를 이어가며 교육을 시키며 존경도 받으며, 심지어 문화생활면에서도 한시漢詩로 풍류를 즐기기도 하고, 간혹 주점에서는 시중드는 기녀들의 치마폭에 한시를 한 편 써주면 무척 대우를 받고 인기도 누리고 사는 세상이었는데, 지금은 전자 게임기 칩 이름 하나 모른다고 손자녀들한테까지도 무시당하는 세상이 되었다.

예전에 어머님 생전에 고향집에 컬러TV 하나 놓아드렸더니 리모콘을 쓰실 줄 몰라 매일 같은 방송만 보고 계신 적이 있었다. 로타리 타입 스위치로 채널을 돌리는 것만 아셨으니 리모콘 사용방법을 설명해 드려도 잘 못 쓰시는 것이었다. 이 일이 엊그제 같은데 지금은 내가 손자녀들이 새로 나온 게임에 대해 설명해줘도 잘 못 알아듣는 세상이 되었다.

이제는 주거 환경과 섭생攝生이 예전보다 훨씬 좋아지고 의료기술이 발달하여 평균 수명이 점점 늘어나고 있는 때이므로 앞에서 언급한 것과 같은 사고로는 더 이상 이 사회에서 노년을 즐기며 살 수가 없고 더욱이 자녀세대들에게 또 다른 부담을 안기게 되는 셈이 된다.

일부 부지런한 노년들은 나이에 상관없이 새롭게 변해가는 기술과 정보를 습득하고 잘 활용하여 젊은이들 못지않은 신세대 노년으로 역할을 감당하고 있지만, 아직도 많은 노년들은 이러한 배움에 동참하지 못하고 있는 실정이다.

따라서 이러한 노년들도 배움에 참여할 수 있도록 현재 운영 중인 거주지 중심의 어르신 교육센터의 커리큘럼을 좀 더 다양화하고 노년들의 참여를 장려하는 제도로 발전시켜나갔으면 하는 바람이다.

자녀들에게 배워보려 해도 자기들도 바쁘고, 특히 그들이 시간을 내어 부모를 가르친다는 것이 쉽지 않아 대부분 그냥 지나치고 있는 실정임을 감안하면 노년들의 학습을 도와주는 효율적인 어르신 교육센터의 운영이 더욱 절실해 보인다. 물론 우리 노년 당사자들이 먼저 스스로 배움에 참여하고자 하는 의지를 가지고 노력을 하여야 하겠지만.

"손자는 노인의 면류관이요 아비는 자식의 영화니라."
『성경』 잠언서

사회적 공헌 활동을 통한 행복한 노년 시대

김진홍 / 장영봉

　　100세대 시대를 맞이하여 많은 기업 은퇴자들이 은퇴 후 그들의 제2의 인생을 위한 프로그램 구상에 열중하고 있다. 재능 기부 활동, 자원 봉사 활동, 개인적인 취미 활동 및 건강관리 등 여러 가지 목적을 두고 다양하게 고민들을 하고 있다. 이들에게 코리아 타임지 신문에 게재되었던 한 사례를 소개하면서 다소 그들의 구상에 도움이 되고자 한다.

　　필자김진홍, 장영봉는 재능기부의 일종으로 중소기업들을 위한 경영 자문 활동을 하면서 주로 중소기업들의 해외 건설 및 무역 수출 분야를 집중 멘토링해 주고 있다. 이들의 사례를 보면서 많은 은퇴 예정자들이 나름대로 제2의 행복하고 보람찬 인생을 설계해 보시기를 기대하면서 Korea time 신문 기사 게재 내용을 그대로 전문을 번역 인용했다.

　　인용 : 1960년대부터 1980년대 한국의 경제적 성공 뒤의 여러 요인 가운데 가장 중요한 것은 한국인의 근면과 규율이다. 1938년부터

1953년 사이에 태어난 사람들은 이미 은퇴 연령을 지난 상태이다. 평균 수명이 증가함에 따라 그들 중 일부는 자신의 퇴직 연령을 넘어 계속 작업 등 적극적으로 자신의 인생을 즐길 수 있는 새로운 기회를 찾아 가고 있다.

인구 통계학적 변화도 퇴직자에 대한 새로운 용어를 만들었다. "활동적인 노년Active Old" 또는 "오래된 새로운 인재New Old" 상기의 용어는 사회적, 경제적으로 활동 중인 50대와 60대를 칭한다. 소중한 지식과 풍부한 인생 경험을 가진 일부 활달한 노인들은 멘토링 등 재능을 기부하고 다양한 취미활동, 봉사활동, 운동 및 사회 활동을 즐기고 있다.

김진홍67세 씨와 장영봉65세 씨는 몇 년 전에 은퇴하였다. 은퇴 후 그들은 다양한 활동을 바쁘게 운영해 왔다.

그들은 지금 개인적인 즐거움을 추구하기 보다는 사회에 공헌하는 데에 큰 가치를 두고 살아가고 있다. 김진홍, 장영봉 씨는 업무 경험의 측면과 삶에 대한 사고방식에 공통점이 많은 것을 보여 주고 있다. 그들은 각각 대기업, 한라 그룹과 효성 그룹에서 임원으로 오랜 시간 동안 일했다. 대기업을 떠난 후, 그들은 중소기업에서 CEO도 경험했다.

1. 중소기업들에게 해외건설 및 무역 수출 관련 멘토링 제공

정부는 중소기업을 지원하는 정책에 대한 넓은 범위를 발표했다. 지원 대책으로 은퇴한 CEO와 대기업 임원의 경영 노하우를 제공하여 중소기업에 권장하고 있다. 김진홍과 장영봉 씨는 기업에서 은퇴한 후 전국경제인 연합회Federation of Korean Industries산하 중소기업 경영자문 봉사단에 합류 하였다. 그들은 정기적으로 중소기업들에게 해외건설 및 무역 수출 관련 사업에 대한 자신들의 전문 지식을 활용하여 중소기업 맞춤형 멘토링을 제공하고 있다.

40년간 플랜트 해외건설 마케팅 업무를 담당했던 김진홍 씨는 현재 중소기업의 해외 건설 사업에 대한 명확한 방향 설정을 돕고자 자신의 경영 노하우 및 비즈니스 경험을 제공하고 있다. 김진홍은 "저는 그들의 성과를 볼 때가 가장 행복하답니다. 이것이 바로 이 사회를 위한 진정한 저의 의무요 재능기부를 통한 사회적 공언이라고 생각합니다." 라고 하였다.

장영봉 씨도 동일한 의견으로, "나 자신도 대기업 은퇴 후 제2의 인생을 중소기업들에게 국제 무역에 대한 자신의 비즈니스 노하우와 무역관련 수출 경험을 지도하는 것으로 기업들에게 재능기부를 하고, 사회적 공헌활동에 이바지 하는 것으로 삼고 있다." 라고 했다. 그는 효성 그룹에 근무할 당시, 14년간 해외 주재원으로 특히 남미 지역에서 근무한 경험이 있으며 그래서 그는 친구들 간에 남미 사령관이란 애칭이 늘 따라 붙는다는 귀띔도 했다.

또 장영봉 씨는 말하기를 "저는 제 경험과 지식을 필요로 하는 중소기업들에게 재능기부를 하면서 이를 통해 매우 커다란 성취감과 행복함을 느끼면서 만족하게 제2의 삶을 살아가고 있습니다." 라고 하였다.

2. 재능 기부 및 자원 봉사 활동

베이비 붐 세대였던 1955년에서 1963년 사이에 태어난 자들은 한국 인력의 상당 부분을 차지하였다. 최근 들어 그들은 두 번째 단계의 삶을 준비하려 한다. 그 중 최상의 옵션 하나는 실용적인 자격증을 취득하는 것이다. 어떤 사람들은 취득한 자격증을 사용하여 새 직업을 찾기도 한다. 그러나 김진홍 씨는 이러한 자격증을 얻기 위한 다른 목적을 지니고 있었다. 그것은 바로 사회봉사였다. 그는 회사 근무를 하면서 은퇴 준비로, 숲 생태 및 숲 해설가 자격증 취득 준비 및 공부를 위한 저녁 시간을 최대로 활용한 노력 끝에 자격증을 취득하여, 은퇴한 2010년부터 '숲 해설가'로서도 봉사활동을 하고 있다.

숲 해설가란 숲 생태계 역할 및 초본, 목본, 조류, 수서생물 등 생태계의 구성 등을 설명하고 자연 및 환경보호의 중요성을 참가한 사람들에게 가르치고 이해 시켜주며 자연 및 자연환경을 사랑하게 해주는 전도사 역할을 담당하는 것이다. 이러한 숲 해설가 자격증은 법률로서 인정하는 산림청에서 발행되는 공식 승인된 자격증이다.

"저는 일주일에 한 번 꼴로 초·중등학교 학생 및 일반인들에게 숲 생태계가 인간에게 제공하는 많은 혜택을 설명하고 또 그 중요성을 이해할 수 있도록 현장 강의 및 체험 활동을 제공하고 있습니다." 그리고 "저는 금전적 이익을 얻기 위해서가 아니고, 저의 재능으로 다른 사람을 가르치고 사회에 공헌 할 수 있도록 초점을 맞추었습니다." 라고 말했다.

일부 사회단체에서 숲 생태 자연환경 교육을 제공하는 곳이 있다. 이 가운데 산림청 산하 비영리단체인 (사)한국 숲해설가 협회는 1988

년 설립된 한국에서 가장 오래되고 규모가 큰 조직으로 숲 해설가 양성 및 숲 생태 교육을 목적으로 하고 있다. 김진홍 씨는 현직 대기업의 CEO를 역임하면서 이곳 협회에서 4년간 상임대표/회장직을 역임한 경력도 있다. 김진홍 씨에 따르면, 50대 중반의 직장인 및 은퇴자들이 은퇴 후 제2의 인생을 위한 자격증을 취득하기 위해서 교육 참여를 지원하고 있다고 귀띔한다._{초등학생대상 숲 해설 봉사}

또한 김진홍 씨는 일주일에 한 번씩 영어 도슨트_{Docent}로 용산의 전쟁 기념관에서 자원 봉사하고 있고 또한 한국 장학재단 주관의 대학생 대상 "차세대 리더 육성 프로그램"에 멘토로서 참여해 대학생들과 자신의 인생경험을 공유한다고 한다. 김진홍 씨는 "이러한 재능 기부는 사회 지도층 인사들이 은퇴 후 그들의 경험과 노하우를 젊은 대학생들과 멘토 & 멘티 로서 서로 소통하고 공유하는 것으로 사회적 발전과 인성개발에 무척 중요한 활동이며 그들에게 많은 자기개발의 기회를 제공할 수 있어 아주 유익하고 의미 있는 활동으로 평가된다." 고 언급 했다.

3. 활동적인 생활을 위한 취미 활동 및 운동

장영봉 씨는 아내로부터 추천 받아 1996년부터 산악자전거를 타고 있다. 매주 일요일 아침에 도곡동 남부 서울 탄천 대교에 약 20여 명의 자전거 라이더들과 70킬로미터 이상 자전거 달리기를 위해 모인다. 그들은 문화체육관광부 산하기관인 국민생활체육연합회의 '강남

자전거 연합회^{강자연}'라는 국민건강과 체력증진의 산악자전거 클럽의 회원으로 장영봉 씨는 이 강자연의 수석 부회장이다. 자전거 동호인의 70%정도가 산악자전거를 타고 있다. 이유는 전국 어디나 산과 강이 있다.

한강은 세계5대 강들 중 하나이며 한강 본류와 지류 대부분에 자전거도로가 개설되어 있다. 북쪽의 의정부에서 남쪽 수원, 오산까지, 서쪽 일산에서 동쪽 팔당댐까지 한강수계 자전거도로망은 한강본류 강남구간, 강북구간, 불광천, 홍제천, 중랑천, 안양천, 양재천, 탄천, 이하 7개의 자전거도로에 이르며 매주 장소를 다르게 골라가며 라이딩하고 있다.

"저의 아내는 다리가 매우 약하답니다. 하체의 약화는 만병의 원인이며, 유산소운동 중에서도 자전거는 전신운동으로 자전거를 타고 난 후, 아내는 많은 힘을 얻게 되었지요."라고 말했다. "걷기와 조깅은 관절에 무리가 따르지만 자전거는 체중을 안장에 얹고 타기 때문에 관절

에 부담이 훨씬 적고, 전립선 압박이 걱정된다면 안장의 가운데가 뚫린 전립선안장을 사용하고, 쿠션 패드바지를 입어 안장통을 막아줍니다. 노화 방지, 다이어트를 위해 중장년들은 적당한 운동과 함께 클럽 회원들과 어울리는 것 자체가 또 다른 기쁨을 가질 수 있는 거라 생각합니다." 라고 하였다.

장영봉 씨는 일주일에 한두 번 자전거를 타고 있다. 그는 자전거 경주에 참여하여 지구력이 크게 신장되었다고 밝혔다. "자전거를 타기 시작하며 나도 할 수 있다는 정신을 다시 가지게 되었으며, 60년대 중반이 지났지만 늙었다고 내 자신에게 제한을 두지는 않습니다."고 말했다.

4. 의미 있는 삶을 찾다

모든 사람들은 나이를 먹게 되며 이는 자연적인 과정이기에 그 누구도 피할 수는 없는 것이다. 김진홍 및 장영봉 씨에 따르면 중요한 것은 인생에서 의미를 찾는 것이라고 한다. 그들은 다른 인재들을 도우며 사회 활동을 수용하여 의미를 발견했다고 하였다. 멘토링, 자원봉사, 운동, 취미 활동 및 기타 학습 활동 등, 그들은 육체적으로 허용되는 그날까지 이러한 활동은 지속적으로 이행할 것이라 하였다.

장영봉 씨가 "저는 건강한 마음은 건강한 몸으로부터 나온다고 생각합니다. 저는 건강한 노후 생활을 위해 운동뿐만 아니라 다른 사람들에게 재능기부 및 한국 장학재단 주관의 대학생 대상 차세대 리더

육성 프로그램에 멘토로서 참여해 대학생들에게 꿈과 비전Vision을 주는 멘토링 활동을 계속 유지할 계획입니다." 라고 하였다.

김진홍 씨가 "제 인생의 모토는, '꿈을 실현시키기 위해서는, 꿈을 믿고, 수행하라.'이며 저의 남은 인생에서 행복해지고 이 사회에 값진 가치와 도움을 줄 수 있는 사회적 공헌 활동이 있다면 항상 새로운 것에 계속 도전할 것입니다." 라고 하였다.

이상이 필자들이 코리아 타임즈와 인터뷰를 한 내용을 번역한 것이다. 한국의 모든 은퇴자들이 은퇴 후 100세 시대에 맞는 건강과 행복한 삶을 위하여 미리 미리 계획을 잡는 것이 아주 중요하다고 생각한다.

제4절

미생과 미생未生과 美生들의 멘토 활동

박홍식

"청춘은 인생의 어떤 시절이 아니라 마음의 상태이다." 사무엘 울만의 '청춘'이란 시의 한 구절을 항상 되새기면서.

"살면서 누구를 만나느냐에 따라 인생이 달라질 수 있어. 파리 뒤를 쫓으면 변소 뒤만 어슬렁거릴 거고, 꿀벌들을 쫓으면 꽃밭을 함께 거닐게 된다잖아." "아~ 그래서 저는 꽃밭을 걷고 있는 거군요." 드라마 「미생」에서 상사 오 상식 차장과 계약직 장 그래 사원의 대화이다.

필자는 은퇴 후 수년간 자신의 경험과 삶의 노하우를 필요로 하는 다양한 분야에 자문을 제공하는 봉사활동을 하고 있다. 대표적으로는 중소기업, 창업을 준비하는 예비 사업가들, 차세대 리더로 육성이 되는 집단들의 멘토 역할 등 이다.

이 중에서 미래 사회를 짊어질 젊은 학생들의 멘토로서 지속적으로 활동하고 있는데, 그들과 같이 함으로써 얻고 있는 보람과 행복함을 얘기하고자 한다.

필자가 그들을 처음 만난 것은 3년 전 4월 7일, 화창한 토요일이었다. 고려대학교 안암 캠퍼스 '화정체육관'에 약 2천명의 대학생 멘티들과 2백 명의 멘토들이 한국장학재단 주최 '코멘트 데이KorMent Day'행사에 함께 자리했다. 1년간 진행될 '차세대리더 육성 멘토링 프로그램'의 시작을 자축하기 위해서였다. 멘티들끼리도, 더불어 멘토와도 처음 만나 서로 인사를 나누었다. 함께 운동하고 신나게 응원하면서 첫 만남이라는 것이 믿기지 않을 정도로 가까워졌다. 서먹함이 걷히며 행사장에는 젊음과 열정의 함성이 가득했다. 새 희망의 풍선이 금세 봄 하늘로 두둥실 떠오를 것 같았다.

공식 행사가 끝나고 멘토와 멘티들은 각 팀별로 움직였다. 어떤 팀은 다음 만날 날을 기약하고 헤어졌다. 어떤 팀은 근처 식당으로 자리를 옮겨 식사와 간단한 뒤풀이 시간을 가지기도 했다. 내게 뒤풀이를 제안해 온 멘티들의 적극성은 '좋은 멘토'가 되고 싶었던 나에게 자신감을 심어주었다. 이들과 함께 걸어 내려오는 작은 길 양 옆에 활짝 피어 있는 개나리가 우리의 첫 만남을 축복해 주었다.

『띠아비 자이언트TTIAB Giant』는 멘티들이 낸 아이디어를 종합해서 만든 우리 팀명이다. '코멘트 데이'행사와 뒤풀이, 그리고 서너 번의 모임을 통해서 우리 팀은 '자발적 선택과 참여'를 멘토링 프로그램 실천 과정의 '기본정신'으로 채택하였다. 아울러 '평등한 기회, 균형과 조화, 호혜적 배려'를 모임 운영의 3원칙으로 정하고, 우리가 팀으로서 함께 의사 결정할 때에는 사안의 경중에 따라 '만장일치, 합의제, 다수결' 등 3가지 방법 중 하나를 적용하기로 하였다. 시간이 흐르며 '거인Giant

의 어깨 위에서 멀리보고 함께Together 무한도전하며To Infinity And Beyond 나아가는동행하는 멘티들'이라는 취지의 팀명에 걸맞게 우리들의 멘토링 프로그램은 잘 진행되어 갔다.

무더운 여름의 날씨, 그리고 공부와 취업준비에 모두의 몸과 마음이 지쳐있을 무렵 한국장학재단의 "리더십캠프8월 24일 ~ 25일와 코멘트 영화제"는 우리 팀에 새로운 활력소가 되었다. '설악 한화콘도'에서 진행된 1박 2일 캠프에 모든 팀들이 합류해서 다채로운 행사를 즐기게 되었다. '코멘트 영화제'는 희망 팀들이 자유주제로 만든 UCC 동영상을 출품함으로써 참가하게 되는 것이었다.

멘티들은 이 영화제에 응모하기로 결정했다. 그리고 자신들이 직접 시나리오를 쓰고 감독, 연출, 연기, 촬영 등의 역할을 자체적으로 분담하며『띠아비 자이언트』의 영화를 만들었다. 이 영화 '나사장과 나대리'는 당당히 2012년 "리더십캠프 코멘트 영화제"의 우수상 수상작이 되었다. 시상식 무대 위로 반짝이는 별들이 쏟아질 듯한 8월 24일 밤의 이 감격은 우리 팀에 색다른 격려가 되었다. 우리는 설악에서 하나로 뭉치고 재충전되었다.

신한은행은 2012년부터 매년 'S20 청춘 여행기'공모전을 개최하여 젊은이들에게 여행을 통해 청춘의 의미를 재발견하는 기회를 제공하고 있다. 제 3회째인 2014년 공모전의 주제는 '낯선 곳에서 나의 청춘을 담아내기'였다. 6월부터 시작해 약 4개월간 모두 600여 건의 여행기가 접수되었다. 여행전문작가들의 심사와 S20홈페이지 온라인 투표 결과를 반영해 선정된 최우수상은 '카우치 서핑couch surfing'으로 동생과 함께 유럽을 여행한 '정서현'씨^{가명}의 여행기였다. 『띠아비 자이언트』1
기인 그녀의 담대한 도전과 뛰어난 글솜씨로 얻은 영광은 우리 팀 모
두의 자랑이며 긍지가 되었다.

'카우치 서핑'은 숙박비를 아끼려는 보스턴의 한 대학생이 여행가기
전에 그 지역 대학생들에게 숙소 제공을 요청하는 메일을 보내 답장을
받은 것이 계기가 되어 시작되었다고 한다. 이제는 페이스북과 인터넷
www.couchsurfing.org을 통해 운영되는 일종의 '인터넷여행자커뮤니티사업'
인 것이다. 현지인이 여행자들을 위해 자신의 소파^{Couch}를 제공하고, 여
행자들은 이를 서핑^{Surfing}하여 이들이 제공하는 카우치에 머문다. 숙
소의 교류와 동시에 문화의 교류가 이루어질 수 있다는 장점으로 현재
세계 10만여 도시에서 약 600만 명의 회원이 활동하고 있다고 한다.
그럼에도 불구하고 유럽 3개국 '카우치 서핑' 여행을 용감하게 다녀온
한국 여대생 자매의 두둑한 배짱은 멘토로서 나의 사명감을 새삼 일깨
워 주었다. 나는 '대한민국과 통일 한국의 미래 지도자들을 육성'하는
이 중차대한 일에 최선을 다할 것이다.

KDB 시니어 브리지 아카데미 비전 룸 입구 벽에는 "20대와 50대
의 공통점"이 쓰여 진 액자가 걸려있다. 그 첫 번째가 '시작하는 시기'
라는 것이다. 20대는 새로운 직장을 찾아 나서고 50대는 다니던 직장
을 떠나 새로운 삶을 찾아 나선다는 설명이 곁들여져 있다. 두 번째는
'무엇을 해야 할지 고민하는 시기'라고 한다. 20대가 고민하는 질문은
'앞으로 무엇을 하면 유망할까?' 이며, 50대는 '은퇴 후 무엇을 하면서
살아야 할까?' 라는 질문에 직면하고 있다고 한다. 세 번째는 '홀로 서

는 시기'라는 점이다. 20대는 '취업을 통해 경제적으로 홀로 서기 시작하는 때'이고 50대는 '정서적으로 독립해야 하는 때'라는 것이다.

요즘 신문이나 시사 매거진에서 종종 보는 세대 갈등 관련 일부 기사나 칼럼들은 우리의 마음을 아프고 우울하게 만든다. "일자리 맞바꾼 은퇴 父母와 취업준비생 子女"조선일보 2015년 1월 17일자, "부모 자식 간 취업전쟁"경상일보 2015년 2월 4일, "장원석 기자의 '앵그리 2030' ⑨ '세대 간 일자리 전쟁론'의 허실 – 과연 아버지가 내 일자리 빼앗은 걸까?" 이코노미스트 1271호 2015.02.02 등이다.

이제 우리는 지난 반세기의 격변 속에서 국가발전의 주역이었던 베이비붐 세대의 집중적인 은퇴와 이들의 새로운 역할에 주목할 필요가 있다. 이들은 빈곤한 농업기반사회를 지식정보화 산업사회로 이행시킨 소중한 경험과 높은 교육 수준, 직업의 전문성 등 기존 실버세대와는 다른 차별성을 지니고 있다. 이들의 경험과 전문성은, 불투명한 미래에 대한 불안감으로 고민하는 대학생 멘티들의 역량개발을 위한 길라잡이가 되기에 안성맞춤이다. 청년 멘티들이 꿈을 찾아내고 스스로 이루도록 도와주는 '좋은 멘토'가 될 것이라 믿는다. 세대 갈등이 없어지고 세대 상생相生이 기대되는 이유이다. 많은 은퇴 베이비부머들이 한국장학재단의 '차세대리더 육성 멘토링 프로그램'이나 다른 사회공헌활동 지원기관의 유사한 사업에 적극 참여하기를 소망해본다.

얼마 전 봄이 시작되는 날에 『띠아비 자이언트』1, 2, 3기의 멘티 대표 9명이 한국장학재단에 모여 『띠아비 자이언트』의 통합모임을 새롭게 결성했다. 앞으로 멤버 전원이 CEO가 될 때까지 서로 도우며 좋은 인연을 이어가도록 년 4회 이상의 정기적 모임을 가지고 함께 활동하기로 결의했다. 아직 대학생인 멘티도 있고 이제 막 직장생활을 시작한 친구도 있다. 이들과 함께한 저녁은 꿀맛이었다. 이 자생적 모임의 원동력은 지난 3년간 이들과 나누었던 많은 대화들이었다. 내게 큰 보람으로 다가왔고, 그래서 나는 선언했다. "우리 팀의 주제가 '스스로 만들어 가는 성공 CEO의 길'이었으니 여러분 모두 성공 CEO가 될 때까지 A/S는 내가 한다."고…

"이제 우리의 만남은 어디로 가게 될까? '未生'이니까 '美生'인 것 아닐까? 하나의 未生이 完生이 되면, 또 다른 未生의 대국을 위해 끊임없이 반복하는 未生의 반복, 이것이 진정한 美生 아닐까?" 이 자리를 빌려 그들과 나눈 대화이다. "인생은 끊임없는 반복, 반복에 지치지 않는 자가 성취 한다"를 되뇌는 '장그래'의 모습에 『띠아비 자이언트』 멘티들의 자신감 가득한 얼굴들이 하나씩 겹쳐진다. '未生'이기에 아름다운 인생, '美生'을 축복하는 아름다운 밤이었다.

[참고자료]

「사회연대은행 (사)함께 만드는 세상」 KDB시니어브리지 아카데미 사회공헌활동 수기 집,

2015. 4. 30

늘그막에 찾은 일 부제 : 나의 글쓰기 도전기

최우림

　하루하루가 세월에 떠밀려 무료하게 흘러만 간다. 하루는 더디고 지겨운데 일주일은, 한 달은, 일 년은 어찌하여 이렇게도 휙 지나갈까. 손 놓지 않고 계속할 수 있는 일이 있어야 하는데 작은 것마저 잡히지도, 떠오르지도 않는다. 외부의 공식 활동을 접은 후 아무런 계획도 없이 그냥 흘려보내는 날들이 많아졌다. 이래서는 안 된다. 꾸준히 할 수 있는 일을 찾아야겠다. 주위의 친구들은 서예를, 그림 그리기를, 도자기 빚기를, 하모니카나 색소폰 불기를, 근력 키우기 운동을 하고 있다. 그러나 나는 딱히 하는 일이 없다.

　무엇이 좋을까? 한 십오 년 전에 아들의 사주단자라도 내 손으로 반듯하게 써 보내야겠다는 마음에서 붓을 잡고 '반야심경'을 108번 쓴 적이 있었다. 그러고는 붓을 놓았다. 그림에는 전혀 소질이 없다. 도자기 빚기는 손과 발의 놀림을 제대로 맞출 수 없어 못할 것 같다. 악기는 마음 편히 불 수 있는 마땅한 장소가 문제이고… 이런저런 핑계만 떠올랐다.

옳지! 이참에 글쓰기를 한번 해봐야겠구나.

먼저 나의 둔한 문재로서 할 수 있는 분야가 무엇인가를 생각해 보았다. 삼라만상이나 인생을 응축된 단어로 희롱해야 하는 '시'를 해보자니 언어를 제대로 구사하지 못할 것 같다. 어떤 사실이나 생각을 꾸며나가는 '소설과 희곡'을 하자니 이야기의 앞과 뒤를 짜임새 있게 짜나갈 자신이 없다. 그래서 한두 번 써보기도 했고, 벗의 권함도 있고 해서 '수필'이면 도전해 볼만 하다는 생각이 들었다.

몇 년 전에 좋은 벗 셋과 함께 설악산 대청봉을 난생 처음 올랐다. 내가 본 세계의 유명한 산들은 그 아름다움과 웅장함에 "와"하는 단순한 감동만 주었다. 그러나 설악산은 나에게 그런 감동뿐만 아니라 온몸이 저리는 흥분과 정기를 주었다. 이런 느낌을 서툴게 글로 써서 내가 속해있는 모 협회의 기관지에 게재한 일이 있었다.

그 글을 우연히 본 벗이 될성부르다 싶었는지 내게 수필 쓰기를 권하였다. 나는 평소에 문학이란 최고의 지성인들만 할 수 있는 신성한 영역이라고 생각하고 있었다. '내가 어찌 그 신선한 영역에 감히 범접한단 말인가?'하고 쭉 피해 왔었다. 그러나 이제는 무엇이라도 붙잡아야만 하는 지경에 이르렀다.

입때까지 내가 읽었던 것들이 수필인지, 잡문인지를 구분도 못하고 모두 수필로 알고 읽었다. 수필이라고 제대로 알고 읽은 것은 고등학교 국어 교과서에서 배워 기억하고 있는 것이 전부였다. 안톤 슈낙의 『우리를 슬프게 하는 것들』, 월터 페이터의 『페이터의 산문』, 알퐁스

도데의 『마지막 수업』, 김진섭의 『백설부』, 이양하의 『신록예찬』, 정비석의 『산중무한』, 이효석의 『낙엽을 태우며』, 이하윤의 『메모광』, 피천득의 『수필』 등이다. 순수한 시절에 읽은 이 뛰어난 수필들이 내게 준 진한 감동은 거의 60년이 지난 지금도 내 가슴 깊이 남아 있다. 앞으로 그럴 것이다.

이런 내가 무식이 용기라고 수필의 아름다움만 생각하면서 컴퓨터만 믿고 달려들기로 했다. 그 벗은 "수필은 선비 정신으로 써야 하고, 예술성이 있어야 한다."라고 했다. 그리고 "글을 쓰려면 많이 읽고, 많이 쓰고, 많이 생각하여야 한다."라고도 했다. '선비 정신'은 품격을 갖추어 점잖고, 순한 표현으로 하라는 것으로 대충 이해를 했다. 그런데 '예술성'에 대해서는 알 것 같은데도 애매하기만 했다.

독서광인 내 딸과 기자인 내 아들에게 나의 글쓰기 시작에 대한 조언을 듣기 위하여 그들과 상의를 했다. 그들은 별다른 말없이 기대한다고만 했다. 그리고 월간 『한국수필』과 월간 『문학 공간』의 일 년 치의 정기 구독 신청을 해주었다. 글쓰기에 앞서 『한국수필의 미학^{이태동}지음』과 『좋은 수필 창작론^{박양근 저}』을 구입해서 읽었다.

한국수필의 미학은 한국의 우수한 수필가들이 쓴 좋은 수필을 선정하여, 작가에 대한 설명과 작품의 배경을 설명하고 있었다. 그리고 수필 전문을 함께 실어 놓아 작품을 바로 이해하며 감상할 수 있었다. 앞으로 내가 나가야 할 글쓰기의 방향을 잡는 데도 큰 도움이 되었다.

좋은 수필 창작론은 수필의 본질과 창작에 대해 서술한 책이었다. 그 내용은 "우선 주제는 무엇으로 할 것인가? 일상생활, 여행, 자연현상,

비평 등 체험하고 생각하는 모든 자기 주변의 이야기가 주제다. 소재는 어떤 것으로 할 것인가? 주제와 관련한 경험, 평소의 생각, 에피소드 등을 읽는 독자의 관심을 불러와 감동시킬 수 있는 꺼리가 소재다. 이 소재를 어떤 문장으로 써야 하는가? 선비정신을 바탕으로 진솔하고, 감동적이며, 간결하게 쓴 예술성을 갖춘 문장이어야 한다. 문장의 단락은 어떻게 매듭지을 것인가? 시차적 순서, 논리적 순서, 줄거리의 중요성에 의한 순서 등으로 어떤 형식, 기법과 질서에 의하여 결정한다."고 했다. A4 용지 두 장 정도의 수필이지만, 400페이지가 더 되는 책으로 그 내용과 형식을 갖추어야 한다고 서술하고 있었다. '수필은 그냥 붓 가는 대로 쓰는 것이라고 하던데 그런 것이 아니구나.' 하는 겁이 났다. 마치 망치로 머리를 한 대 얻어맞은 것 같았다.

내가 과연 할 수 있는 것인가? 시작도 못하고 그냥 주저앉을 지경이었다. 다시 한 번 차분히 읽었다. '아하! 그런 형식을 갖추면서 써가는 것이 아니고 완성된 작품은 그렇게 형식과 내용으로 이루어지게 된다.'는 것이로구나 하고 나름대로 해석을 했다.

이렇게 해서 막상 글쓰기를 시작하니 딸리는 부문과 먼저 해야 할 부문이 있음을 깨달았다. 국어 실력이 턱없이 딸렸다. 문장의 구조, 주어와 술어의 호응, 맞춤법, 띄어쓰기, 표준어, 외국어 표기, 부호의 사용 등 문법 전반에 대하여 처음부터 다시 공부를 해야만 했다. 다급한 마음으로 초등학교 오 학년부터서 시작했다. 웬걸! 초등학교 오 학년 문제를 풀어 보니 60점 정도였다. 무슨 국어가 이렇게 어려운가? 새롭게 마음을 잡고 하루에 대여섯 시간을 국어 공부에 매달렸다. 여

섯 달가량이 지나서 고교 국어를 마칠 때쯤에야 '한글맞춤법'을 어느 정도 이해할 수 있었다. 또 문장을 제대로 쓰기 위해 『우리말 문장 바로 쓰기 노트이병갑 지음』를 구입해서 읽기도 했다.

독서량이 부족했음을 느꼈다. 이를 보충하기 위해 기 구입한 정기 문학지와 수필집 단행본을 사서 읽었다. 하루에 두 시간 정도 독서했다. 수필을 쓰기 위해서는 모든 책을 섭렵해야 한다는 것을 이 독서를 통해서 비로소 알게 되었다. 책을 몇 수레까지는 읽지 못했지만 나도 한 수레 정도는 읽었다고 생각했다. 그런데 나의 독서는 지금 시작하는 글쓰기에 별로 도움이 되지 않음을 알았다.

많이 생각하는 시간이 필요했다. 생각이야 늘 하는 것이지만 어떤 것을 글로 쓸 것인가를 찾아야 했다. 이를 위해 매일 두 시간 정도가 소요되는 만 보 걷기를 시작했다. 걸으면서 어떤 소제를 선택할 것인

제5장 적극적 실천 활동

가, 이를 어떻게 구성하고, 나열할 것인가 등을 구상하는 시간을 가졌다.

이렇게 네다섯 달이 지나고부터는 이 일이 나의 일상생활로 자리를 잡게 되었다. 국어 실력이 어느 정도 붙고 나서부터 외출하지 않는 날이면 하루에 대여섯 시간을 컴퓨터와 마주하고 앉아서 내 속의 것을 그냥 주절주절 나오는 대로 썼다. 이렇게 2017년 신춘에 등단하는 목표를 잡고 매진했다. 이 일이 나에게 잘 맞는다는 것을 이제야 깨달았다.

설령 2017년 신춘에 등단을 하지 못하더라도 계속할 생각이다. 목표가 이루어지든 아니든 하루에 칠팔 시간을 꾸준히 일할 수 있기 때문이다. 늘그막에 찾은 일 때문에 나는 마음이 많이 여유로워졌다.

글로서 명 얻기를 바라지 않는다. 돈 벌기는 더욱 아니다. 내가 쓴 글이 독자에게 감동을 주지 못할지라도 '맞아. 그렇지. 또는 그렇지 않아.' 하는 반응이라도 받을 수 있다면 나는 만족할 것이다. 그래도 교과서에 실릴 수 있는 좋은 작품 하나는 쓰고 싶다.

김칫국부터 마실 것이 아니라 열심히 하고 봐야지. 이 문둥아!

제6장

부부가 함께하는
행복

가치가 있는 인생설계 나의 사랑 동반자

장병두

젊은 시절 사회생활을 하면서 은퇴隱退 후의 삶의 설계를 구체적으로 세워 보지 않았다. '젊었으니까 순간순간 현실에 충실하다보면 언젠가는 남보다 한 치라도 앞서있겠지. 또 은퇴 후에는 그때에 가서 나름대로 준비하면 재미있게 살 수 있지 않을까'하며 막연한 기대를 하면서 살아왔다. 뒤돌아보니, 직장생활을 하는 동안에는 꿈과 열정이 있었기 때문에 그런대로 기대에 맞는 결과가 더러 있었다.

그러나 은퇴 이후에는 나름대로는 삶의 방향과 목표를 정하여 살아왔다고 하지만, 구체적인 목표나 실행계획이 미흡하여 아쉬운 부분이 많다. 결과적으로 말한다면 사람은 누구나 평생 동안 해야 할 일을 미리미리 정해 놓고 실천해야만 인생을 행복하게 마무리할 수 있다는 것을 알게 되었다.

젊은 시절 주위의 동료들이 은퇴 후 준비를 위하여 부동산투자, 주식, 보험 등에 열중하는 모습을 보면서 마음속으로 이렇게 생각할 때가 있었다. '이 친구, 지금 맡은 업무에 충실充實하는 것이 더 중요하지 않나! 은퇴 후에 할 일을 지금 집중하면 일은 누가하고 조직에 도움이 되겠는가?' 그런 후 지금 그들이 어떻게 살고 있나 관찰해보았다. 대부분 경제적인 면에서 궁핍하지 않고 그런대로 재미있게 사는 것을 보고, 은퇴 후의 재정계획도 젊을 때 미리 세워 둘 필요가 있다는 것을 알게 되었다.

나는 젊을 때 열심히 일만 하면 된다고 생각했다. 이제 와서 생각해보니, 젊을 때 맡은 일에 충실하게 사는 것도 중요하지만, 미래에 대한 적절한 재정계획을 세워 실천하는 것 역시 중요하다는 것을 알게 된다.

나 자신뿐 아니라 가족, 특히 부부간의 행복한 노후를 위하여 필요한 재정계획을 세워야 하고 지켜야 할 규칙과 가치관, 행동요령行動要領 등을 준비하여 실천하는 노력이 필요하다. 부부가 행복하기 위해서는 우선 각자 개인의 삶에 대한 올바른 목표와 가치관이 있어야 한다. 또 이런 가치관이 서로 공유共有할 수 있고, 시너지 효과가 있다면 더 좋은 노후가 될 수 있을 것이다.

목수가 집을 지을 때 설계도가 필요한 것처럼 나름대로 원칙을 정하여 설계대로 살려고 노력해야 한다. 누구나 실천에 옮기기를 바라는 마음으로 나의 '가치 있는 삶을 위한 인생설계'의 일부분을 소개하고자 한다.

부족하고 부끄럽기도 하지만 참고가 되었으면 좋겠다.

1. 부부가 행복하려면 각자 삶의 기본 설계가 있어야 한다

행복을 위한 자세는 실천하기 어려운 대단한 것이 아니고 다음과 같이 아무나 할 수 있는 평범한 것이다.

첫째, 살아가면서 내가 나를 보는 혜안慧眼이 있어야 한다. 자신을 깨끗이 손질하는 습관, 특히 내면內面을 잘 닦아 품위品位있고, 존경받는 모습으로 살아가는 지혜가 필요할 것 같다. 특히 이웃에 대한 배려와 헌신하는 마음으로 살아가는 자세, 이런 삶이야말로 '가치가 있는 삶'이라 할 수 있기 때문이다. 이러한 자세가 부부의 행복 뿐 아니라, 개인의 삶에서도 올바른 자세임을 깨닫는다. 이 길이 행복으로 가는 바른 길이라는 것을 알기 때문에 계속할 것이다.

둘째, 사람이 행복해지려면 인간관계가 좋아야 한다. 간혹, 주변에 지인들과 이야기를 하다보면 젊은 시절 잘 나가던 때를 자랑하거나, 돈 자랑, 자식 자랑을 침이 마르도록 하는 사람을 보게 된다. 한두 번은 괜찮지만, 반복해서 하면 싫어진다. 또 어떤 사람은 듣는 사람의 사정은 고려하지 않고, 자기 자랑에 심취心醉되어 자기를 부풀리는 데 여념餘念이 없다. 만나는 동안 불편하고 다시 만나기 싫어진다. 이런 것들은 좋은 인관관계를 형성하는 데 나쁜 영향을 미친다. 배려, 나눔, 용서, 경청 이런 것들이 좋은 인간관계를 만드는 요소임을 알아야 한다. 인간관계가 좋은 사람은 언제 만나도 즐겁고, 헤어지면 또 만나고 싶은 그런 사람이다.

셋째, 사람은 몸과 마음이 단정端正해야 한다. 외모가 단정하지 못하거나 언행言行이 거칠어도 남으로부터 존경尊敬 받을 수 없다. 나이가 들수록 용모容貌를 단정端正하게 가꾸어야 한다. 옷은 가능하면 자주 빨아 깔끔하게 입어야 한다. "속옷이 깨끗하지 않으면 남 앞에 떳떳하게 설 수 없다" 어릴 적 어머니께서 속옷을 자주 갈아입으라고 하시면서 한 말이다. 비록 집안 내에서 가족家族끼리만 있을 때라도 옷매무새가 흐트러지거나 단정치 못한 모습으로 보여서는 안 된다. 이런 것들이 부부간에 또 이웃 간에 좋은 인간관계를 형성하는 데에 방해가 되기 때문이다.

넷째, 나이가 들면 주변을 잘 정리하고, 또 깨끗한 몸가짐을 가져야 한다. 물건物件을 아낀다는 생각으로 다 낡은 생활용품生活用品들을 버리지 못하고 계속 사용하다보면 단정치 못하게 보이기가 쉽다. 나이든 사람일수록 돈이나 낡은 물건을 너무 아끼는 것은 바람직하지 않다. 절약은 이미 미덕美德이 아니라 고리타분하게 보일 뿐이다. 내 집안이라고 하여 목욕, 머리손질, 양치질도 제때에 하지 않고, 떨어진 러닝셔츠에 맨발로 지낸다면 가족이 눈살을 찌푸리게 된다. 특히 부부 상호간에 품위品位와 신뢰를 떨어트리는 행동이다. 이런 것들을 다 지키는 것은 쉬운 일이 아니지만, 그래도 행복한 부부생활을 원한다면 꼭 지켜야 할 일이다.

2. 각자의 개성을 존중하는 노력이 필요하다

사회생활도 마찬가지이지만, 부부간에도 개성을 존중하지 못하여 다투는 경우가 더러 있다. 우리 부부간에도 대부분의 경우 상대방의 그때 기분이나 개성을 인정하지 못하여 사소한 일인데도 오해하는 일이 더러 있다. 10여 년 전 제주도 여행을 갔을 때 대단하지도 않는 일에 서운해 했던 일이 있다. 나는 둘레 길을 걷기를 원했고, 아내는 일출봉, 만장굴, 식물원 등을 여유 있게 둘러보자고 했다. 결국 내 고집대로 둘레 길을 걸었지만 내내 분위기는 싸늘했다. 나중에 깨닫게 된 것은 상대방의 개성과 그때의 기분을 이해하지 못하고 배려하지 못한 결과였다는 것을 알게 되었다. 아내는 원래 걷기를 좋아하지 않고, 조용히 앉아서 감상하며 느끼는 것을 좋아한다.

개성個性은, 일상에서 나타나는 개개인의 독특한 성격이나 성향性向이다. 문학작품이나 예술작품의 경우 그 작가만의 특징도 여기에 포함된다. 반면에 이기利己는, 남의 일을 생각하지 않고 자기가 하고 싶은 대로 행동하는 것을 말한다. 사람은 다른 사람이 자기 판단에 따르지 않으면 불쾌해 한다. 상대방의 취향趣向이나 개성을 존중하지 않고 자기중심으로만 하려고 하다보면 마찰이 생길 수밖에 없다. 개성이나, 개성적인 것은 전혀 나쁜 것이 아니다. 상대방의 개성은 고려하지 않고 상대가 자기 의견에 따르지 않으면 그 사람이 이기적이라고 생각하기 때문에 오해가 생기는 것이다. 제주도 여행 때 오해했던 것도 아내가 이기적으로 고집을 부린다고 생각했기 때문에 섭섭해 했던 것이다. 개성적인 것과 이기적인 것을 분별하지 못한 나의 잘못이었다.

사람마다 개성이 다를 수 있다는 이런 차이를 인정하는 마음이 교양이다. 다른 것은 다른 것일 뿐, 나쁜 것은 아니기 때문이다. 나는 오늘도 개성적인 것과 이기적인 것을 분별하는 정신능력을 키우기 위하여 노력하고 있다. 내 생활방식이 결코 최선의 것은 아니라는 점을 인정하는 것도 상대방의 개성을 존중하는 방편이 될 것 같다. 좋은 개성은 그 사람의 향기이다. 남에게 즐거움을 주고 가치를 높여주는 개성이야말로 인간의 품위를 높이는 향수이다.

개성個性을 살리기 위해서는 좋아하는 것을 찾아 항상 탐구하고 행동에 옮기는 습관이 필요하다. 취미생활도 부부간에 같이하면 더 좋겠지만, 각자가 따로 하더라도 나쁠 것은 없다. 우리는 누구나 다 늙는다. 아무도 결코 피하지 못하는 게 그 길이다. 그래서 지혜로운 준비가 있어야 한다. 부부간에 창의적으로, 또 각자의 개성을 살리면서 살되, 지킬 것은 지키면서 서로에게 도움이 되도록 노력해야 한다. 그게 건강하고 행복하게 오래 사는 길이다.

3. 행복한 부부는 대화하는 기술이 필요하다

부부라는 관계는 평생을 함께할 가장 가까운 동반자이다. 그럼에도 불구하고 쉽게 행동하고 편하게만 지내려는 경향이 있다. 그러다 보니 종종 부부사이에서 지켜야 할 예의를 넘어서는 언행을 하는 경우가 있다. 사소한 습관 하나가 문제가 되어 다툼이 벌어지는 경우가 있는가 하면, 어떤 때는 부부생활의 끝을 고민해야 할 정도로 심각한 문제로 발전하기도 한다.

올바른 대화법이란 상대에 대한 배려와 존중을 바탕으로 대화하는 것을 말한다. 과거 우리들 세대는 다들 비슷한 경험들이 있겠지만, 우리부부는 젊은 시절에 부모봉양父母奉養 문제로, 또 자식들 교육문제로 다투는 경우가 더러 있었다. 어려운 형편에 서로 최선을 다 해보자는 대화였지만, 의견일치가 쉽지 않아 짜증을 내기도 하였다. 어떻게 해야 다툼을 줄이고 좋은 결론에 도달할 수 있을지 막막하게 느껴지기만 했다. 세월이 지나고 생각해 보니 대부분의 경우 배려와 존중이 부족했다는 것을 알게 되었다. 인생을 한 번만 더 살 수 있다면 이런 실수는 반복하지 않을 것 같은데… 그러나 인생은 누구나 한 번 뿐인걸 어떻게 하랴!

  존 가트맨 박사워싱턴대학교 명예교수, 『부부감정 치유』의 저자의 '행복한 부부 대화법'을 읽고 많은 것을 느낄 수 있었다. 그는 부부사이에 대화를 할 때 자신의 할 말만을 생각하지 말고, 상대방의 말을 충분히 들은 뒤 상대를 이해하는 것이 중요하다는 것이다. 대화를 하는 동안 "이해가 되네.", "힘들었겠다.", "억울했겠다." 등 상대방의 입장을 수용해주고, 그 입장에 충분한 공감의 표현을 해준 뒤 대화를 이어나가는 것이 부부싸움을 예방하는 대화법이라는 것이다. 또한 의견에 동의할 경우 적극적으로 동의하는 모습을 보여야 하며, 혹시 반대의견이 있다하더라도 무조건 의견을 앞세우기 보다는 상대의 의견에 공감을 해준 뒤 의견을 제시해 주는 것이 좋다고 한다. 질문을 하는 것은 좋으나 따지고 반박하기 보다는 알고 싶은 것을 물어보는 자세가 더 중요하다고 한다.

  옛날에는 이러한 부부 대화법을 실천하는 것이 어렵게 느껴지기만 했다. 그러나 부부사이의 행복을 생각한다면 이러한 어려움은 아무것도 아니라고 생각한다. 아직까지도 가끔 다투는 일이 있지만 금방 해결이 된다. 내가 마음이 아픈 만큼 아내의 마음도 아프겠지 하고 생각하면 더 이상 악화되지 않고 이해가 되기 때문이다.

4. 무료하게 지내지 말고 소일거리를 찾아 즐기는 습관이 필요하다

젊을 때는 할 일이 너무 많아 소일거리는커녕 하던 일도 줄여야만 했다. 그러나 나이 들면 할 일이 점점 줄어든다. 할 일이 없이 무료하게 보내다보면 삶의 보람을 잃을 수가 있다. 목표 없는 생활이 돼버리기 때문이다. 그래서 젊을 때부터 혼자서 혹은 부부간에 할 수 있는 취미거리를 미리 찾아 꾸준히 실행하는 습관이 필요하다.

나이가 들어버린 이제 와서 해야 할 일거리나 취미가 없다고 한탄을 해도 소용없는 일이다. 나는 나이 들어 부부간에 같이 할 수 있는 취미생활이 무엇일까 하고 이것저것 찾아보았다. 그러나 둘 다 좋아할 만한 공통점을 찾기란 쉽지 않았다. 그렇지만 이런 중에서도 자녀들과 함께 가족여행을 가자고 하면 언제나 호응이 잘 되었다. 이런 것이 우리 부부에게는 공통점이라 할 수 있다. 부부간에 공통점이 많으면 많을수록 행복은 배가될 것이다.

나는 정기적으로 지인들과 탁구를 치는데 나이 들어 하기에 참 좋은 운동이라 생각한다. 조그마한 탁구공을 따라 움직이면 우선 눈을 집중할 수 있어 눈 운동에 좋고, 다리, 팔, 허리 등 전신운동이 된다.

순간순간 조그마한 실수에도 소리 내어 같이 웃을 수 있는 것도 즐거움이고, 운동 후 식사시간에 즐거운 대화를 나누는 것도 즐겁다.

아내는 수영장에 20년 이상 다니고 있는데 건강 유지에도 좋지만, 운동 후 동료들과 같이 식사를 하면서 나누는 대화도 즐겁다고 한다. 고향 친구들과의 모임, 학창시절, 직장시절 동료들과의 모임도 빼놓을 수 없는 즐거운 소일거리이다.

나는 수년 동안 중소기업에 경영 자문활동을 하고 있고, 창업을 원하는 젊은이들에게는 창업지도도 즐거운 마음으로 하고 있다. 또 장학재단의 '차세대 리더 육성프로그램'의 멘토로 활동하면서 대학생들에게 '가치있는 삶을 위한 인생설계'를 세우도록 같이 토론도 하고 조언을 하며, 꿈을 심어주고 있다. 이와 같이 후배 기업인들에게, 또 대학생들에게 평생 살아오면서 접했던 경험과 가치관을 심어주는 것이 더없이 보람되고 행복하다.

누구나 나이 들어 즐길 수 있는 새로운 소일거리를 찾아보는 게 좋을 것 같다. 무얼 하더라도 어느 정도 각자의 취향과 관심이 가는 것을 하면 된다. 어떤 이는 행복한 노년을 보내기 위한 방안의 하나로 자서전을 쓰거나, 일기를 쓰라고 권유하기도 한다.

요새는 다들 컴퓨터를 이용한다. 새로 나온 여러 종류의 앱을 다운받아 재미를 붙이라고 권하고 싶다. 컴퓨터가 치매 예방에도 좋다고 하니 중년이나 노년기에 이만한 말벗이 어디 있나 싶다. 나는 최근에 프레지Prezi.exe를 다운받아 프리젠테이션 자료를 만들어 대학생들에게 '나는 누구인가'라는 자료를 만들어 나의 과거와 현재에 대하여 설명했더니 아주 반응이 좋았다. 또 에버노트Ever note를 깔고 많은 자료를 다운받아 정리하는 재미도 쏠쏠하다. 내년에는 '드론'에 대하여 알아보고, 또 '드론 운전자격증'도 취득하여 공중촬영도 해볼 계획이다. 이런 것들이 다 소일거리이고 취미생활이다.

우리 부부에게는 중년이 되어서 시작한 종교 활동이 매우 유익한 일이었다. 같이 손잡고 교회를 오고가고, 자녀를 위하여 같이 기도하고, 돌아오면서 조용한 커피점에서 차를 마시면서 나누는 대화는 행복 그 자체라고 생각된다. 이런 모습이 자식들에게도 좋은 교육이 되었을 것이다.

이밖에 더 늙어 계속해서 즐길 거리는 없을까. 너무 많은 욕심을 낼 필요는 없을 것 같다. 부부가 함께 경기를 응원하고 미술품을 감상해주고 공연을 칭찬해 주는 것만으로도 족할 것 같다. 순수하게 박수쳐주는 그것으로도 나이든 사람의 취미로 족하지 않을까 생각이 된다.

요즘은 꼭 하고 싶었지만 지금까지 실행하지 못했던 일들을 모아 버킷리스트Bucket list를 작성하고 있다. 한 번 밖에는 살 수 없는 인생에 더 이상 후회를 남기고 싶지 않기 때문이다. 행복한 부부생활이란 이루기 힘든 거창한 것이 아니다. 각자가 하고 싶은 일을 하면서 서로 도움이 되고, 또 같이 즐기면 되는 것이다.

행복한 사랑의 충전(充塡) 전국 각 지역 여행지 소개

장영봉

장기간이든, 단기간이든 여행을 떠나기 전에는 여전히 가슴 설레며, 여행을 하는 동안에 아름다운 풍경이나 멋진 사람을 만나면 감동하게 마련이다. 해가 갈수록, 경험이 많아질수록 여행의 설렘과 감동은 더 커지는 법이다.

우리나라는 사계절의 변화가 매우 뚜렷해서 하나의 여행지도 최소한 네 가지의 색깔을 보여준다.

주5일 근무제의 확대 실시 이후로 여행을 떠날 수 있는 시간과 기회가 부쩍 늘었다. 막상 여행을 떠나고 싶어도 어디로 갈지를 몰라 쉽게 길을 나서지 못한다는 사람들이 적지 않다. 사람들은 '이번 주말에는 어디를 가면 좋을까' 고민을 하다가 계절에 맞추어 가장 가고 싶은 여행지를 정해 여행을 떠난다.

문명의 발달은 교통수단의 발달로 이어졌고 그런 과정에서 등장한 자동차는 인간으로 하여금 더욱 넓은 세상을 돌아다닐 수 있게 이끌었다.

현대인들은 여러 가지 여행 방법 중에서도 자동차를 이용한 여행을 즐기며 살아간다. 자동차는 이동의 자유가 있다. 또한 여행의 여유가 있다. 차창에 비치는 풍경을 바라보며 달리다가 멋진 곳을 발견하면 언제든지 잠시 멈추고 쉬어갈 수 있다.

여행에는 노력이 들어간다. 시간도 내야 하고, 금전적 부담도 감수해야 한다. 노력을 들여서 여행을 하고 나면 여행자들은 어떤 것을 얻을까? 여행지역의 자연을 만끽하며 자연과 하나 되는 상쾌함, 자연과 사람, 문화와 역사 등 모든 낯선 것들에 대한 호기심을 조금씩 조금씩 풀어나가는 즐거움을 얻는다.

소개하는 여행지가 모두 대한민국의 대표 여행지인 것만은 아니다. 개인적인 경험과 느낌을 바탕으로 선정된 여행지이다. 여행지 중에는 잘 알려져 있지 않아서 한가롭고 오붓하게 여행할 수 있는 곳이 적지 않다. 반면에 계절마다 수많은 사람들이 몰려드는 유명 여행지도 있다.

많은 사람들이 몰리는 곳이든 한적한 곳이든, 나름대로 매력 포인트를 찾고 즐기는 것은 순전히 여행자의 몫이다.

서울의 북악스카이웨이에서부터 제주도의 성산~서귀포 해안도로에 이르기까지 팔도의 길을 골고루 소개했다. 또 코스별로 이동 동선, 거리, 소요시간 등을 자세히 보여줌으로써 여행자들은 별다른 고민 없이 제시한 노선을 따라가기만 해도 신나는 여행을 할 수 있게 되어있다. 이것이 바로 부부가 함께하는 행복이다.

'자동차로 부부의 행복을 가꾸는 주말여행'

1. 서울특별시, 경기도, 인천광역시

1) 서울 도심 드라이브길

정릉의 아리랑고개에서 북악산 길로 좌회전하면 북악스카이웨이로 이어진다. 길 초입부터 성북동 마을 풍경이 펼쳐진다. 성북동의 한적한 정취와 청량한 공기를 들이마시며 로맨틱 드라이브가 시작된다. 구불구불 휘어지는 길과 우거진 숲의 운치를 즐기다 보면 어느덧 시야가 점점 넓어진다. 왼쪽으로는 북악산 정상으로 이어지는 서울성곽길이 언뜻언뜻 스친다.

도성의 북문에 해당하는 숙정문도 소나무 숲을 뚫고 살짝 제 모습을 보여준다. 북악스카이웨이 중간 팔각정 휴게소에서 휴식을 취한다. 이곳에서 차분하게 내려앉은 평창동과 구기동. 서울 도심을 한눈에 담아본다. 서울 성곽의 정상인 백악마루, 청운대를 조망한 후 다시 길을 나선다. 인왕스카이웨이 갈림길에서 만난 호랑이 동상을 어루만지면 그 옛날 인왕산 호랑이의 기개를 얻을 수 있을까? 숲이 울창한 2차선 도로가 끝나는 지점에 사직공원이 자리한다.

여기서부터는 도심을 통과해 남산 순환도로로 향한다. 남산의 중턱을 달리는 남산 순환도로는 소월길과 소파길로 이어진다. 어디에서나 한강 조망이 가능하며 리드미컬하게 휘어지는 곡선미를 섬세하게 느낄 수 있는 길이기도 하다.

코스 1. 북악스카이웨이

코스 2. 인왕스카이웨이 : 창의문에서 인왕산 아래로 이어지는 외길이 10km 자동차로 20분 인왕스카이웨이이다.

코스 3. 남산골한옥마을 : 인왕산스카이웨이 종점인 사직동에서 광
　　　화문을 지나 충무로까지 이동, 지하철 충무로역 3번 출구에
　　　서 우회전해 골목 안으로 진입 7km 자동차로 20분
코스 4. 남산 순환도로 : 남산골한옥마을에서 장충단 길을 따라 이
　　　동한다. 국립극장을 바라보며 4km 자동차로 10분 달리면
　　　남산 순환도로로 이어진다.

2) 시흥~화성 시화방조제길

기분이 울적한 날에는 서해로 향하자. 시원한 서해 바다를 그냥 바라보는 것만으로 만족스럽지 못하다면 바다 위를 자동차로 달려보는 것은 어떨까?

이럴 때 영동고속도로에서 월곶 포구 분기점을 이용해 월곶포구를 찾아간다. 서해 바다의 분위기가 물씬 풍기는 월곶은 만조 때 즈음해 벌어지는 경매장 모습이 진풍경이다. 포구를 따라 늘어선 횟집에서 입맛 당기는 먹거리로 요기를 한 후 오이도 관광단지의 붉은 등대를 찾아간다. 오이도에서 바라보는 시화방조제의 모습이 시원스러워 서둘러 운전대를 잡는다. 시흥시와 화성시, 안산시로 연결되는 시화방조제는 마치 바다 위를 달리는 듯한 느낌을 주는 상쾌한 길이다.

시화방조제 중간 지점에 우리나라 최초의 조력발전소가 들어서고 있다. 조력발전소는 바닷물의 조수 차를 이용한 발전시설이다. 시화방조제를 건너면 대부도 해솔길 1코스인 구봉도 유원지에 닿는다. 해안길 구석구석 관광객의 발길이 이어지는 곳이다.

구봉도에서 시화방조제를 따라가면 화성시로 이어진다. 시화방조제는 갈대숲에 휩싸인 일직선 도로이다. 그 길에 어섬이 있다. 어섬에 도착하면 저물어가는 황혼녘의 붉은 노을이 발목을 잡아끈다.

1박2일 나들이를 나섰다면 낙조 감상 후 예쁜 펜션에서 휴식을 취한다. 드넓은 갈대밭 한가운데에서 잠들면 공룡이 뛰어다니는 꿈을 꾸게 될지도 모른다. 화성에서 공룡알이 발견되었기 때문일까. 내친김에 화성 공룡알 화석지를 탐방하면서 〈쥬라기 공원〉의 세계로 빠져들어 본다.

코스 1. 월곶 포구

코스 2. 오이도 관광단지 : 월곶 포구에서 시화방조제로 이어지는 길에 8km 자동차로 15분 거리에 오이도 관광단지가 들어서 있다. (경기도 시흥시 정왕동 1985-2042)

코스 3. 시화방조제 : 오이도 관광단지 끝 지점에서 시화방조제 길을 따라 16km 자동차로 25분을 가면 방조제 시작점이다.

코스 4. 구봉도 해솔길 : 시화방조제를 건너 방아머리선착장에 들어선 이후 계속 17km 자동차로 25분 직진하면 오른쪽에 구봉도 유원지 진입로가 보인다.

코스 5. 공룡알 화석지 : 구봉도 유원지에서 방조제를 거쳐 송산면 방면으로 이동 후 32km 자동차로 50분 공룡알 화석지 이정표를 따라가면 나온다. (경기도 화성시 송산면 고정리 산5)

3) 영흥도 일주도로

수도권에서 낙조 감상과 더불어 영흥도로 드라이브 여행을 떠나려면 새벽부터 부산을 떨지 않아도 좋다. 점심식사까지 마치고 느긋하게 떠나도 섬 구경을 속속들이 할 수 있어서다.

영흥도 일주는 선재대교와 영흥대교 다리로 연결된다. 섬 나들이의 기분을 제대로 느낄 수 있다. 소사나무가 군락을 이루는 십리포 해변과 장경리 해변의 해송숲에서 심호흡과 더불어 휴식을 취한다. 국사봉 등산 코스와 양로봉 등사로를 따라 트래킹을 하거나 갯벌로 나가 어촌체험을 즐긴다. 영흥전력 홍보관이나 해군 영흥도 전적비를 찾아 나선다면 영흥도 나들이를 꼼꼼하게 챙긴 셈이다.

영흥도 일주는 시계반대 방향으로 코스를 잡는다. 그래야 십리포 해변을 지나 장경리 해변, 용담리 해변을 두루 돌아볼 수 있다. 영흥대교 아래 영흥도수산물직판장으로 돌아오면 섬 일주 드라이브가 끝난다. 마무리로 직판장에 즐비하게 들어선 회 센터로 발걸음을 향한다.

시시각각 바다 향을 뿜어대는 활어들이 입맛을 자극한다. 가을철 대하와 조개구이를 별미로 맛보기 좋은 곳이다. 낙조까지 감상하려면 선재도 남단의 측도로 향한다. 이곳에서 영흥화력발전소 옆으로 떨어지는 해넘이가 장관이다.

코스 1. 선재도 (인천광역시 옹진군 영흥면 선재리)

코스 2. 영흥도 진두선착장 : 선재도에서 영흥대교를 진두선착장에
　　　이르면 4km 자동차로 10분 영흥도와 반가운 조우를 한다.
　　　(인천광역시 옹진군 영흥면 내리)

코스 3. 십리포해변 : 영흥재교를 지나 영흥도에 도착, 섬을 오른쪽으로 돌아가면 3.5km 자동차로 8분 십리포 해변이 나온다. (인천광역시 옹진군 영흥면 내리 734)

코스 4. 장경리해변 : 십리포 해변에서 시계 반대 방향으로 섬을 돌아가면 4.5km 자동차로 12분 장경리 해변에 도착한다. (인천광역시 옹진군 영흥면)

코스 5. 영흥전력홍보관 : 장경리 해변에서 영흥로를 따라 이동, 선재도 방면으로 5km 자동차로 13분 직진하면 이정표가 나온다. (인천광역시 옹진군 영흥면 오리 산 368)

코스 6. 해군영흥도전적지 : 영흥화력발전소에서 선재도 방면으로 이동, 2.5km 자동차로 7분 영흥면사무소 근처에 해군영흥도작전지가 있다. (인천광역시 옹진군 영흥면 내리 314)

2. 강원도

1) 평창~강릉 오대산 진고개 길

오대산은 최고봉인 비로봉1563m을 중심으로 동대산1434m, 두루봉1422m, 상왕봉1491m, 호령봉1561m의 다섯 봉우리가 고리처럼 벌어져 있다. 신라의 자장율사가 산의 형세가 중국의 오대산과 흡사하다 해서 이름 붙였다고 전해진다. 오대산국립공원은 앞의 다섯 봉우리를 포함해 서쪽의 계방산1577m, 동쪽의 노인봉1333m과 소금강을 포함하는 32만 6348km 규모로, 진고개길은 오대산국립공원을 동서로 정확하게 가르는 굽이굽이 고갯길이다.

서울에서 시작해 양평, 횡성을 지나 강릉으로 이어지는 6번 경강국도의 오대산 구간인 진고개 길은 오대산국립공원의 대표적 명소인 월정사지구와 소금강지구를 연결하는 유일한 길이기도 하다.

월정사에서 시작해 오대천을 따라 상원사로 이어지는 길은 아스팔트나 시멘트로 포장되지 않은 흙길이다. 흙길이라 눈비에 파이기 쉬운데다 보수도 잘하지 않은 까닭에 울퉁불퉁 불편하지만, 이 불편함으로 인해 주위의 숲과 풍경을 제대로 감상할 수 있는 생태 드라이브 코스가 되기도 한다.

한여름 장맛비에도 탁해지지 않고 맑은 물이 흐르는 오대천을 따라 달리는 월정사~상원사 숲길과 봄엔 신록으로, 여름엔 녹음으로, 가을엔 단풍으로, 겨울엔 눈꽃으로 아름다운 진고개 길은 고즈넉한 풍광을 즐길 수 있는 낭만 로드이다.

코스 1. 월정사 전나무숲길

코스 2. 월정사 : 일주문을 지나쳐 약 1.5km 달리면 월정사가 나타난다. (강원도 평창군 진부면 오대산로 374-8)

코스 3. 월정사~상원사 숲길 : 월정사에서 상원사로 들어가는 길은 비포장도로이긴 하지만 일반차량도 다닐 수 있는 옛 466번 지방도로 오대천을 따라 상원사까지 이어져 있다.

코스 4. 상원사 : 울창한 나무 사이를 가르며 비포장도로를 따라 '월정사~상원사 숲길'을 약 8km 자동차로 30분 달리면 역사의 흔적이 고스란히 남아 있는 상원사가 나온다. (강원도

평창군 진부면 동산리 산1)

코스 5. 진고개 : 상원사를 나와 월정 삼거리에서 연곡 방면으로 좌
회전하여 21km 자동차로 50분가면 진고개가 나온다.

코스 6. 소금강 : 월정사에서 시작한 진고개 드라이브 코스의 종착
점은 오대산 동쪽 기슭에 자리한 소금강이다. 진고개에서
강릉 방면으로 내려와 연곡농협 앞 삼거리에서 우회전해 금
강교 건너면 길이 끝나는 곳까지 20km 자동차로 40분 소
금강이 자리하고 있다.

3. 충청도

1) 제천 청풍 호반길

호반하면 누구나 상상하는 풍경이 있다. 청평호반은 그런 면에서
상상 이상으로 멋진 풍경을 감상할 수 있는 곳이다. 기암괴석으로 장
식한 금월봉을 비롯해 케이블코스터와 번지점프 등 다양한 레포츠를
즐길 수 있는 청풍랜드, 모노레일을 타고 올라가 발아래 충주호를 조
망할 수 있는 청풍 호활공장, 그리고 물길을 따라 선경을 눈에 담을
수 있는 유람선 코스에 예술적인 솟대들의 전시장인 능강 솟대 문화공
간까지!

바다 같은 청풍호의 수변 풍경을 만끽할 수 있는 드라이브 코스에
서는 절경 감상과 레포츠 체험까지 가능하다. 또 계절에 따라서 형형
색색변하는 월악산의 풍경과 함께 청풍호반을 감상하는 포인트도 다
채롭다. 봄에는 호반을 따라 펼쳐지는 벚꽃 풍경을, 여름이면 가슴이

탁 트이는 레포츠 체험과 시원한 조망을, 가을이면 단풍이 현란함을 자랑한다.

코스 1. 금월봉 (충청북도 제천시 금성면 월굴리 산15-1)

코스 2. 청풍랜드 : 금월봉 휴게소에서 나와 우회전해 청풍호반도로를 6km 자동차로 10분타고 가면 청풍랜드가 나온다. (충청북도 제천시 청풍면 청풍호로 50길 50)

코스 3. 청풍문화단지 : 청풍랜드에서 나와 우회전, 청풍호반도로를 따라 청풍대교를 건너면 왼쪽에 2km 자동차로 2분 청풍문화재단지가 나타난다. (충청북도 제천시 청풍면 청풍호로 2048)

코스 4. 청풍호 관광모노레일 : 청풍문화재단지에서 나와 우회전해 청풍면 소재지와 청풍중학교를 지나 또 우회전한 다음 청풍호반을 따라 계속 지행하면 오른쪽으로 6km 자동차로 5분 청풍호 관광모노레일이 나온다. (충청북도 제천시 청풍면 도곡리 114)

코스 5. 청풍호 유람선 : 청풍 호활 공장에서 나와 우회전해 청풍호반을 따라 이동한다. 내비게이션에서는 온 길로 되돌아 나가라고 알려주므로 신경 쓰지 않는 것이 좋다. 외길이라 길을 잃을 염려는 없다. 약 12.5km 진행하면 청풍호 유람선 나루터가 나온다. (충청북도 제천시 청풍면 문화재길 54)

코스 6. 능강 솟대문화 공간 : 청풍호 유람선 나루터에서 나와 청풍대교를 건넌 다음 우회전해 직진하면 왼쪽으로 6.5km 자동차 15분 능강 솟대문화 공간이 자리 잡고 있다. (충청북도

제천시 수산면 옥순봉로 1100)

2) 단양 남한강길

사인암에서 시작해 선암계곡을 지나 남한강을 남북으로 넘나들며 온달관광지까지 이어 지는 남한강 길의 첫 번째 묘미는 장쾌함이다.

산허리를 휘감으며 유유자적 흘러가는 큰 물줄기가 만들어내는 거침없는 풍경, 좁은 골목을 돌아 들어간 작은 마을에 난데없이 나타나는 거대한 저력의 웅장한 느낌, 강변 절벽 위에 세워진 성채에서 바라보는 수려한 풍광에서 장쾌함의 진수를 맛볼 수 있다.

두번째 묘미는 단아함이다. 남한강 물속에 뿌리를 두고 수천 년 동안 자리를 지켜왔을 도담삼봉. 기교 없이 절제된 멋을 풍기는 향산리 삼층석탑, 흐르는 물에 몸을 맡기고 선 하선암에서 단아함의 정수를 접할 수 있다.

세번째 묘미는 바람이다. 사인암과 하선암에서는 계곡 바람을, 도담삼봉과 남한강 길에서는 강바람을, 온달산성에서는 산바람을 맞는다. 조금만 익숙해지면 미미하지만 각기 다른 특유의 맛을 느낄 수 있다.

적성대교에서 남한강변 북쪽 길을 타고 수양개선사유물전시관을 지나면 길 양옆으로, 콘크리트 담벼락이 사열하는 길을 시작으로 좁고 길고 어두운 터널 세 개가 연달아 나오는 특이한 길을 지나게 된다. 이중 두 개의 터널은 차를 검지 위치에 두고 신호를 기다려야 하는 터널이다. 이색적이고 독특한 이 길 위에서 느끼는 드라이브의 묘미는 온전히 덤이다.

코스 1. 사인함 (충청북도 단양군 대강면 사인암길 37)

코스 2. 하선암 : 사인암에서 나와 선암계곡 방면으로 길을 잡고 가 산삼거리에서 우회전해 7km, 자동차로 10분 하선암이다. (충청북도 단양군 단성면 선암계곡로 1337)

코스 3. 도담삼봉 : 하선암에서 도담삼봉으로 가는 길은 조금 복잡하다. 내비게이션을 이용하면 멋스럽고 독특한 작은 길이 아닌 밋밋한 큰 길로 안내하기 때문에 이 구간에서는 내비게이션을 두 번으로 나누어 입력해야 한다. 목적지로 처음 입력할 곳은 적성대교이다. 적성대교를 남쪽에서 북쪽으로 건넌 다음 우회전해 강변을 따라 이동한다. 수양개선사유물전시관을 지나면 매곡터널, 진주터널, 상진터널이라는 매우 독특한 터널을 통과하게 된다. 터널 통과 후 내비게이션에 도담삼봉을 입력하고 19.5km 자동차로 35분 안내에 따라 이동하면 된다. (충청북도 단양군 매포읍 삼봉로 64)

코스 4. 고수동굴 : 도담삼봉에서 나와 단양읍 방면으로 좌회전한 후 단양읍 초입 별곡사거리에서 좌회전해 고수대교를 건너면 4.5km 자동차로 10분 고수동굴이 보인다. (충청북도 단양군 고수리 산4-2)

코스 5. 향산리 삼층석탑 : 고수동굴을 나와 고수삼거리에서 영춘 방면의 오른쪽 길로 접어들어 직진하다 가곡면 소재지를 지나 향산 휴게소식당을 끼고 우회전하면 12km 자동차로 25분 향산리 삼층석탑을 만날 수 있다. (충청북도 단양군 가곡

면 향산1길 24)

코스 6. 온달 관광지 : 향산리 삼층석탑을 나와 우회전해 남한강 길을 따라 10km 자동차로 20분 달리면 온달관광지가 나온다. (충청북도 단양군 영춘면 온달로 23)

4. 경상도

1) 울진 불영사 계곡길

경상북도 내륙에 위치한 영주, 봉화에서 동해 바다를 품고 있는 울진까지 들어가는 36번 국도는 굽이 길이 많기로 유명하다.

왕복 4차선의 새로운 길이 뚫리고 있으나 경상북도 봉화군의 춘양면까지만 개통되었고 춘양면부터 울진까지 길은 여전히 1980년대에 놓은 옛길로 들어서야 한다. 이 길이 이렇게 굽이진 이유는 불영사를 감싸며 구절양장으로 휘돌아가는 불영사계곡 때문이다. 사람의 발길을 일부분만 허락한 불영사계곡은 왕피천의 지류인 광천이 심하게 뒤틀려 흐르면서 생긴 계곡이다. 그것을 사람들은 험준하다고 부른다. 오래전부터 그 명성이 자자했음에도 옛 보습을 고스란히 간직하고 있는 이유이다. 때문에 숨겨진 비경이 넘쳐난다. 기암절벽 아래에서 바위틈을 넘나들며 흘러내리는 청류는 그 시원함이나 깨끗함에서 최고라 할 만하다.

울진군 근남면 행곡리에서 서면 하원리까지 총길이 15km에 이르는 장대한 불영사계곡의 곡선을 따라 도로가 건설되었으니 올곧게 길이 날 수 없었다. 갈 길 바쁜 이들에게는 속 터지는 굽이길이지만 나들이 길에 오른 여유 있는 여행객들에겐 더할 나위 없는 기막힌 드라이브 코스가 된다.

코스 1. 통고산 자연휴양림 (경상북도 울진군 서면 불영계곡로 880. 서면 쌍전리 산150-1)

코스 2. 사랑바위 : 통고산 자연휴양림에서 울진읍 방면으로 9km 정도 지나면 오른쪽으로 사랑바위가 나온다. (경상북도 울진군 서면 불영계곡로 1804 삼근리 66-6)

코스 3. 불영사 : 사랑바위에서 2km 정도 진행하면 불영사 주차장과 만난다. 불영사 주차장으로 향하는 길은 오른쪽으로 거의 180도 가까이 꺾어 들어가야 하기 때문에 주의가 필요하다. (경상북도 울진군 서면 불영계곡로 48(하원리 130-20)

코스 4. 불영사계곡(선유정) : 불영사 주차장에서 울진읍 방면으로 5km 정도 진행하면 길 오른쪽에 선유정이 우뚝 서 있다. (경상북도 울진군 울진읍 대흥리 산183-19)

코스 5. 경북 민물고기생태체험관 : 선유정에서 10km 정도 더 진입하면 민물고기의 천국인 경북 민물고기생태체험관이 길 오른편에서 기다리고 있다. 불영사계곡 줄기인 광천과 전설 속 실직국의 왕이 피난을 떠났다는 왕피천이 만나는 지점에 자리한다. (경상북도 울진군 근남면 불영계곡로 3532. 근남면 행곡리 228)

코스 6. 울진 엑스포공원 : 경북 민물고기생태체험관에서 울진읍

방면으로 진행하다 수산교차로에서 직진하면 1.8km 자동
차로 5분 울진 엑스포 공원을 만난다. (경상북도 근남면 친
환경엑스포로 25. 수산리 346)

코스 7. 후포항 : 울진 엑스포공원에서 되돌아 나와 수산교차로에
서 '포항, 평해' 방면으로 좌회전해 7번 국도와 합류 후 약
40km 진행한다. 끝없이 펼쳐진 동해를 곁에 두고 시원하게
달릴 수 있는 넓은 도로이다. 삼율 교차로에서 '후포항, 후
포해수욕장' 방면으로 오른쪽으로 나가 후포해변을 따라 후
포항까지 들어가면 된다. (경상북도 울진군 후포면 등기산
길 29. 후포면 후표리 141-9)

2) 남해군 일주도로

남해군은 남해도와 창선도 2개의 큰 섬을 비롯해 유인도 3개와 무
인도 65개로 이루어져 있는 섬마을이다. 하지만 서쪽의 남해 대교와
동쪽의 창선교, 삼천포대교가 '양 다리'를 걸쳐놓아 뱃길을 이용하지
않고도 남해군을 쉽게 오갈 수 있다. 육지에서 차로 갈 수 있는 곳 중
남해만큼 이국적인 풍경을 가진 곳이 없다.

국내 섬 가운데 가장 산이 많아, 우거진 숲과 바다를 향해 내달리듯
가파른 지형을 자주 만난다. 남녘 자연이 만들어놓은 산과 바다의 자
연미와, 독일마을. 다랭이마을. 삼천포대교와 같은 사람이 만들어놓
은 인공의 아름다움이 절묘하게 아우러져 다양하고 이색적인 표정의
해안 풍경을 만날 수 있다.

나비 모양을 하고 있는 남해의 왼쪽 윗 날개에서 시작해, 남쪽 방향 해안선을 따라 내려가 다시 오른쪽 날개 끝으로 빠져나가는 드라이브 코스는 100km가 넘는 길이다. 쉬지 않고 운전대만 잡고 있어도 좌우로, 상하로 요동치는 길 때문에 4시간은 족히 운전해야 한다. 해안선을 샅샅이 훑고, 주옥같은 풍경과 관광지를 두루 섭렵한다면 1박 2일도 부족할 코스이다.

남해드라이브 코스엔 나라에서 인정해준 아름다운 길이 여럿 포함되어 있다. 문화관광부가 지정한 '한국의 아름다운 길', 건설교통부가 선정한 '한국의 아름다운 길 100선' 대상, 국토해양부가 선정한 '해안누리길' 등이 그것이다. 남쪽 끝까지 달려와야 하고, 산과 바다를 넘나들어야 하며, 비싼 기름 값과 숙식비를 감내하고서라고 일생에 한 번은 달려봐야 할 드라이브 코스가 있다면 바로 여기, 남해군 일주도로이다.

코스 1. 남해대교

코스 2. 사촌 해수욕장 : 남해대교에서 77번 국도를 타고 남해도의 서쪽 해안 길을 이용해 35KM자동차로 60분 사촌해수욕장까지 이동한다. (경상남도 남해군 남면 남면로 1229번길 36-12. 임포리 1173)

코스 3. 다랭이 마을 : 사촌해수욕장에서 나와 오른쪽으로 바다를 끼고 해안 길을 따라 6KM 자동차로 20분 계속 달리면 다랭이 마을이 나온다. (경상남도 남해군 남면 남면로 679번길

21. 홍현리 898-5)

코스 4. 월포 두곡 해수욕장 : 다랭이 마을에서 해안 길을 따라 8KM 자동차로 30분 계속 진행하면 월포 두곡해수욕장을 만날 수 있다. (경상남도 남해군 남면 남서대로 585. 당항리 535)

코스 5. 상주 은모래 비치해변 : 월포 두곡해수욕장에서 남서대로를 따라 진행하다 신전삼거리에서 '상주' 방면으로 우회전해 19번 국도를 타고 16km 자동차로 30분을 가면 상주 은모래비치해변이 나온다. (경상남도 남해군 상주면 상주로 17-4. 상주리 1248)

코스 6. 미조항 : 상주 은모래비치해변을 나와 남서대로를 동쪽 방향으로 3km 정도 진행하면 삼거리가 나온다. 삼거리에서 '송정마을' 방면으로 우회전 19번 국도를 타고 진행하면 해안 길을 따라 미조항까지 갈 수 있다. (경상남도 남해군 미조면 미조로 235. 미조리 168-43)

코스 7. 독일마을 : 미조항에서 오른쪽으로 바다를 끼고 올라가다 초전삼거리에서 '창선, 삼동' 방면으로 우회전 후 3번 국도를 타고 북쪽 방향으로 진행한다. 물건마을 버스정류장 맞은편 왼쪽으로 14km 자동차로 20분 독일마을로 올라가는 길이 나온다. (경상남도 남해군 삼동면 독일로 66(물건리 1074-2)

코스 8. 삼천포대교 : 독일마을에서 지족 갯마을을 지나 남해도와 창선도를 연결하는 연륙교인 창선교를 건너 삼천포대교까지 22km 자동차로 30분 직진하면 된다. 창선교를 관통한 후 해안도로가 나오면 또다시 보석 길 드라이브가 이어진다.

3) 거제도 일주도로

우리나라에서 두 번째로 큰 섬 거제도, 거제도는 10개의 유인도와 52개의 무인도로 구성되어 있고, 해수욕장이 무려 13개나 된다.

거제도 해안도로 구석구석을 섭렵하고, 필수 명소인 외도와 해금강의 2시간 30분 유람선 코스까지 들렀다 가려면 1박 2일 이상의 일정을 짜야 한다. 거기에 활어회, 멍게, 성게비빔밥, 볼락구이, 대구탕, 굴구이, 도다리쑥국, 물메기탕, 어죽의 '거제8미'까지 맛보아야 한다면 여유 있는 계획은 필수이다. 여차~홍포 해안도로, 학동~해금강 해안도로, 구천삼거리~망치삼거리 구간 등은 거제에서 자신 있게 내놓는 드라이브 명소이다.

가는 곳마다 푸른 바다와 해변이 빚어내는 절경을 곁눈질로만 흘려보내는 우를 범하지 말길, 살아 있음에, 볼 수 있음에 감사했다면 오늘의 드라이브는 성공한 여정이다.

코스 1. 맹종죽 테마공원 (경상남도 거제시 하청면 거제북로 704, 실전리 880)

코스 2. 신 거제대교 : 맹종죽 테마공원을 나와 1018 지방도를 타고 통영방향을 잡아 거제 시내를 관통한 후 14번 국도를 차고 해안도로로 접어들어 27km 자동차로 40분 거제대교 방

면으로 향한다. (경상남도 거제시 사등면 견내량1길. 덕호리 11-6)

코스 3. 명사 해수욕장 : 1018 지방도를 타고 문화관광 농원과 남부 면사무소를 지나 저구사거리에서 43km 자동차로 70분 명사해수욕장 방면으로 우회전하면 목적지가 보인다. (경상남도 거제시 남부면 저구1길. 저구리 264-1)

코스 4. 여차 몽돌해변 : 명사해수욕장에서 남부면 해안도로를 타고 동쪽으로 약 7km (경상남도 거제시 남부면 여차길 22. 다포리 53-3)

코스 5. 바람의 언덕 : 여차몽돌해변에서 해금강 방면으로 진행하다 함목 삼거리에서 도장포유람선터미널 방면으로 우회전하면 8km 자동차로 20분 바다를 향해 풍차가 앉아 있는 자그마한 언덕이 보인다. (경상남도 거제시 남부면 도장포1길 55. 갈곶리 223-5)

코스 6. 학동 몽돌해변 : 바람의 언덕에서 함목 삼거리까지 다시 돌아 나와 '지세포, 학동' 방면으로 우회전해 거제대로를 따라 5km 정도 진행 후 학동삼거리에서 우회전하면 학동몽돌해변에 이른다. (경상남도 거제시 동부면 거제대로 946. 학동리 284-1)

코스 7. 구조라 해수욕장 : 학동몽돌해변에서 나와 학동삼거리에서 해안 길을 타고 장승포까지 이어지는 14번 국도를 달리다 보면 11km 자동차로 20분 구조라 해수욕장을 만날 수 있

다. (경상남도 거제시 일운면 거제대로. 구조라리 500-1)

코스 8. 장승포항 : 구조라 해수욕장에서 10km 정도 북쪽으로 올라가면 장승포항이 나온다. (경상남도 거제시 장승로 98. 장승포동 687)

5. 전라도

1) 변산반도 일주도로

한국8경으로 손꼽히는 변산. 이곳은 참으로 종잡을 수 없는 땅이다. 절경이라는 수식어가 당연함에도 화려함보다는 투박함으로 다가온다.

산, 들, 바다의 매력을 모두 품었으나 요란하지 않고 절제된 단아함이 깃든 곳이 바로 변산반도이다. 똑같은 세월을 보내왔음에도 얼굴에 생기는 주름살이 저마다 다른 것처럼 변산을 타고 흐른 세월은 변산에서만 볼 수 있는 풍경을 빚어냈다. 하루에 한 번 불타는 노을은 적벽강을 붉게 물들이고, 하루에 두 번 제 시간에 맞춰 오가는 파도는 채석강에 켜켜이 흔적을 새겨놓았다. 그렇게 형성된 변산의 세월이 주는 질감의 매력은 거부하기 힘들다. 마치 거친 사포 위를 지나간 꼬마들의 크레용 자국 같다고나 할까. "속도를 줄이면 변산반도의 아름다움이 보입니다."라는 표지판이 굳이 없어도 굽이굽이 주옥같은 변산의 산과 들, 바다를 누비노라면 속도는 절로 느려지기 마련이다. 두텁게 긋는 크레용의 선처럼 진득하게 변산을 달린다.

코스 1. 새만금 방조제 (전라북도 군산시 새만금북로 435)

코스 2. 부안댐 : 새만금 방조제길 끝에서 좌회전해 외길을 따라 약 1km 이동하다 첫 번째 삼거리에서 바로 좌회전하면 부안댐 진입로 (전라북도 부안군 변산면 부안댐로 280-26)

코스 3. 변산 해수욕장 : 부안댐 입구에서 좌회전해 해안도로를 따라 약 5km (전라북도 부안군 변산면 변산로 2086)

코스 4. 적벽강 : 변산 해수욕장에서 시작되는 길을 타고 약 3km 직진하다 운산교차로에서 고사포해변 방면으로 해안도로를 따라 약 7km (전라북도 부안군 변산면 적벽강길 54)

코스 5. 격포 해수욕장과 채석강 : 적벽강에서 외길을 따라 남쪽으로 약 1km (전라북도 부안군 변산면 채석강길 25)

코스 6. 모항 : 격포 해수욕장에서 상록해수욕장을 지나 해안도로를 따라 약 7km (전라북도 부안군 변산면 모항길 23-1)

코스 7. 내소사 : 모항에서 해변도로를 따라 약 11km 이동 후 석포삼거리에서 내소사 이정표를 따라 약 2km (전라북도 부안군 진서면 내소사 243)

코스 8. 곰소항과 곰소염전 : 내소사를 나와 석포삼거리에서 해안조로를 따라 약 5km 이동하면 곰소항이 나오고 곰소항에서 다시 약 1km 직진하면 곰소염전 (전라북도 부안군 진서면 곰소항길 22-26)

2) 진도 일주도로

진도는 예향이다. 한국의 전통 민요인 아리랑의 고향이요, 중요 무형문화재인 씻김굿, 남종화의 대가인 소치 허련의 운림산방 등을 거론하지 않아도 길 가다 듣는 촌부의 창 한 가락조차도 심금을 울릴 정도이다. 그래서 누군가는 진도에 가거들랑 서화가무 자랑을 하지 말라 했다.

진도 사람들이 유독 예술에 능한 까닭은 빼어난 자연 때문일 터이다. 명랑해전의 울돌목에서는 바닷물이 굉음을 내며 휘모리로 흐르고, 한국에서 가장 아름답다는 세방낙조 전망대에서는 노을이 진양조로 붉게 여울진다.

예술은 아픔에서 피어난다고, 진도의 굴곡진 역사 또한 간과할 수 없다. 고려시대의 삼별초 항쟁, 왜란의 명랑대첩 등 한국사의 굵직한 전쟁에서 진도는 쟁투의 중심에 서 있었다. 이런 와중 반란군인 삼별초를 도왔다는 이유로 몽골군에게, 이순신 장군에 협력했다는 이유로 왜군들에게 진도의 남자들은 두 번이나 처참한 죽음을 당하기도 했다. 오죽했으면 여자가 상여를 멨을까. 진도만가나 진도 다시래기에 유독 한이 많이 묻어나는 이유를 짐작할 만하다.

한이 서려서일까. 굽이굽이 산자락을 한번 돌 때마다 서러울 정도로 아름다운 풍경이 펼쳐진다. 구부야 구부 구부야 눈물이로구나, 진도아리랑 가락 따라 또 한 굽이의 바다를 지난다.

코스 1. 해남우수영국민관광지 (전라남도 해남군 문내면 관광레저로 12)

코스 2. 용장산성 : 해남우수영국민관광지에서 진도대교를 건너 관광레저를 따라 약 10km 진행 후 벽파진로를 따라 약 2km

달리다 용장산성 방면으로 우회전해 약 1km 가면 용장산성
(전라남도 진도군 군대면 용장리 20)

코스 3. 진도향토문화회관 : 용장산성에서 약 9km 달려 진도읍에
진입한 후 읍 외곽을 도는 큰 길을 따라 진도공용터미널 방
면으로 가다 보면 진도향토문화회관 (전라남도 진도군 진도
대로 7197)

코스 4. 운림산방 : 진도향토문화회관에서 진도공용터미널 도착 직
전 좌회전 후 운림산방 이정표를 따라 약 5km (전라남도 진

도군 의신면 운림산방로 315)

코스 5. 신비의 바닷길 : 운림산방에서 첨찰산 숲길을 지나서 해안
도로가 나오면 우회전 후 이정표를 따라 계속 직진 (전라남
도 진도군 고군면 회동길 81-6)

코스 6. 남도석성 : 신비의 바닷길에서 진도항 방면으로 해안도
로를 계속 달려 약 26km (전라남도 진도군 임회면 남도길
8-8)

코스 7. 셋방낙조 전망대 : 남도석성에서 셋방낙조 이정표를 따라

약 15km (전라남도 진도군 자산면 셋방 낙조로 148)

6. 제주특별자치도

1) 모슬포~사계 해안도로

모슬포에서 사계해안도로를 지나 중문 색달 해변에 이르는 길은 아기자기한 멋보다는 남성적인 매력이 돋보이는 길이다.

제주에서는 드물게 S자형으로 굽지 않고 바다를 향해 쭉쭉 뻗어 나간다. 이 길에서 만나는 송악산과 산방산에서의 전망은 시원하기 그지없다. 길 가운데 용머리해안이 있어서일까. 해안도로로 몰려드는 바람과 파도는 어찌 그리 용맹스럽기만 한지. 이곳을 달리노라면 호연지기가 절로 샘솟는다. 여기에 섬세함까지 갖췄다.

상록수림이 사철 푸른 그늘을 드리우는 비밀의 숲, 안덕 계곡에서는 순수 자연과 만날 수 있으며 인근의 재정향교에서는 오래된 역사적 체취를 느낄 수 있다. 제주관광 일번지라 할 수 있는 중문에 이르면 다채로운 박물관과 개성만점의 이색 테마파크가 넘쳐난다. 호방함과 섬세함 등 을 다양하게 즐길 수 있으니 이 길은 그야말로 퍼펙트 드라이브 코스이다.

코스 1. 송악산 (제주특별자치도 서귀포시 대정읍 송악관광로 421-1)

코스 2. 사계 해안도로 : 송악산에서 동쪽으로 약 4KM 일직선으로 이어지는 해안도로 전체가 사계 해안 도로이다.

코스 3. 산방산 & 용머리해안 : 사계 해안도로 끝에서 마을로 이어지는 도로를 타고 2KM 정도 올라가면 용머리 주차장 (제주특별자치도 서귀포시 안덕면 사계중앙로)

코스 4. 화순금 모래해변 : 산방산에서 동쪽으로 2km 정도 이동하다 오가리에서 화순금모래해변 방면으로 3시 방향으로 우회전해 약 1km (제주특별자치도 서귀포시 안덕면 화순서동로)

코스 5. 안덕계곡 : 화순금 모래해변에서 북쪽으로 2km 정도 이동하면 만나는 화순삼거리에서 1132번 국도를 타고 동쪽으로 1km 정도 이동하면 안덕 계곡 주차장이 나온다. (제주특별자치도 서귀포시 안덕면 화순중앙로 76)

코스 6. 중문 색달 해변 : 안덕 계곡 1132번 국도를 타고 중문 방면으로 약 6km 이동해 중문 관광단지 삼거리에서 우회전 후 중문 색달해변 이정표를 따라 약 1km 가면 중문 색달 해변이다. (제주특별자치도 서귀포시 색달동 2950-3)

[참고 자료]

유연태, 전계욱, 온석원, 권현지, 신영철 지음, 《자동차 주말여행 코스북》 길벗 출판사, 2013

제7장

정보기기 情報機器의
숙련자 되기

스마트폰과 컴퓨터의 활용

알아두면 편리한 컴퓨터와 스마트폰 기능

정헌화

스마트폰과 컴퓨터는 이제 우리 생활에 없어서는 안 될 필수제품이 되었으나 아직도 스마트폰과 컴퓨터의 편리한 기능을 제대로 활용하지 못하고 있는 부분이 많은 듯하다. 알아두면 편리한 컴퓨터와 스마트폰의 유용한 기능 몇 가지에 대해 아래에 정리하였다.

1. 전자 금융거래를 위한 공인인증서 발급 및 등록 절차

1) 공인인증서란 무엇인가?

① 일반 거래에 인감증명서가 필요하듯이 전자금융거래를 할 때에 신원을 확인해 주는 사이버 인감증명이다.

② 문서의 위변조 및 거래사실 부인 등을 방지해 준다.

③ 공인기관^{행정안전부장관 지정 기관} 만이 발행 가능하다.

2) 공인인증서의 종류와 용도

공인인증서는 은행거래용과 증권거래용 두 가지가 있으며, 은행거래용은 발급 수수료가 무료이나 증권거래용은 연 4400원의 발급 수수료를 지불하여야 한다.

3) 공인인증서 발급 절차

① 은행 계좌 개설 → 인터넷 뱅킹 가입 : ID 및 Password 설정
② 거래은행 홈페이지 접속 → 공인인증센터 접속 → 보안프로그램 설치
③ 지시된 순서에 의해 공인인증서 발급 및 저장_{공인인증서 비밀번호 설정}

4) 공인인증서 관리

① 공인인증서는 본인 컴퓨터의 하드디스크에 보관하거나 USB에 보관하면 되나, 하드디스크 보관 시 해킹에 취약하고 다른 컴퓨터에서는 사용이 불가하므로 USB 보관을 권장 한다.
② 발급 받은 공인인증서는 '타기관 공인인증서등록' 절차에 따라 타 은행의 인터넷 뱅킹에도 사용가능하며, 공인인증서 비밀번호는 수시로 변경 가능하다.

2. 인터넷 뱅킹 / 스마트폰 뱅킹

1) 인터넷 뱅킹 등록 절차

① 은행 방문하여 인터넷 뱅킹 신청 후 보안카드 또는 일회용 비밀
   번호 생성기_{OTP} 수령
② 인터넷 뱅킹 ID 와 Login Password 등록
③ 인터넷 뱅킹 개설은행 Website Login 후 인터넷 뱅킹 비밀번호
   _{보통 4자리} 등록

2) 인터넷 뱅킹을 이용한 이체 수행 순서 예

① 거래은행 인터넷뱅킹 홈페이지 접속 → 로그인_{ID 및 Password 입력}
② 이체할 은행 구좌 선택 후 원하는 인터넷 뱅킹 항목 선택
③ 인터넷 뱅킹 비밀번호_{4자리} 입력
④ 이체 정보_{이체금액, 이체 상대방 은행 정보} 입력 및 확인
⑤ 최근 보안 강화로 ARS 등을 통한 추가 인증을 실시하는 경우도
   있음
⑥ 보안카드 비밀번호 2가지 입력_{보안카드 대신 OTP 사용 가능}
⑦ 공인인증서 선택 및 공인인증서 비밀번호 입력 후 〈확인〉 키
   click 후 결과 확인
   주 : 스마트폰을 이용한 인터넷뱅킹을 하려면 스마트폰에 공인인

증서가 저장되어 있어야 하며, 컴퓨터에 있는 공인인증서를 스마트폰에 복사하는 방법은 은행 공인인증센터 인증서관리 메뉴 중 'PC → 스마트폰 인증서 복사' 메뉴를 선택하여 복사한다.

3) 인터넷 지로

지로Giro이체는 은행구좌로 자금을 이체하는 것이 아니라 수취인이 지정한 지로Giro 구좌로 자금을 이체한다는 점을 제외하고 인터넷 뱅킹과 유사한 절차에 따라 처리된다.

4) 인터넷 지로 등록 및 이용 절차

① 해당 사이트www.giro.or.kr 접속 → 회원가입 및 공인인증서 등록
② 공인인증서로 로그인 → 납부할 지로 요금 종류 선택 및 지로 번호 입력
③ 은행구좌 또는 신용카드 등 납부 수단 선택 후 지시에 따라 처리

3. 인터넷 우체국 이용하기

요즈음은 등기우편을 보내거나 국제소포EMS를 보낼 경우를 제외하고는 우체국을 직접 방문할 일들이 그리 많지 않지만 우체국의 인터넷 서비스를 잘 이용하면 우체국을 직접 방문하지 않고 집에서 EMS발

송, 경조화환 보내기, 등기우편 배달상태 점검 등 우체국이 제공하는 여러 서비스를 매우 편리하게 이용할 수가 있다.

특히 승진이나 영전, 생일 및 기타 기념일 축하카드나 꽃바구니, 경조화환 등도 인터넷으로 주문 배송이 가능하며 은행이 없는 시골 부모님들께 용돈도 현금으로 배달이 가능하다.

1) 인터넷 우체국 이용 절차

① 인터넷 우체국 사이트www.epost.go.kr 접속

② 회원 가입ID 및 Password 설정

③ ID와 Password 이용하여 해당 사이트 Login

④ Menu 중 원하는 서비스 선택예: 생일 축하 꽃바구니 보내기

⑤ 꽃바구니 종류 선택

⑥ 보내는 사람, 받을 사람 정보, 축하 메시지 선택

⑦ 요금 지불신용카드 또는 우체국 전자지갑 등 방식 선택 후 결재

2) 인터넷 우체국을 이용한 서비스 종류

① 축하엽서승진, 영전, 생일, 개업 등, 축하 카드 보내기

② 꽃바구니, 근조화환 등 경조사 화환 보내기

③ 등기, 우체국 택배 및 EMS 방문 접수 서비스 신청

④ 등기, 우체국택배 및 EMS 배달 상태 및 배달 시간 check

⑤ 현금 송금

4. 인터넷을 이용한 무료음악 감상

음악 파일들은 저작권 때문에 음원을 유료로 다운로드 해야 되는 것이 원칙이지만 음원을 내 컴퓨터에 다운로드하여 저장하지 않고 듣기만 하겠다면 YouTube나 기타 음악 전문사이트를 이용하면 무료로 언제든 원하는 음악을 즐길 수 있는 방법이 있다.

YouTube에서 듣고 싶은 음악 검색 후 URL 저장 방법

① YouTube 메인화면 맨 위 줄에 있는 돋보기 모양의 검색키를 눌러 원하는 곡명을 입력
② 곡명에 대한 검색 결과가 나타나면 원하는 가수의 노래를 click 하여 감상한다.
③ 음악 재생 중에 화면 하단에 있는 "공유" 키를 눌러 내 메모장 또는 내 카톡방에 URL 주소를 복사해 두면 나중에 이곡을 다시 듣고 싶을 때 복사해둔 URL만 눌러주면 된다.

5. PC에서 팩스 보내기

집에 팩스 기기가 없어도 팩스를 보낼 방법은 없을까? 이럴 때 사

용하는 방법이 인터넷 팩스 서비스입니다. Web-to-Fax 또는 웹팩스라고 부르며 인터넷 서비스를 이용하여 팩스를 보낼 수 있는 방법은 다음과 같다.

우선 인터넷 팩스 서비스를 제공하는 웹사이트에 가입을 하여야 한다. 아래 표는 인터넷 팩스 서비스를 제공하는 웹사이트 List이다. 이곳에 나열된 사이트 중 하나인 팩스와이드 사이트www.faxwide.com에 가입하면 테스트용으로 500원 사이버 머니를 제공하는 데, 10페이지 정도의 팩스를 보낼 수 있어 유용하다.

사이트 이름	사이트 주소	특징
팩스 와이드	www.faxwide.com	가입시 Test용으로 500원 사이버머니 제공 함
넷피스	www.netffice.com	한글과 컴퓨터에서 운영하는 팩스 서비스
G.Fax	www.gfax.co.kr	국제 팩스 전송가능 서비스 제공
바로팩스	www.barofax.co.kr	저렴한 요금 : 첫장 65원, 이후 30원
언팩스	www.enfax.co.kr	가입시 500원 적립금 제공

컴퓨터에서 팩스를 보내는 절차

① 팩스를 받을 사람의 팩스 번호와 팩스 내용 준비^{팩스 내용은 word, 한글, jpg, pdf 등 PC 에서 직접 만든 문서 파일을 지정하면 된다}

② 보내려는 팩스 파일을 인터넷 팩스 사이트의 서버로 upload 시킨다. 그러면 서버에서 그 파일을 팩스 전송 시에 사용하는 파일 포맷인 TIF 파일로 바꾼 후 상대방 팩스번호로 전화를 걸어 팩스를 보내준다.

③ 전송이 완료되면 전송결과를 확인할 수 있으며 언제, 누구에게, 어떤 내용을 몇 페이지 보냈고, 요금은 얼마가 나왔는지 표시된다.

④ 대부분의 인터넷 팩스 서비스 업체는 시내/시외 구분 없이 A4 용지 한 페이지 당 50원 정도의 요금을 받고 있으며, 해외는 시간당 국가별 요금을 받는다.

6. 컴퓨터에서 휴대폰으로 문자 보내기

SK 텔레콤에서 제공하는 "네이트온 메신저" 서비스를 이용하면 휴대폰으로 문자를 무료로 보낼 수가 있다. SK 텔레콤 사용자라면 한 달에 100건, KT나 LGU+ 사용자들은 한 달에 10건을 무료로 보낼 수가 있다. 또한 여러 명에게 같은 메시지를 한꺼번에 보낼 수가 있어 동호회와 같은 단체 모임 알림 등에 이용하면 편리하다.

네이트온을 이용하여 컴퓨터에서 문자 보내기 절차

'네이트온'을 이용하여 휴대폰으로 문자를 보내려면 보내는 사람의 휴대폰 인증을 먼저 하여야 한다. 주민번호, 이름, 휴대폰번호 입력하여 휴대폰 인증 실시

① 네이트www.nate.com 회원 가입하여 ID와 Password 설정

② 네이트 ID와 Password로 네이트 문자서비스http://sms.nate.com에 Log-in 한다.

③ 네이트 문자서비스에 Log-in하면 '네이트 온' 초기화면이 나타
나며 좌측 휴대폰 사진 화면에 문자 받을 사람의 전화번호와 보
낼 메시지를 입력하여 전송한다.

④ 메시지 전송이 끝나면 SMS 전송 완료 표시와 함께 전송된 무료
메시지 건수와 남은 무료문자 메시지 건수를 표시하는 창이 나타
난다.

7. 유무선 공유기 설치로 집안 어디서나 무선으로 인터넷 연결하기

가정에서의 인터넷 연결은 통신사에서 제공하는 유선 네트워크 케
이블_{초고속광랜}을 연결하여 사용하는 것이 일반적인 방법으로 유선 연
결은 항상 고정된 장소에서만 인터넷 연결이 가능하지만 '유무선 공
유기'를 사용하여 집안 내에 WiFi 무선네트웍을 구성하면 집안 어디
서나 무선으로 인터넷 연결이 가능할 뿐만 아니라 WiFi을 통한 인터
넷 통로를 제공하기 때문에 집안의 다른 컴퓨터는 물론 휴대폰에서도
'WiFi'를 이용한 인터넷 접속이 가능하게 되어 휴대폰의 Data 사용료
를 절감 할 수가 있다.

유무선공유기 설치 방법

① 컴퓨터에 연결되어 있던 LAN cable을 뽑아 유무선 공유기의 입
력단자_{WAN 포트}로 연결한다.

② 유무선 공유기의 출력 단자 중 하나와 컴퓨터 사이는 다른 LAN Cable로 연결한다.

③ 컴퓨터와 유무선공유기 전원을 켜고 컴퓨터 바탕화면 팝업창에서 원하는 네트워크를 선택한다. 일반적인 가정에서는 "홈 네트워크"를 선택하면 된다.

④ '유무선 공유기'에 연결된 컴퓨터는 전과 같이 유선 네트워크로 연결되어 동작하지만 유무선 공유기는 동시에 무선WiFi 네트워크 기능을 제공하므로 집안의 다른 컴퓨터 또는 휴대폰은 무선WiFi으로 인터넷에 접속이 가능하다.

⑤ 유무선공유기에서 제공하는 무선WiFi네트워크는 이웃집에서도 연결이 가능하므로 보안을 위해 나만의 무선네트워크 이름과 비밀번호를 설정하여 외부인의 사용을 차단하는 것이 바람직하다.

8. 컴퓨터 모니터 화면을 이미지 파일로 저장하기

인터넷 웹사이트 검색을 하거나 블로그나 카페에서 정보를 검색하다 보면 게시되어 있는 사진이나 도표, 기사 등 유용한 정보를 따로 저장하여 보관하고 싶을 때가 많이 있는데, 이때 모니터 화면에 보이는 영상을 이미지 파일 형태로 저장하는 것을 '캡처'라 부른다.

이미지 캡처용 앱을 다운로드하여 사용할 수도 있으나, 별도의 캡처 유틸리티를 이용하지 않고 모니터 화면을 간단히 이미지 파일로 변환하여 저장하는 쉬운 방법을 소개한다.

모니터 화면을 '캡처'하여 저장하는 절차

① 캡처할 이미지가 모니터 화면에 잘 보이도록 실행한 다음 키보드 상단에 Print Screen^{Prt SC}키를 누른다. F12번 키 오른편에 있다. 모니터의 전체 화면이 '클립보드'라는 임시 저장소에 이미지 파일 형태로 저장된다.

② 윈도우 제어판에서 시작 → 모든 프로그램 → 보조 프로그램 → 그림판을 click 한다.

③ 그림판 실행화면에서 '붙여넣기'를 click 하면 앞서 캡처한 이미지가 그림판의 메인화면에 나타난다.

④ 그림판 메인화면의 위편에 있는 메뉴 중 '선택'을 클릭한 후 마우스 왼쪽 단추를 누른 채 드래그해서 저장하기를 원하는 영역을 정해주면 선택된 영역이 점선으로 표시된다.

⑤ 선택된 영역 위에서 마우스 오른쪽 단추를 클릭한 다음 '자르기'를 click 하면 선택된 영역만 남기고 다른 부분은 삭제된다. 만약 삭제 부분 없이 화면 전체를 저장하려면 5번 과정은 생략하면 된다.

⑥ 〈저장〉 버튼을 누르면 저장할 이미지의 이름을 입력하는 창이 나타나며, 이미지 이름^{파일 name}을 넣은 후 enter key를 누르면 내 문서의 〈사진〉에 이미지가 저장된다.

⑦ 저장된 사진 또는 도표 등 〈사진〉 항목에 보관된 자료는 추후 보고서나 자료를 만들 때 유용하게 활용할 수 있으며, 저장된 이미

지는 바로 인쇄도 가능하다.

9. 스마트폰 화면 캡처 / 저장하기

스마트폰을 사용하는 과정에서 수신된 문자화면, 웹서핑하다가 발견한 좋은 정보나 사진 등 지금 보고 있는 화면을 그대로 저장하고 싶은 경우 아주 간단히 스마트폰 화면을 그대로 내 사진_{갤러리}에 저장하는 방법을 소개한다.

아래 그림에 보이는 바와 같이 스마트폰의 전원 스위치_{주로 스마트폰 측면에 위치}와 스마트폰 메인 화면으로 돌아가는 키_{주로 스마트폰 맨 아래 부분에 위치}함를 동시에 눌러 주면 지금 내가 보고 있는 내 스마트폰 화면이 그대로 내 사진에 저장된다. 마치 내 스마트폰 화면을 그대로 카메라로 촬영한 것과 같은 원리이다

내 사진 파일에 저장된 스마트폰 화면 정보는 추후에 여러 용도로 활용 가능하여 아주 편리하게 이용할 수 있다.

A : 스마트폰 전원키

B : 스마트폰 메인키

[A와 B를 동시에 눌러주면 현재 보고 있는 화면이 그대로 갤러리에 저장된다.]

A와 B를 동시에 누르는 타이밍이 맞지 않으면 화면 캡쳐가 되지 않는 경우가 있으므로 '동시누름'의 타이밍에 대한 느낌이 익숙해질 때까지 몇 번 시도를 해 보아야 하며, 화면 캡쳐가 정상적으로 된 경우는 화면상에 순간적으로 화면을 스캔Scan하는 모습이 나타난다. 갤러리에 들어가 원하는 화면이 제대로 저장되었는지 확인이 필요하다.

10. 카카오톡 친구 관리

내 휴대폰의 연락처에 저장된 번호 중 카톡 서비스에 가입되어 있는 번호는 자동으로 나의 카톡 친구로 등록되며, 친구 목록에서 언제든 카톡으로 1:1 대화를 할 수 있다.

1) 카톡 '친구관리'기능 사용 법

카톡 대화를 원하지 않는 친구는 카톡 친구 목록에서 삭제하거나 '수신차단'을 설정하여 카톡 수신을 거부할 수가 있으며, 일부 친구를 친구목록에 나타나지 않게 관리하고자 하면 '숨김친구'로 분류하여 관리할 수도 있다. 친구관리는 내 프로필 화면 우측 상단에 있는 설정키 톱니바퀴 그림를 눌러 아래 4가지 관리항목을 선택할 수 있다.

　① 친구 목록 편집 : 친구 중 목록에 표시되지 않도록 숨김 친구로

설정 가능

② 친구 관리 : 자동 친구추가, 친구목록 새로 고침, 친구추천 허
용, 친구이름 동기화 및 친구관리 선택 가능. '친구관리'를 선택
후 '숨김 친구' 나 '차단친구' 로 분류 가능하다.

③ 그룹 만들기 : 친구 목록 중 일부 친구들을 그룹으로 묶어 관리
할 때 사용

④ 그룹 관리 : 이미 만들어 놓은 친구 그룹 관리 시 사용

2) 이름 또는 ID 만으로 친구 검색 및 친구 추가하기

전화번호를 몰라도 이름이나 닉네임ID을 이용하여 '친구 찾기' 및
'친구추가'를 할 수 있다. 즉 카톡 초기화면 상단의 돋보기 모양을
click 하여 친구이름 검색 후 원하는 친구나 채팅방을 찾아 친구로 추
가 가능하며, 친구목록 창에서 노란색으로 표시된 +를 click 하면 카
카오톡 ID 검색을 통하여 친구 찾기 / 추가가 가능하다.

11. 카카오톡 단체 대화방 개설하기

카톡을 친한 친구들 또는 가족들과 그룹을 만들어 대화 내용을 공
유하는 카톡방을 만들기 위해서는 먼저 그룹원 중 한 명을 선정하여
1:1 대화방을 개설하고 화면에서와 같이 대화방에 포함시킬 멤버를
'친구초대' 기능을 이용하여 추가하여 주면 된다. 이 경우 초대되는 멤

버는 카톡 내 친구 목록에 등록되어 있어야 하며, 추후 새로운 멤버의 추가도 언제든 가능하나 중도에 초대된 멤버는 초대된 시점 이후의 대화 내용만을 볼 수 있으며, 멤버로 초대되기 이전의 대화 내용은 볼 수가 없다. 단체 대화방에 초대된 멤버는 본인이 '나가기' 버튼을 눌러서 언제든 탈퇴가 가능하며, 실수로 나가기 한 멤버는 카톡방 그룹 멤버 중 누구든지 '초대하기' 기능을 통하여 멤버로 다시 초대할 수가 있다.

대화방 멤버로 초대된 멤버는 본인이 '나가기'를 통하여 탈퇴하지 않는 한 대화방에서 강제 퇴출이 불가하다.

12. 카톡 알림설정 변경 및 카톡 방해금지 모드 설정

나에게 카톡이 오면 '카톡'이라는 음성 알림 소리가 크게 들리는데, 지하철이나 공공장소에서 이런 소리가 크게 들리게 되면 주변 사람들에게 방해가 될 뿐만 아니라 다른 사람에게 카톡이 왔는데도 자기 휴대폰을 꺼내 보는 경우도 종종 발생한다.

'카톡알림' 설정 변경을 이용하면 타인과 구분되는 나만의 '카톡알림' 설정이 가능하다.

1) 카톡 메인화면 상단의 '설정' 아이콘 click 후 설정 화면에서 '알림' click 후 변경 항목을 선택한다.

① 알림 팝업 시간 선택 [항상 받기, 화면 켜짐시 알림, 사용 안함]

중 선택 가능

② 알림 내용 선택 [이름 + 메시지, 이름 만, 표시 안 함] 중 선택

③ 알림 방법 및 소리 크기 선택 : 알림 소리 크기 조정 가능

· 음성 알림_예 : "카톡", "카톡카톡" 등 선택 가능

· 멜로디로 알림_예 : 휘파람, 실로폰, 등 선택 가능

· 시스템 사운드 알림_예 : Beep Sound, Bubble, 등 선택 가능

· 진동음 알림_{기본진동, 짧게, 길게, 모르스부호 등 선택 가능}

· 무음

2) 카톡 방해 금지 모드 설정

단체 카톡방에 가입되어 있는 경우 별로 급하지도 않은 내용인데도 밤늦게 또는 새벽에 카톡을 받게 되면 잠을 설치거나 매우 짜증스러운 경험을 하였으리라 믿는다.

이러한 경우 카톡 알림 음을 무음으로 설정해 두거나 어떤 특정 시간대 에서는 카톡 알림 금지 기능을 설정해 두면 특정 시간대의 카톡 알림 기능을 차단할 수가 있다.

카톡알림 금지 시간대 설정 방법

① 카톡 메인화면에서 상단의 '설정' 아이콘_{톱니바퀴 모양} click

② 설정 메뉴중 '알림'_{종 모양} 아이콘 click

③ 알림 설정 메뉴에서 '방해금지 시간대 설정' 눌러 원하는 시간대 설정

13. 카카오택시 / 카카오드라이브 이용하기

택시가 많은 시내 번화가에서는 굳이 카카오택시 부르기 앱App을 사용하지 않아도 되겠지만, 택시 왕래가 적은 주택가나 특정 지역에서 카카오택시 부르기 앱을 사용하면 주변에서 운행 중인 택시 중에서 가장 빨리 올 수 있는 택시를 찾아서 내가 있는 곳까지 보내주는 편리한 서비스로 프로그램 이용자에게 호출비는 받지 않는 무료 서비스이다.

카카오택시 앱을 이용하려면 서비스약관 동의, 위치정보탑승위치 제공 동의 등 몇 가지 사전조건에 동의 한 후 이용 가능하며, 앱을 click 하면 현재 위치가 자동으로 검색되어 출발지로 선택되며, 사용자가 목적지를 입력하고 원하는 택시의 종류중형, 대형, 모범를 선택하면 도착 예정시간과 택시 기사로부터 위치 확인 전화가 오게 된다.

이 프로그램을 이용하면 가장 빠른 시간 내에 택시를 잡을 수 있을 뿐만 아니라, 택시 운전기사 정보를 카카오택시에서 가지고 있기 때문에 안전성이 어느 정도 보장되므로 여성이나 노약자에게 권장할 만한 앱App으로 소위 바가지요금에 대한 우려도 없어 매우 편리하게 이용할 수 있는 앱으로, 성공적 O2OOnline to Offline 비즈니스의 대표적 모델이 되고 있다.

'카카오드라이브'대리기사 부르기 앱도 카카오 택시와 유사한 절차를 거쳐 이용할 수 있는 편리한 스마트폰 앱으로 대리기사비가 사전에 제시되므로 선택에 편리함이 있다.

[카오택시 부르기 화면]

14. 스마트폰에 있는 개인 데이터 안전 관리하기

스마트폰을 분실하는 경우 저장된 연락처를 모두 기억을 할 수 없어 어려움을 겪는 경우가 많다.

이러한 경우를 대비하여 휴대폰에 저장된 연락처, 사진, 동영상, 음악, 문서 등을 주기적으로 컴퓨터에 백업하여 보관하여 두는 것이 필요하다.

백업해 둔 개인자료는 언제든 휴대폰으로 복원이 가능하므로 휴대폰을 분실하였거나 새 휴대폰을 구입시 다시 복원하여 사용할 수 있다.

휴대폰에 저장된 개인 Data 컴퓨터로 복사 절차

휴대폰과 컴퓨터를 연결하는 방법으로 WiFi 나 Bluetooth 같은 무선으로 연결하는 방법도 있으나 가장 간단한 USB 케이블을 이용한 유선연결을 통해 휴대폰에 저장된 자료를 컴퓨터로 복사하여 보관하는 방법에 대하여 설명하겠다.

① 휴대폰 Data 백업 프로그램 설치 _{삼성 휴대폰 경우 "Smart Switch"}

② USB 케이블을 이용하여 휴대폰과 컴퓨터의 USB 단자를 연결한다.

③ 컴퓨터에서 'Smart Switch'실행하면 'Smart Switch'초기화면이 나타나며 화면상단의 "더보기"click 하여 백업할 항목을 미리 선택할 수 있다.

④ 백업할 항목 선택이 끝난 후 화면 하단 좌측의 '백업'버튼을 click 하여 백업 작업을 시작시키면 휴대폰에 있는 개인 자료들이 컴퓨터에 복사 저장된다.

⑤ 백업해 놓은 자료들은 언제든 USB 케이블을 이용하여 휴대폰으로 복원할 수 있다.

15. 클라우드 서비스를 이용한 나의 소중한 자료 Back Up

1) 클라우드Cloud 서비스란 무엇인가요?

클라우드Cloud란 영어로 구름이란 뜻이라는 것은 다 알고 있지만, 클라우드 서비스란 실제로 어떤 것을 의미하는가 하면 인터넷에 접속할 수 있는 모든 장비가 리소스를 공유하여 사용할 수 있도록 해주는 컴퓨팅 서비스를 말한다. 즉, 컴퓨터, 스마트폰, 태블릿 PC 등이 가상공간Cloud의 서버에 있는 저장 공간을 공유하여 쓸 수 있도록 해 주는 서비스로 이러한 방법으로 컴퓨터나 스마트폰을 사용하는 방식을 클라우드 컴퓨팅 이라 한다.

2) 왜 클라우드 서비스를 이용하나요?

클라우드 서비스를 이용하면 나의 모든 인터넷 장비가 클라우드 서버에 저장된 자료를 언제, 어디서나 열어보고, 수정하고 저장할 수 있으며 다른 사람에게 자료를 전달하려 할 때에도 USB에 담아서 줄 필요 없이 간단한 공유절차를 통해 상대방에게 자료접근을 허가할 수 있다.

즉 클라우드는 내 컴퓨터나 스마트폰의 Data Back up 기능을 해주기 때문에 클라우드에 저장된 자료는 언제든 새 장비에 다운 받아 사용할 수가 있어 컴퓨터나 휴대폰을 교체하려 할 때에도 내 컴퓨터나 스마트폰에 있는 자료를 일일이 복사하여 새 장비에 옮기는 작업이 필요 없어지게 된다.

3) 클라우드 서비스를 이용하려면 어떻게 하나요?

해외에서 가장 많이 사용되고 있는 클라우드 서비스로 드롭박스 Dropbox가 있다.

파일을 드롭박스에 업로드 하여 백업 대신에 사용할 수 있는 것은 물론이고, 여러 개의 컴퓨터에서 파일을 동기화하여 사용하거나 다른 사람들과 폴더나 파일을 공유하여 공동 작업을 할 수도 있다. 네이버 에서는 '네이버클라우드'란 이름으로 클라우드 공간을 제공하며 마이크 로소프트는 'One Drive'란 이름으로 클라우드 공간을 제공하고 있다.

4) 클라우드 서비스 이용 예 : Drop Box 이용하여 데이터 백업

Dropbox 서비스를 이용하기 위해서는 컴퓨터에서 드롭박스 사이 트https://www.dropbox.com/ko/에 접속하여 계정을 먼저 만들어야 한다.

① 드롭박스 계정 만들기 : [성], [이름], [이메일 주소], [암호]를 입 력한 다음 [등록]을 눌러 드롭박스 계정을 개설한다.

제7장 정보기기情報機器의 숙련자 되기

② [Dropbox 다운로드]를 클릭하여 드롭박스 프로그램을 다운로드를 받는다.

③ 다운로드가 끝나면 Dropbox 초기화면이 나타나며 이때부터 바로 사용이 가능하다. [시작하기] 버튼을 누르면 드롭박스 사용 방법을 설명하는 창이 뜨며, 충분히 읽어본 후 좌편 메뉴 창 상단에 있는 [Dropbox]를 click 하여 파일 upload를 시작한다. 드롭박스 계정을 만들면 2 GB의 저장 공간을 무료로 제공한다. 이곳에 사진, 주소록 등 중요한 자료들을 Upload하여 보관한다. 저장 공간이 부족하면 유료로 추가적인 메모리 공간을 확보 할 수 있다.

16. YouTube 동영상 URL 저장하기

YouTube에는 우리 일상생활에 유용한 정보들이 동영상 형태로 수없이 많이 있으나 이를 동영상 형태로 그대로 저장 보관하기에는 내 휴대폰 메모리 용량을 너무 많이 소모하므로 필요 시 언제든 들어가 볼 수 있는 동영상들의 URL만 저장하여 두면 편리하다.

1) URL 이란 무엇인가?

URL은 Uniform Resource Locator의 약자로 우리가 원하는 정보를 인터넷에서 찾으려 할 때 그 정보가 들어있는 웹페이지의 위치를 나타내는 주소가 바로 URL 이다. URL은 기본적으로 '통신규칙://인터넷 호스트 주소/경로 이름'으로 구성되어 있다.

예를 들면 http://www.naver.com 은 인터넷 사이트의 도메인 네임으로 http는 인터넷에서 서로 다른 컴퓨터끼리 데이터를 주고받기 위한 통신규약을 나타낸 것이고, 이 통신 규약 뒤에 콜론(:)을 붙이고 두 개의 슬래시(//)를 덧붙인 다음 도메인 네임이나 IP 주소를 써주게 되어 있다.

2) YouTube 동영상 URL 저장하는 방법

① YouTube에서 동영상 재생 시에 동영상 화면 아래에 '공유'심벌이 있으며 이 공유 심벌 click 하여 카톡 또는 이메일로 YouTube 동영상 URL 정보를 보내 저장할 수가 있다.

② YouTube 화면 맨 위에 노란색 카톡 심벌을 바로 click 하여 친구 또는 본인 이름을 선택하면 이 동영상 URL이 동영상 초기화면과 함께 카톡방으로 복사되므로 언제든 이 동영상을 다시 볼 수가 있어 편리하게 사용 할 수가 있다.

17. 편리한 스마트폰 번역/통역 서비스 활용하기

해외여행 시 또는 길거리에서 외국인을 만나거나 외국어로 간단한 회화를 하고자 할 때 유용하게 쓸 수 있는 통역 서비스 앱App 한 가지를 소개한다.

현재 시중에는 무료로 이용할 수 있는 통역 서비스 앱이 몇 개가 있으나 가장 많이 사용되고 있는 'Papago'란 통역 서비스 앱을 추천하며, Papago 앱은 휴대폰의 'Playstore'에서 쉽게 다운로드 할 수가 있다.

Papago 앱에서 통역^{또는 문자로 번역도 가능} 할 수 있는 언어는 한국어, 영어, 일본어, 중국어, 불어, 스페인어 등 다양하며, 간단한 문자로의 번역이나 통역이 즉석에서 이루어지므로 여행 중 외국인에게 길을 묻거나, 식당에서 음식을 주문하고자 할 때 등 일상생활에서 아주 편리하게 이용할 수가 있다.

장년의 평판 관리와 소셜 미디어SNS의 활용

이노종

1. 평판 관리의 중요성

1) 왜 평판이 중요한가?

사람들은 젊을 때는 좋은 이미지에 신경을 많이 쓴다. 과장 때는 부장 진급을 위해서, 임원일 때는 사장이 되기 위해서, 그리고 사장이 되면 만인에게 우러러 보이는 명 사장이 되기 위해 자기 이미지를 가꾼다. 그래서 멋있는 임원, 존경받는 사장이 되기 위해서 직원들과 자주 어울리기도 하고 좋은 사장이라는 평을 듣기 위해 때론 가정도 돌보지 않고 밖으로 열심히 뛴다.

그러나 어느 순간 사장, 임원자리를 물러나는 순간 이 모든 것이 헛된 꿈이고 신기루였다는 걸 느낀다. 내게 아부하던 그 많은 직원들, 내가 접대하고 위해주었던 그 많은 외부 인사들, 그들에게 시간이 갈

수록 잊히는 나의 모습은 과연 무엇인가?

이미지는 사실 신기루와 같다. 좋은 이미지, 깨끗한 이미지, 멋진 이미지는 그 자리가 만들어 주는 것이지 본래의 자기 모습이 아니다. 한때 재계 1, 2위를 다투던 대우그룹과 김우중 회장은 만인이 선망하던 기업이었고 존경받는 기업인이었다.

그러나 분식 회계로 말미암아 하루아침에 그룹은 해체 되고 회장은 무일푼 알거지가 되어 세인의 기억 속에서 사라졌다. 한때 사회적으로 촉망받던 잘나가던 부장검사도 뇌물, 섹스 스캔들에 휘말리더니 급기야 구속되는 처지에 이르러 세인의 손가락질을 받는다.

내로라하는 사회 저명인사, 인기 연예인, 그들도 예외는 아니다. 어느 날 갑자기 스캔들이 터지면 급전직하, 나락으로 떨어진다. 이렇듯 이미지는 자리가 만들고 돈이 만들고 인기가 만드는 것으로, 물거품과 같다.

그러므로 사람들은 평판Reputation에 눈을 돌리게 되었다. 평판은 남이 나를 평가하여 매겨주는 점수이다. 기업은 사회가, 투자자가, 고객이, 직원들이 평가해서 점수를 매겨준다. 그것이 바로 '우량기업', '유망 업종', '시가 총액이 높은 기업'이 된다.

사람도 마찬가지다. 현직을 그만두었을 때 평판은 효력을 발휘한다. 서로 점심 대접하겠다고 오라하고, 와서 자문 좀 부탁한다 하고, 모임도 맡아달라고 찾아오는 사람은 사회적 평판 점수가 높은 사람이다.

평판은 재물이 많다고 권세가 있다고 현직의 높은 지위에 있다고 거저 얻어지는 게 아니다. 그 사람이 갖고 있는 인품, 지식, 경륜과 더

붙어 남에게 베푸는 선행이 있어야 한다.

평생 국밥집을 하여 모은 돈을 대학에 기부한 국밥집 할매는 그 마지막 선행으로 죽어서 대학장으로 장례가 치러지고 양지바른 동산에 묻히게 되었다는 기사를 읽고 어떤 생각이 드는가? 노블리스 오블리제!

가진 자가 이 사회를 위해서 무언가 선행을 베푸는 것, 반드시 돈이 아니라도, 지식 기부도 있고 경륜을 가지고 사회에 봉사하는 길도 찾으면 얼마든지 많다.

나이 들어서 사회적 존경을 받고 좋은 평판을 후손에게 남겨주면 재산을 물려주는 것 보다 얼마나 값진 일인가? 호랑이는 죽어서 가죽을 남기고 사람은 죽어서 이름 석 자를 남긴다는 말은 이런 때 쓰는 말이다.

2) 평판은 차별화된 경쟁적 이점을 만든다.

좋은 평판은 자석과 같은 역할을 한다. 사람들은 좋은 평판을 가진 사람, 기업, 브랜드에 끌린다. 우수한 평판은 훌륭한 명함과 같다. 평판은 문을 열고 추종자들을 모으며, 고객과 투자자들을 유치한다. 그것은 우리가 존경과 신뢰를 갖지 않을 수 없게 만든다.

21세기는 다양한 환경에서의 경쟁의 시대다. 궁극적으로 좋은 평판은 다양한 환경적 트랜드 덕분에 더욱 중요해지고 있다.

첫째, 글로벌 환경에서 자국뿐 아니라 전세계 200여 국가의 다국적 기업과 경쟁한다. 국경이 무의미해지고 사람과 자본의 이동이 자유로운 글로벌 세상에서의 글로벌 경쟁은 더욱 치열해지고 있다.

둘째, 21세기를 사는 우리는 정보의 바다에 떠있는 조각배다. 정보원의 양이 엄청나게 늘어나고 대중 매체뿐 아니라, 인터넷과 모바일의 발달은 개인 소셜 미디어에 의한 무한 정보 전달이 가능하게 하여 정보의 홍수 속에 갇히게 되었다.

셋째, 글로벌화 덕분에 세계 어느 시장에서건 모든 제품과 서비스는 점점 더 균질화 되었다. 벤츠나 BMW나 도요타, 현대차가 하나의 시장에서 경쟁하게 되었다. 이제 차별화만이 경쟁력이다

넷째, 미디어를 통한 평판의 영향력이 증대 됐다. 최근 몇 년간 미디어는 글로벌 비즈니스 경쟁력을 확장하고 높이는 데 막강한 영향력을 행사했다.

다섯째, 광고의 포화로 혼탁한 시장은 효율적인 미디어 믹스 전략을 요구하고 있다.

소비자는 인터넷 배너광고, 라디오, TV 광고 등 무차별적인 광고의 홍수 속에서 시달려 왔다. 이러한 혼탁한 미디어 시장에서는 PR, 이벤트, 블로그 등 소비자의 인식과 선택에 효율적인 평판 관리가 중요해진다.

여섯째, 현대는 이해관계자와 행동주의자들이 사회를 지배한다.

조용한 다수보다는 목소리 큰 시민사회 단체들이 정책 방향을 좌우한다. 따라서 좋은 평판은 이들로부터 보호해 주는 완충제가 되어준다.

2. 평판 관리의 요소들

1)좋은 평판을 위한 다섯 가지 원칙들

(1) 가시성을 확보하라

친밀함은 대중의 평판에 영향을 미친다. 대중의 눈에 잘 띄어야 대중의 인기도, 사회적 명성도 얻을 수 있다.

(2) 차별성을 확보하라

개인이나 기업이나 경쟁자와 구분되는 차별적 위치를 차지할 때 성공할 수 있게 될 것이다

(3) 신뢰성을 확보하라

좋은 평판을 받고 싶다면 현실에 충실하고 진실해야 신뢰성을 확보할 수 있다.

강한 평판은 대중들에게 감성적으로 어필하여 대중들이 신뢰할 때 구축되는 것이다

(4) 투명성을 확보하라

투명성은 좋은 평판을 구축하고 루머나 위기로부터 보호해 준다. 투명성은 대중적 신뢰의 핵심이다.

(5) 일관성을 확보하라

평판이 좋은 사람은 행동과 커뮤니케이션이 일치하고 일관성이 있게 소통이 원활한 사람이다

2) 평판을 향상시키기 위한 방법들

(1) 당신 자신을 표현하라

자신을 이해 관계자 커뮤니티에게 설득력 있고 친근하게, 확실하고 신뢰할 만하게 잘 표현한다면 강력한 평판이 구축될 것이다.

(2) 평판 관리는 반드시 이해관계자의 객관적 인식 조사를 거쳐야 하고, 그 과정이 추적되어야 한다.

자기 지지자나 측근의 주관적 판단에 의존하면 안 된다.

(3) 좋은 평판은 언제나 내부에서 나온다

개인이나 기업의 역사, 정체성, 문화, 전략과 미래 비전에 근본을 둔 내부 이해관계자들이 일체감을 가질 때 극대화 된다

(4) 좋은 평판은 차곡차곡 쌓아 올려야 한다

하루아침에 광고나 PR하듯 되는 것이 아니다. 어쩌면 자신이 평생 쌓아온 지신의 전 인생 자체가 자신의 평판이 될 것이다. 좋은 평판은 견고하게 쌓아올려야 쉽게 무너지지 않는 법이다 .

3. SNS 활용을 통한 평판 관리

소셜 미디어는 자신을 친밀하게 가장 잘 표현할 수 있는 미디어다. 간단한 문장, 혹은 사진 하나를 통해 이미지를 구축할 수 있으며, 개인 또는 그룹간 실시간으로 쌍방향 소통이 가능하다. 인스타그램, 페이스북, 카카오톡, 트위터, 개인 블로그 등이 대표적인 소셜 미디어 플랫폼이다.

먼저 어떤 미디어보다 즉각적이며 양면적인 반응을 불러일으키는 인스타그램으로 발생하는 소셜 평판에 대해 알아보겠다.

1) 인스타그램

인스타그램은 사진이나 동영상을 공유하며 소통하는 소셜 미디어 플랫폼이다. 글을 쓰는 것보다 이미지를 이용하기 때문에 사용성에서 편리하고 정보를 공유하는 절차가 비교적 단순하여 하루 기준 7000만 장의 사진이 공유되며 25억개 이상의 '좋아요'를 양산하는 대표적인 소셜미디어다.

월 사용자 3억 명으로 전 세계적으로 '셀피 selfie '라는 말을 만들어 내어 이미지 공유를 생활화하였다.

(1) 인스타그램 평판

인스타그램 평판의 중요성은 도널드 트럼프 정부에서 찾을 수 있다.

얼마 전 미국 재무부 장관의 부인은 관용 비행기를 타고 캔터키 주를 방문하고 돌아오는 모습을 인스타그램에 올렸다가 국민의 비난을 받아 남편 재무부 장관의 이미지 또한 하락하게 만들었다. 명품을 자랑하는 듯한 사진과 해시태그는 소셜 미디어에 즉각적인 반향을 일으켜 반나절 만에 뉴욕타임즈에 의해 전세계에 알려졌다.

오감 중 75% 이상을 시각적 이미지로 커뮤니케이션 하는 인간에게 사진으로 정보를 공유하는 인스타그램은 단순한 소셜 미디어가 아닌 소셜 평판을 만들어 내는 중요한 플랫폼이라 할 수 있다.

(2) 인스타그램과 노년 평판

여기 인스타그램을 통해 전세계 유명인이 된 일본인 노부부가 있다. 인스타그램은 사진을 활용하고 알고리즘에 의해 친구 맺기의 절차가 간단하여 셀카에 강한 젊은 세대가 많이 사용하는 소셜미디어로 인식되어 있다가 이 노부부를 통해 세대간 소통을 위한 장년 세대를 위한 소셜 플랫폼으로 인식되기 시작했다.

무표정한 백발의 폰과 본 부부는 결혼 생활 35년째로 3년 전부터 인스타그램을 시작하였으며 현재 89,000명 이상의 팔로워를 보유하고 있다.

노인 세대의 커플룩을 보여 패션 피플로 통하는 이 부부는 젊은 세대에도 폭발적인 인기를 끌며 멋진 장년, 노년의 장르를 만들어 내며 전 세계 사람들의 관심을 끌고 있다.

2) 페이스 북

전 세계적으로 1억 5천만 명 이상이 사용하는 페이스 북은 매일 매일 주변과 소통하고 관심있는 분야의 정보를 찾아보는 방식의 무료 앱이다. 사람들의 일상은 사진과 동영상을 통해 공유하고 좋아하는 브랜드의 최신 소식을 바로 받아 볼 수 있으며, 친구와 가족들이 어떻게 지내는지 스크린을 통해 확인하고, 좋아요 버튼을 눌러 공감을 표시할 수 있어 쌍방향 커뮤니케이션에 아주 효과적인 매체이다.

(1) 여러 가지 기능들

· 자신의 프로필 정보를 통해 자신을 알리는 것으로 페이스 북을 사용한다. 본인의 선택에 따라 정보를 삭제하거나 수정, 보완 하거나, 공개하지 않을 수 있다.

· 나만을 위한 뉴스 피드를 만들 수 있다. 뉴스 피드는 자신의 관심사에 따라 선정된 정보로 채워지는 개인화 된 공간이다

· 친구들과 가족들의 소식을 주고받을 수 있다. 오늘 어떤 일이 일어났는지, 어떤 친구와 어디를 방문 했는지, 재미있다고 생각하는 뉴스 등 원하는 내용을 포스팅하여 공유한다.

· 좋아하는 연예인, 스포츠 팀, 상점, 브랜드 등의 소식을 손쉽게 접할 수 있다. 자신이 좋아하는 페이스북 페이지와 팔로우 하는 사람들의 최신 포스팅을 확인할 수 있다.

· 손쉽게 사진과 동영상을 공유할 수 있다. 여러 장의 사진을 동시

에 포스팅 할 수 있고 , 연관된 사진들을 모아 앨범을 만들 수 있다.

· 실시간 알람 기능을 사용할 수 있다. 좋아하거나 댓글을 단 포스팅에 사람들이 어떻게 반응 하는지 바로 알 수 있다.

· 그룹 기능을 사용하여 자신의 커뮤니티를 형성 할 수 있다. 공개 그룹을 만들어 같은 취미를 가진 사람들과 즐거움을 함께 할 수 있다. 또는 가족과 함께 비공개 그룹을 만들어 개인적 일상을 공유 할 수 있다.

· 이벤트 기능을 사용하여 중요한 일정을 사람들에게 알리고 준비를 같이 할 수 있다. 사적인 모임과 공적인 일정 관리 모두 유용하게 사용 할 수 있으며, 참석 여부를 실시간으로 파악하여 예약 등 행사 준비를 완벽하게 할 수 있다.

· 천재지변과 같이 예상치 못한 어려움이 닥친 순간에도 소통이 가능하다. 지진과 같은 재해를 당했을 때 자신의 안위와 주변 상황을 친지 및 지인들에게 알릴 수 있다.

· 수많은 게임과 앱에 신속하게 액세스access가 가능 하다. 전세계 3억 7천만 명 이상의 게임 사용자들과 대결 할 수 있다. 또한 자신의 비즈니스 효율을 높여줄 앱도 찾아 볼 수 있다.

3) 카카오 톡

카카오 톡은 전 세계 어디서나 아이폰과 윈도우폰, 블랙베리 윈도우폰 등 사용자간 무료로 즐길 수 있는 모바일 메신저 프로그램이다.

가입과 로그인이 없이 전화번호만 있으면 실시간 그룹 채팅 및 1:1

채팅을 즐길 수 있다. 사진, 동영상, 연락처 등의 멀티미디어도 간편하게 주고받을 수 있어서 편리하다.

또한 좋아하는 브랜드나 스타 미디어를 친구로 추가하여 다양한 컨텐츠와 혜택을 받을 수 있다. 아울러 여러 친구들과 동시에 이야기하는 그룹 채팅을 즐길 수 있으며 친구 목록에서 이름 검색을 통해 쉽게 친구를 검색할 수 있다.

그 외에도 카카오 톡 계정, 주식, PC 다운로드, 이모티콘샵, 멜로아이디, 게임, 블로그 등 다양한 카카오톡 소프트웨어를 활용할 수 있다.

4) 이외에 효과적인 노년의 평판 관리를 위한 소셜 미디어로는 트위터, 밴드, 홈피, 개인 블로그 등 다양한 미디어 시스템들이 있다.

제8장

도시에서
농어촌으로
신세계의 경험

들어가며

박명남

　옛날 말에 농사 천하지 대본農事天下之大本이라고 하여 "농업은 천하
의 사람들이 살아가는 큰 근본이다." 다시 말하면 "농업은 삶의 근본
이다." 하였다. 지구는 자연 상태로 오다가 인류가 출현하면서 인구가
크게 증가하고 도구의 개발과 함께 수렵 기술, 농업 기술의 발전이 이
루어지는데 이는 의식주 문제를 개선한다. 농경사회를 이루며 정착생
활을 하니 시간의 여유가 생겼고 시간의 경과 후 산업혁명으로 풍요로
운 생활을 하게 되는데 대량생산 기술의 보급은 대중의 경제생활에서
의 편리함을 증대시킨 것이다.

　산업혁명과 제조업의 융성은 도시화를 촉진하고 이로 인한 인구 밀
집은 의·식·주, 수송문제 등으로 나타난다. 이를 해결하는 데 많은
투자가 이루어졌으며 이후 3차 산업의 발달로 인구의 도시 집중 현상
은 가속적이게 된다.

　이에 반하여 최근에는 귀농, 귀어촌, 귀산촌 하는 사람들도 늘어나

고 있는 추세이다. 이유는 연령대에 따라 다소 차이는 있지만 농업인 재개발원이 조사한 바에 의하면 "첫째는 도시보다 농촌생활이 좋아서, 둘째는 농사를 본업으로 하려는 사람, 셋째는 나와 가족의 건강을 위하여, 넷째는 농촌이 장래 투자가치가 있을 것 같아서, 다섯째는 가족, 친지와 가까이 살려고, 여섯째는 자녀를 농촌에서 교육 시키려고, 일곱 번째는 은퇴 후 여가를 보내려고"였다.

사람이 살아가는 데 있어 경제인 돈이 제일일까? 아니면 자연에 있는 물과 공기 그리고 여기서 생산되는 식량과 연료일까?

최근에는 도시생활의 불안정과 정부의 귀농 귀촌에 대한 지원정책과 매스컴의 영향으로 그 추세가 증대되고 있는 것이다. 도시에서 농어촌으로 이동은 3,4,50대가 주류로 70%를 이루고 있으며 5,60대도 30%이다.

사람들은 편리한 환경 덕분에 도시가 좋기도 하지만 또 다른 사람은 깨끗한 물, 공기, 맑은 바람소리, 밤하늘의 무수한 반짝이는 별이 있는 그런 곳에서 소중한 가치를 찾고자 하고 시골을 찾아 낭만 있는 생의 가치를 가져보는 것이 그 대안인 것이다.

귀농, 귀촌, 귀숲 과 귀어촌 생활

박명남

1. 귀촌, 귀농, 숲 생활, 귀어촌

1) 귀촌은 전원이나 농촌으로 되돌아가 생활하는 것을 말한다. 도시에서 생활을 하다가 여러 가지 이유로 농촌으로 가서 생활하는 것으로 농촌사람이 도시로 와서 생활을 영위하다가 시골로 가거나 도시사람이 시골로 가서 생활하는 것을 말하며 자연과 더불어 산다는 것이다.

2) 귀농은 귀촌이 이루어져야 가능한 것으로 농촌에 가서 농사를 짓고 생산한 농산물을 소득으로 하여 생활하기 위해 전원으로 가는 것을 말한다.

3) 숲 생활은 나무와 더불어 사는 형태를 말한다. 숲 생활은 숲에서

의 생산물이 많은데 산초, 약초, 나무와 더불어 버섯 가꾸기, 나무 키우기 등이 있다. 그 외에 나무와 관련한 여러 가지 제품들을 만드는데 향료, 숯 생산 등이 있다.

4) 귀어촌은 바닷가에서 고기를 잡고, 키우는 생활을 말하는 것으로 어촌에서 할 수 있는 것은 다양하다고 할 수 있다. 어선 어업이 가장 높은 비중을 차지하고 있지만 양식기술의 발달과 어족자원의 회복, 수산물 가공, 유통기술 발전 등으로 수익원이 다양하다. 어촌관광, 해양레저 등 서비스 산업 등 어업 외의 소득원도 있다.

5) 귀농, 귀촌, 숲 생활, 귀어촌은 동시에 복합적으로 겸해서 할 수도 있고 독립적으로 귀촌하여 생활하는 것으로 농사나 숲 생활을 하지 않고 생활 할 수도 있으며 농사도 짓고, 고기도 잡고, 숲 생활도 하는 형태일 수도 있다. 이외에도 귀어촌, 귀축산 등의 생활도 광의의 귀농에 속한다 할 것이다.

6) 귀농은 자기의 직업을 바꾸는 일로 사전교육과 기획, 자기진단 등을 통하여 분석하고 진지한 판단과 결심이 요구된다.

① 도시생활을 하면서 또는 소일거리로 환경을 바꾸기 위하여 귀촌하는 것과는 차이가 있다.
② 도시에서의 직업 바꾸기는 전문적인 직종의 경우 조직 차이 수

준이고 업무는 유사하나 귀농의 경우는 농업에 대해서 생산 형태가 지식과 경험이 필수적이므로 전문적인 지식이 있고 활동능력이 있는지, 자기가 감내할 수 있는 일인지 또 농촌 문화에 적응할 수 있는지 등을 고려하여 결심하여야 할 것이다.

③ 귀농, 귀촌 등은 상당히 많은 사람들이 실패하고 투자금을 회수하려 해도 어려워 후회한다. 왜 실패하는지 사전에 점검 또는 이런 사람들은 멋진 말에 넘어가지 않도록 하는 사례들을 알아 두는 것이 좋다.

④ 남녀 차이는 있지만 도시에서 살다가 자연으로 가면 자연의 풀벌레, 곤충, 파충류, 개미, 모기, 진드기 등을 다루는 데 익숙해져야 하며 이에 적응이 가능하여야 생활이 자연스러워질 수 있다. 여성의 경우는 남성 보다 더 일반적으로 어려운 일이다.

⑤ 어디나 소위 텃세가 있어 인간관계에 잘 적응할 수 있는지, 농사는 인력과 장비가 필요하여 이웃과 협력이 필수적이며 노동이라 힘이 있어 이를 감내할 수 있어야 하니 이런 여러 가지를 검토하여 의사결정을 하여야 한다.

⑥ 귀농의 경우와 달리 귀촌은 도시에서 농촌으로 이사하되, 농촌이주나 귀농과 농촌에서 농촌을 돕는 일 외에 한마디로 할 수는 없지만 일정 비율로 일을 하는 것을 마음에 두고 가는 것이 지혜롭고 현명한 생각일 것이다. 그만큼 농촌에서 농사만 짓고 생활하기는 도시 사람에게 쉬운 일이 아니다.

7) 예비 귀산촌인을 위한 조언

밭보다 좋은 점은 저렴한 임야가격으로 구입할 수 있으며 논과 밭보다 적은 노동력 투입이 가능하다 즉 임산물은 농약이나 비료를 적게 뿌려도 된다. 나무나 산나물 등 여러 임산물을 복합적으로 경영이 가능하다. 세대당 보다 많은 자금 융자가 있다. 반면 작물의 회수 기간이 농산물에 비하여 3배 정도는 길으며 실패하면 재기가 어렵고 농촌이나 어촌보다 주거환경이 열악하며 주민과 임업인간 네트워크 형성이 필요하다.

참조. 자료한국산림아카데미

2. 귀농하는 이유

① 자연이 좋아서
② 농촌 출신으로 고향에 농토가 있어서
③ 도시생활 활동이 끝나서
④ 질병, 기타 이유로 전원생활이 건강에 유익해서
⑤ 도시에서 소득재원이 불확실하여 안정된 생활과 정신적 안정을
  위하여
⑥ 정부의 귀농, 귀촌지원 정책과 매스컴 보도의 영향 등
⑦ 기타

3. 귀농 시의 사전 점검 사항

1) 어느 곳으로 갈 것인가?

고향으로 갈 것인가? 자기가 하고자 하는 일을 할 수 있는 곳으로 갈 것인가? 하고자 하는 일을 적극적으로 지원하여주거나 집단적으로 일을 하여 전문성이 있는 지역으로 갈 것인가? 지역의 특수작물을 생산하여 소득을 올리려고 하는 경우는 특정지역을 선택하는 것이 좋다. 예: 밤, 대추, 수박, 참외, 마늘, 오렌지, 등이다.

2) 마을 주민과의 관계는?

농촌에는 협업을 해야 하는 경우가 대부분이므로 마을이나 이웃과 인간관계가 중요하므로 도움을 받을 수 있거나 친분이 있는 곳으로 가는 것이 인간관계를 형성하는 데 도움이 될 것이다.

3) 농토, 주거시설을 마련할 것인가, 임대할 것인가?

여러 가지 관계를 고려하여 특별한 사연이나 연고가 없다면 우선 1년여간 살아보고 확정하는 것이 여생을 살아가는 데 도움이 될 것이다.

4) 주거시설에 있어 필요사항, 허가사항은? 토지용도, 전기시설, 용수개

발, 정화조 등

농사를 지으려면 농토뿐만 아니라 주거시설을 건축하여야 하는데 건축을 할 수 있는 여건이 되는 곳을 선택하여야 편의성과 비용투자가 감소될 수 있다.

5) 농토는 밭인가, 논인가, 임야인가?

농사를 지으려는 목적에 따라 주된 대상을 소유하여야 경영을 할 수 있기 때문에 주된 사업에 필요한 토지를 구입하여야 할 것이다.

6) 농토나 주거시설은 어느 규모로 할 것인가?

전문농이냐 여생을 소일하며 가볍게 농사를 지으며 생활하느냐에 따라 규모는 달라지며 생활하는데 소득이 되도록 할 것이라면 그에 맞게 그렇지 않으면 식구가 소비할 양만큼을 생산할 수 있는 규모로 하는 것이 좋겠다. 시설도 부부의 경우라면 25평 이하를 권장하고 싶다.

7) 일반 농사인가 특정 또는 대량생산 농사를 계획하는가?

나이가 있어 노동력이나 기타 여건으로 대량생산 영농이 어려운 경우와 노동력과 기타여건이 소득을 목표로 한다면 특정 영농이나 대량

생산을 할 것인가에 따라 모든 계획을 다르게 하여야 할 것이다.

8) 농사 등 할 일에 대한 지식은 어느 정도이며 사전에 지식과 체험을 할 것인가?

경험여부에 따라 다를 수 있으나 경험이 오래 전의 것이라면 일단 사전 지식을 갖는 것이 필요하며 전문기관 교육을 권장하고 경험담 등 의 사전 지식을 갖는 것이 요구된다 하겠다.

9) 전문농업은 조합이나 농업법인화가 장점이 많다

농업은 개인보다는 협업으로 기술, 구매, 판매를 하기 위한 조합이 있고 조사는 개인보다는 조직으로 하는 것이 정보나 업무, 판로에 있 어 전문성이 높을 것으로 영농 법인이나 조합 등의 형태를 통하여 사 업에 협조를 받거나 이를 통하여 영농행위를 하는 것이 절대적이다.

일정 지역만이 생산하는 특산물의 경우 생산하는 지자체나 지역에 서는 생산과 구매, 판매, 포장, 홍보, 운송이 공동으로 이루어져 장점 이 많으며 개인이 모든 행위를 하는 것보다 대행을 하여 줌으로써 자 기 일에 전념 할 수 있는 것이다.

10) 건강인가 경제활동인가 사회활동 위주인가에 따라 농촌생활 계획이 달라야 할 것이다.

11) 도시와 농촌의 문화차이에 대한 조사

도시에서는 생활이 복잡하여 이웃과 특별한 관계 없이도 생활에 어려움이 없이 개인주의가 가능하나, 농촌에서는 집단적인 업무가 비교적 많아 서로 협심 협동하여야 하며 서로 농사와 관련 긴밀히 접촉하게 되므로 도시인과 달리 농촌에서는 집단주의가 강해 문화의 차이가 있다고 보며, 고로 인간관계가 중요하고 개성도 중요하지만 집단을 우선시하여야 원만한 농촌 생활이 될 것이다.

12) 마을주민, 이웃주민 관계에 대한 조사

마을에서 떨어진 곳에서 혼자 생활하거나, 집단적으로 부락으로 형성하여 이주한다면 생활이 다소 다를 수 있으나 기존 마을의 일원이 된다면 마을 주민과 관계를 잘 형성하여야 농촌 생활을 하는데 어려움이 줄 것이다.

13) 가족전체냐 일부가 귀농하느냐의 문제와 결정

이사는 가족의 이해가 필요하고 농촌생활은 가족이 협심하여야 농사를 경영할 수 있으므로 부부가 이사하는 경우도 가족이 이사하는 경우에도 다 만족할만한 이주에 대한 동의가 요구 된다.

14) 도시와 농촌의 생활비 추정

일반적으로 도시생활비에 비해 3분의 1정도라고 이야기하는데 여건에 따라 다소 차이가 있을 것을 감안하면 될 것이다.

4. 귀농 시 기본적인 요건 사항

① 지역주민과 관계를 유지하도록 한다.

② 주택은 대농이 아닌 경우에는 소형으로 20-25평 규모로 과대투자를 안 한다.

③ 노동력이 크지 않으면 농사는 생활에 필요한 정도의 생산을 할 수 있는 농토를 임대나 소유하는 것이 좋다.

④ 특별한 기술이나 기능이 있으면 이를 활용하는 것도 좋은 방안이다.

⑤ 특히 가고자 하는 지역에 연고가 없는 경우에는 사전에 1-2년 정도의 점검시간을 갖고 일정지역에서 경험을 한 다음 귀농이 문제가 없고 독립적으로 농사일 등이 가능하다고 판단될 때 실행하는 것이 좋다.

귀농, 귀촌 사례 국내외

박명남

1. 특약농사나 대량생산의 사례 시니어학교 교재 참조

1) 귀농 러시는 사회를 변혁시킬 절호의 기회

2010년부터 늘기 시작한 귀농 귀촌은 매년 50% 이상씩 증가하여 2014년에는 4.5만 명이다.

2016 통계청자료에 의하면 귀농 12,875가구, 귀촌 322,508가구, 어촌 929가구로 총 336,312가구로 인구는 50만 명이 시골로 이주하였다. 이 추세라면 10년 내에 어느 한도까지는 시골 이주가 급속히 늘어날 것이다.

또한 도시에 살면서 주말이나 주중에 시골에서 농사를 짓거나 농촌 생활을 하는 인구도 상당할 것이나 통계를 잡기는 어려운 상태다.

2) 귀농한 이OO씨의 사과 포도 농사하는 사례 거창군 웅양면

유통업체에서 일하였는데 동료가 농사지으러 간다며 사표를 냈다. 의아하게 생각했다.

우연히 읽은 책『아름다운 삶, 사랑 그리고 마무리』헬렌 니어링 부부의 삶을 그린 책이다. 이를 읽고 나도 정년까지 기다릴 것이 아니라 당장 행복할 수 있다는 생각이 들어 농촌으로 갈 것을 작정하고 관계 서적을 많이 읽었다.

자족농사로 밥상에 오르는 50여 가지의 모든 작물을 길렀다. 밭을 갈지 않고 심으니 좋고 돈들 일도 없고 좋았다.

그러나 질적으로 어려워졌고 생활이 되지 않고 아이들은 커가고 하여 고민 끝에 갈 곳을 탐색하여 거창에 자리를 잡았다. 거창에 온 이유는 귀농인에 대한 농자재구입, 집수리비 등에 대한 지원이 좋아서였다.

1000평을 임대하여 포도농사를 지었는데 첫해에는 실패를 두려워해 관행농으로 하였다.

다음 해에는 농약 없이 농사를 지었으며 농촌공사에서 자금을 빌려 농지를 구입하고 평시에 중고품을 수집하여 집도 지었다. 그 후 사과 3000평, 포도농사로 연간 7천여만 원의 소득이 되고 포도는 전량, 사과는 60% 이상 산림조합에 납품하였다. 삶은 안정되었고 사회 활동도 열심히 하고 있다.

2. 농촌에서의 사업 사례 일본

1) 일본의 반농 반X의 삶 사례 참조 : 반농 반X의 삶, 시오미 나오키, 노경아 옮김

　반농 반x의 삶은 귀농귀촌이 농사지으러 농촌에 이주하는 것은 농사뿐만 아니라 농촌사회에서 필요로 하는 사회 여러 일을 하고 그 외에 나머지 시간에 자급자족 활동을 한다, 즉 '반은 농사를 짓고 반은 지역사회 활동을 한다' 는 뜻에서 나온 말이다.

　니나 다쿠지 씨는 자신의 반농 반 NPO[비영리]의 삶을 다음과 같이 설명한다.

　"본인이 각본을 쓰고 스스로 연기하는 영화에 출연하는 것 같다. 각본, 주연을 자신이 모두 맡고 뛰어난 조연들에게 둘러싸인 채 연기를 하는 것이다. 이렇게 생각해야 인생이 재미가 있다. 많은 사람의 인생이 재미없는 것은 그들이 작가 겸 주연이 아니기 때문이다. 내 인생에 주인공이 된다는 것은 제멋대로 산다는 뜻이 아니라 진심으로 원하는 것을 표현하며 산다는 뜻이다."

　새로운 삶에 도전하는 제2의 인생은, 도시에 살던 사람이 전원으로 이주하는 현상은 오늘 내일의 일이 아니다.

　아이들이 있던 가정에서는 전원으로 이사하는 경우 교육 문제, 아이의 장래 문제와 나 역시 취학 전의 딸에 대한 고민 등 기존의 가치관과 이별하는 과정이다. 그러면 아이가 대학에 들어가거나, 취업을 하거나를 기다려 농촌생활을 도전하거나 은퇴 후를 기약하는 것이 나을 것이다. 결국 중요한 것은 자신의 선택이다.

반농 반X를 실천하려면 자신의 재능, 개성, 특기를 사회적으로 활용하면서 수입을 얻을 수 있는지를 따져보아야 한다. 이 문제만 해결되면 아무리 어려운 시대라 해도 하고 싶은 일을 찾아 행복하게 살 수 있다. 그 시작은 좋아하는 일을 하겠다고 하는 결심 외에는 없다. 그리고 좋아하는 일에 도전하는 실천력이 최고의 전략일 것이다.

　타성으로 살 것인가 아니면 소일거리를 찾아내 자신을 표출하며 살 것인가를 은퇴자의 대부분은 남에게 도움이 되는 삶을 살고 싶어 한다. 농촌생활은 매일 새로운 것을 발견하는 덕분에 활력을 되찾게 되고 남을 시키던 사람은 자기가 모든 일을 처음부터 끝까지 하다 보니 힘들기도 하지만 오히려 그것을 극복하려는 적극적인 마음이 의욕을 낳는다는 것이다.

　일본에는 주민 중에 충실히 제2의 인생을 시작하려는 사람이 늘어나고 있다. 지금은 어디를 가든지 보람을 창출해야 하는 시대이다.

　2) 히데키씨는 청바지회사 은퇴 후 인연이나 경험이 없이 시골에서 안전하고 맛있는 쌀 생산과 직매를 지향하는 전업 농사꾼으로서 새로운 삶을 살 것을 꿈꾸다가 이일을 시작했다.

　그는 45세 때 정년 없는 직업 농사꾼으로 이직을 결심했고 현지의 30년간 살충제나 화학비료를 쓰지 않고 농사를 지어온 요시오 씨에게 농사를 배우게 되었다. 그러나 체력이 떨어지고 심신이 매우 힘든 나날을 보내야 했다. 농기구를 사용하다보니 힘들고 여러군데에 피로가 오고 시달리다보니 몸무게도 줄었다.

3) 이외에 원하는 촌민 중에서 병원 등에 간병인으로 활동하는 인력양성교육에 참여하고, 이런 50-60대가 윗세대를 위해 간병 일을 하며 고령화 문제를 스스로 해결하고 있다.

다른 경우에는 보육사 자격을 가지고 있는 사람이 정서 장애아, 자폐아를 위한 심리요법을 운영, 아이들의 마음을 치유하여 사회에 복귀시키는 것이다. 피아노와 기타를 연주하는 사람은 연주회를 갖기도 하고 음악을 통해 사람을 치유하는 활동에 참여하는 경우가 있다. 학원에서는 농업, 숯 만들기, 임업, 빵 굽기를 가르치고 있다.

제9장

장 · 노년기 長·老年期
경제생활

긴 후반전, 무엇을 어떻게 준비해야 할까?

이기형

귀하는 대단한 명성을 얻었습니까?

아직도 현직의 유능한 사람입니까?

학교 다닐 때는 촉망받는 영재였습니까?

이런 것들은 인생 전반전에서는 중요하였다. 하지만 앞으로 있을 후반전에서는 의미가 없을 수 있다. 전반전의 「룰」이 그대로 적용되지 않기 때문이다. 축구로 말하자면 후반전은 경기장 넓이가 다를 뿐더러, 오프사이드, 핸들링과 같은 반칙 규정도 무의미할 수 있다. 몸을 풀기도 전에 느닷없이 경기장으로 내몰리는 상황이 닥칠 수도 있다. 게다가 인간수명이 연장되면서 전반전보다 더욱 긴 후반전 경기를 뛰어야 할지도 모른다.

전반전에서는 조직 속에서 동료 선수들과의 팀워크를 유지하면서 가끔은 연습경기도 하고 강한 체력으로 버티면서 나름의 전략을 구사하였다. 그러나 후반전에는 혼자서 감당해나가야 한다. 또 개인의 특성, 건강상태, 재산 정도 등에 따라 준비하는 내용이 다를 수 있다. 그리고 종교, 인생관, 추구하는 목표에 따라 다른 차원의 대응을 해 나가는 사람들도 많이 보았다. 목사가 된 직장동료도 있다. 필자는 1970년에 입사하여, 30여년 다니던 한국은행을 퇴직하고, 증권회사 고문, 대학의 산업체 경력교수를 하다가 2년 전부터 "은퇴생활"을 하고 있다.

이 새로운 삶을 기꺼이 받아들이면서도 그때 왜 그렇게 하지 않았나 하는 후회도 없지는 않다. 이렇게 마음 간 곳을 돌아보면서 장·노년기長·老年期분들을 위한 "노후준비 3요소"를 끌어내보았다.

① 경제적 준비
② 취미, 독서, 봉사활동과 같은 몰입할 수 있는 일을 개발하여 바쁘게 지내는 것
③ 가끔은 "스스로 사색하는 사람"이 되어보는 것

사실 크게 새로운 것도 아니다. 그러나 이 세 가지는 정년이 닥치기 훨씬 전부터 차분히 준비하지 않으면 안 되는 것들이다. 또 경제적 준비를 하면서 나머지 두 가지 요소도 동시에 추구해 나가야 한다. 주변에서 나이 들어 돈에 여유가 있으면서도 즐거움을 찾지 못하는 사람들을 많이 보게 된다.

경제적 준비 이야기 개요

  본 장에서는 후반기 삶을 위한 "경제적 준비"에 대한 이야기를 한다. 제1절에서는 노후경제 생활에 관한 우리의 현실을 간략하게 살펴본다. 제2절에서는 우선 모든 연금 프로그램의 발상의 기본이 되는 생애주기가설을 음미해보고자 한다. 소득이 있을 때 일찍부터 저축하여야겠다는 다짐을 하게 될 것이다. 그리고 노후자금 마련의 중심이 되는 국민연금 개인연금 퇴직연금 주택연금의 운영 메카니즘과 함께 정부지원 내용, 가입방법 등을 가입자가 그 원리를 이해할 수 있도록 소개하려고 노력하였다. 연금 선택과 가입에 도움이 되었으면 한다. 제3절에서는 필자의 체험을 토대로 은퇴가 가까워지면 자산운용방법이 어떻게 달라져야 하는지, 부채관리는 어떻게 하면 좋은지도 함께 살펴보았다.

우리나라의 현실

이기형

1. 늘어나는 노인인구

1950년대 후반부터 약15년 간 10% 안팎의 고도경제성장을 이룩한 일본과 그 10여년 후인 1962년부터 시작하여 20년간 평균 10.2%의 성장률을 기록한 우리나라는 경제성장 패턴이 비슷하다. 특히 자원이 부족한 상황에서 양질의 인적자산에 도입 자본을 결합하여 제조업중심으로 성장했다는 점이 유사하다. 두 나라는 시차는 있지만 동아시아의 유교전통사회에서 서구자본주의 국가로 변모했다. 그래서 고령사회로 가는 과정과 거기에서 불거진 사회경제적 문제점도 일본에서 앞서 나타나고 우리가 뒤서서 경험하는 모양새가 되고 있다.

2차 오일쇼크이후 호황을 구가하던 일본경제는 1990년대 초 장기불황의 늪에 빠지기 시작했다. 1985년의 선진 5개국 「플라자」 협정결과로 인한 엔화 가치상승, 엔 달러환율하락에 일본은행의 기준금리 인상이 더해지면서 자산시장, 금융시장의 버블이 급속히 붕괴되었다. 일본의 은행과 기업들의 대차대조표^{balance sheet}에는 자산은 사라져버리고 부채만 남는 기현상이 나타난 것이다. 주가는 폭락하고 생산은 위축되었다. 이러한 복합불황의 배경에는 일본의 기대수명의 증가와 출산율 저하, 고령화와 이로 인한 내수시장의 위축이 있었기 때문이라는 평가이다. 최장수 국가 일본은 1970년 65세 이상 고령 인구가 7%를 넘어 '고령화 사회'에 진입한 이래 2010년 고령 인구가 20%를 넘어 '초 고령사회'에 진입했다.

우리나라의 경우도 2008년 글로벌 금융위기 이후 저성장의 늪에 빠져있고, 2020년 이후에는 경제 잠재성장률이 2%대가 될 것이라고 한다. 이러한 우리경제의 침체의 근본 원인도 일본의 그것과 크게 다르지 않다는 지적이다. 2000년에 이미 '고령화 사회'에 진입하였고 지난 2017년 8월에 고령인구가 14%로 '고령사회'에, 2025년 이후에는 '초 고령사회'에 들어설 것으로 예상되고 있다.

고령화 사회에서 고령사회로 들어가는데 독일은 40년, 일본은 24년 걸렸는데 한국은 17년밖에 걸리지 않는다. 최근 어디를 가도 사람들이 오래 산다는 것을 실감할 수 있을 것이다. 고려대학교 박유성 교수가 조사한 '100세 도달 가능성'자료를 보면, 1945년생 생존자중 100세까지 살 가능성은 남자 23.4% 여자 32.5%이다. 1958년생의 경우는 남자 43.6% 여자 48%로 이들의 반수가 97세 까지 살 수 있다고 한다.

2. 노후경제의 담당 주체라고 생각하면서도 경제적 준비는 부족하다.

1) 본인이 노후경제 담당 주체라고 인식하게 되었다.

전쟁과 산업화의 변혁 속에서 주거형태가 대가족제도에서 핵가족 세대로 바뀌면서 과거와 같은 "효"사상은 사라져 가고 있다. 이제 부모·자식 사이란 부모를 모시고 함께 사는 경제공동체가 아니라 정을 나누는 애정 관계일 뿐이라는 생각이 보편화되었다. 현재의 중·장년 세대는 자녀세대의 부양을 기대할 수 없다. 오히려 노부모 세대를 봉양하면서 본인들도 100세까지 살 경제적 준비를 해야 하는 어려움에 처해 있다.

국민연금공단이 2017년 1월 발표한 한 조사_{2015.4~2015.9. 대상 50세 이상 고령자 가구 총 4,816가구. 면접조사}에 의하면 실제로 노후대책을 담당할 주체로는 연령대별 차이는 있으나 50%이상이 본인으로 대답하고 있다. 정부가 부양해야 한다고 답한 비율은 80대의 25%를 제외하고는 10%대로 매우 낮다. 사회안전망이 갖추어져있지 못하다는 것을 반증하고 있다.

2) 경제적 준비는 부족하다.

같은 조사에서 노후를 위한 경제적 준비가 있는가라는 질문에 "없음"이라고 답한 비율이 국민연금 수급자의 경우 35.8%, 비수급자의 경우는 67.8%로 나타났다.

국민연금수급자의 경우일지라도 60대 이상 그룹에서는 50%이상이 '경제력 없음'이라고 응답하고 있다. 70대는 67.4%가, 80대는 무려 76.7% 이상이 '노후준비가 되어 있지 않다.'고 대답하고 있어 노인빈곤의 현실을 반영하고 있다.

3. 필요 생활비와 국민연금수급수준 그리고 다른 소득원천

1) 노년을 보내기 위해 어느 정도의 돈이 필요한가?

연령에 따른 차이가 있으나, 50대 이상 부부가 한 달 동안 생활하려면 평균 174만 원~236만 원이, 개인 기준으로는 평균 104만 원~145만 원이 필요하다.

2) 노후 생활비조달이라고 하면 일차적으로 생각나는 것이 국민연금이다.

국민 연금 수급자수는 2016년 341만 명으로 61세 이상 인구 893만 명의 약 38%였다. 바꾸어 말하면, 60%을 넘는 노인은 국민 연금의 혜택을 받지 못하고 있다.

또한 수급자의 78% 가 받는 월 수령금액이 50만 원미만 이었다. 2016년 필요 생활비 수준에 비해 턱없이 부족함을 알 수 있다.

3) 그렇다면 어떤 다른 수입원천이 있는가?

50대는 아직 일을 하고 있으므로 당연히 근로소득의 비중이 89%로 높게 나타나고 있다. 60대 70대에서도 소득원천 중 근로소득의 비중이 56.4%, 29.8%로 높게 나타나고 있다. 이들 세대가 노후를 위해 그렇게 힘써 준비하였던 부동산에서 나오는 임대료수입 등 파생소득의 생계비 기여 비율은 겨우 5%전후에 불과하다. 공적이전소득, 사적이전소득으로도 생계비를 충당할 수가 없다. 생계비를 벌기 위해 일자리를 찾는 노인들이 많아지고 있다. 이와 같이 고령인구의 노동 참여욕구가 커지면서 정년은 더욱 연장되고 있고 노인 대상의 일자리도 늘고 있다. 나이 들어서까지 일하지 않으면 안 되는 어려운 사정을 반영하고 있다.

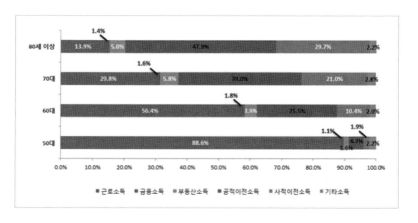

[연령대별 소득원천 구성]

자료 : 국민노후 보장패널 조사결과 국민연금공단 2017. 1. 31 발표

언제부터, 어떻게 준비해야 하나?

이기형

1. 언제부터 준비해야 하나?

1) 소득이 있을 때 일찍부터 준비해야 한다.

노후준비를 위한 모든 연금 프로그램의 기본적인 발상은 생애에 걸친 소득의 궤적이 장년기를 정점으로 하는 위로 볼록한 포물선을 그린다는 데서 출발한다. 젊었을 때 소득이 높고 노년기로 가면서 소득이 줄어든다. 그러나 소득이 없더라도 소비수준은 그대로 유지된다. 의식주에 관한 기초적 소비는 전 생애에 걸쳐 달라질 것이 없기 때문이다. 소득흐름이 끊어지면 젊은 시절 축적한 재산을 소진해 가면서 생활한다. 그러므로 중·장년기 소득이 높은 시절에 미래소비를 위해 재산을 많이 형성해 놓아야 한다. 소비의 크기를 결정하는 것은 그때그때의 소득의 크기가 아니고 '미래에 소득화될 수 있는 재산의 크기'이다. 이와 같이 사람들은 평생을 염두에 두고 현재의 소비를 결정 한다는 것이다. 이를 모딜리아니의 생애주기 가설 혹은 평생소득 가설이라고 한다.

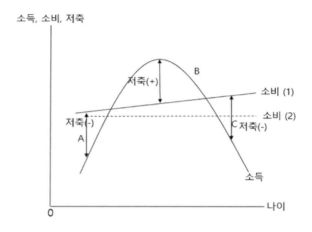

(그림 1) 생애주기가설

(그림 1)에서 소득의 궤적은 위로 볼록한 포물선이며, 소비지출은 우 상향의 직선이다. 소득이 높은 젊었을 때는 큰 폭의 흑자저축+, B의 구간를 보이지만 소득이 줄어든 노년기에는 적자저축 -, C의 구간를 보이고 있다. 중·장년기에는 저축을 하고 노년기에는 이를 헐어서 쓴다. 저축을 시작하는 시기와 방법은 개인에 따라 다르지만, 그림에서 보는 바와 같이 소득이 많을 때 일찍 저축하기 시작하다면 더 쉽게 높은 목표에 도달 할 수 있다는 사실은 자명하다.

2017년 노벨경제학상 수상자 시카고 대 세일러 교수는 노년을 위해 저축하거나 건강한 생활습관을 유지하는 등의 계획이 실패하는 중요한 이유는 단기적인 유혹에 굴복하는 데 있다고 보았다. 금리가 너무 낮다든가 연금수령이 불확실하다든가 혹은 효과가 없을 것이라는 등의 핑계를 마음속에서 만들어 낸다는 것이다. 그래서 정부가 세제혜택 보조금 등의 '넛징'nudging · 가벼운 개입을 하여 노후 준비 등을 자극하는 것이 필요하다고 하였다.

2) 소박한 삶에서 즐거움을 찾다.

한 번 올라간 소비수준은 소득이 감소하여도 쉽게 줄어들지 않는다는 이론이 있다.

이른바 소비의 톱니바퀴효과ratchet effect라는 것이다. 톱니는 거꾸로 돌지 않기 때문에 붙인 이름이다. 그러나 이 이야기는 노년에게는 맞지 않을 수 있다. 나이 들면 생활이 저절로 간소하게 되면서 욕망을 내려놓는 삶에 익숙해지게 되기 때문이다. 이때 소비 곡선은 소비(1)에서 소비(2)와 같이 아래로 쉬프트하게 된다. 이렇게 되면 노후자금의 부족「갭」이 그만큼 줄어들게 될 것이다.

나는 주변에서 남을 부러워하지 않고 소박하면서도 즐거운 삶을 사는 노년 친구들을 많이 만나고 있다. 셰익스피어의『소네트…』에 이런 말이 나온다.

"5월의 싱그러운 환희 속에서 눈을 그리워하지 않듯, 크리스마스에 장미를 갈망하지 않는다." 5월에는 5월만의 환희가 크리스마스에는 크리스마스만의 즐거움이 있는 것이다.

2. 그러면 어떻게 노후자금을 마련할까?

1) '3층 연금체계'를 이해하면 노후준비 어떻게 할지 구도가 잡힌다.

장수 리스크를 관리할 수 있는 가장 확실한 방법은 사망 시점까지 안정적인 소득 흐름을 확보하는 것이다. 이제 과거처럼 부동산의 축적이나 자식으로부터의 부양을 기대하는 것 같은 "아날로그"적 사고는 사라지게 될 것이다. 이제 중·장년기에 연금을 붓고 노후에는 연금을 받아 가며 살아가는 구조로 가는 것은 확실하다. 저성장, 저물가, 저금리 시대에는 이렇게 갈 수밖에 없다. 특히 정보와 통계를 활용한 금융공학의 발전으로 맞춤형으로 다양한 연금 상품을 만들어 낼 수 있게 되었다. 연금시장이 글로벌화 되면서, 국제 보험회사의 연금 상품에도 쉽게 가입할 수 있게 되었다.

그렇다면 이제 노후 준비를 어떻게 하면 되겠는가? 그 답이 (그림 2)와 같이 '3층 연금체계'를 구축하라는 것이다. 1층 국민연금, 2층 퇴직연금, 그 위에 3층의 개인연금계정으로 쌓는 것이다. "국민연금으로 쌀을 사고, 퇴직연금으로 반찬을 사고, 개인연금계정으로는 여행도 하고 여유로운 생활을 한다."라고 은유적으로 표현할 수 있다. 여기에 주택을 보유하고 있다면 3층에 주택연금을 하나 더 올려놓을 수 있다. 현재 70대 80대에서는 이 '3층 연금체계'를 구축한 사람이 적지만 다음세대인 40대가 은퇴하는 시기에는 연금으로 살아가는 것이 일반화될 것으로 예상된다.

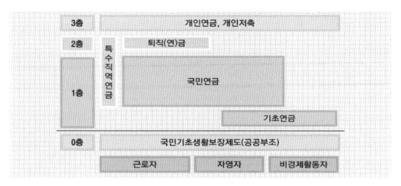

(그림 2) 3층 보장체제

자료 : 금융 감독원 연금저축통합공시 연금저축 길라잡이 2015. 7

(1) 1층 국민연금에 가입한 후 2층 퇴직연금에 가입하게 된다. 퇴직연금은 DB형, DC형, IRP계정 3유형으로 구분된다. DB형과 DC형의 경우 기업은 매월 혹은 매년 금융기관에 개설되어 있는 직원의 퇴직금 계정에 퇴직급여를 입금시켜 준다. DB형은 회사가 수탁기관을 지정한다.

운영의 성과는 운용금융기관의 실적에 달렸다. 퇴직금 금액은 과거 사내충당금 보유 시와 큰 차이가 없으나 지급이 확실히 보장되고 연금화되었다는 점이 다르다. DC형은 개인이 퇴직금 관리 금융기관 뿐 아니라 운용상품도 직접 선택하고 결정할 수 있다. 그러므로 운영성과는 근로자 개인의 능력에 달렸다. IRP계정은 연금저축과 퇴직연금을 합산하여 연 1,800만원까지 납입할 경우 연금소득세 적용을 받고, 이중 700만 원은 연말정산시 세액공제 혜택이 있다.

(2) 3층 노후준비상품인 개인연금은 은행의 개인연금처축과 보험사의 개인연금보험, 투자신탁회사의 개인연금펀드가 있다. 납입액중 연간 최대 400만원에 대해서 세액공제를 받을 수 있다.

개인연금계정 이외의 다양한 형식의 상품의 세제혜택은 개인연금계정 상품과 같으나 가입 시 납입 방법이 신축적이거나 연금 수령 방식이 비정기적인 변형된 다양한 형식의 연금 상품이 있다.

① 거치식 연금보험과 일시납연금이 있다. 거치식 연금 보험은 보험료를 납입한 후 일정 거치기간이 지난 후 연금을 받는 상품이다. 보험료 납입 방법은 한 번에 목돈을 납입하는 일시납입방법과 납입기간 및 납입 금액을 조정할 수 있는 신축적 납입방법이 있다. 일시납연금은 퇴직금이나 투자된 자금의 회수 등으로 큰 목돈을 손에 쥔 사람이 연금에 가입하여 노년에 연금으로 받는 상품이다. 예를 들면 사망한 배우자가 남겨 놓은 생명보험금을 이 연금에 넣고, 평생에 걸쳐 매월연금으로 수급 받아 생활비로 사용할 수 있다. 생명보험금으로 2억 원을 수령하여 60세에 일시납연금에 넣는다면 종신토록 매월 83만원을 받을 수 있다.

② 변액연금이 있다. 납부연금이 투자된 자산의 운용실적에 따라 연금수령금액이 달라지는 금융상품이다. 주식, 채권 등에 투자하여 이익을 배분하는 실적배당형 금융상품과 같으나 연금으로 지급된다.

(3) 또 하나의 3층 연금 : 주택연금

앞에서 언급한 바와 같이 70~80세대에게는 내 집 한 채가 노후 대비책의 전부인 경우도 많다. 이들은 대체로 국민연금은 받고 있으나 퇴직연금은 없는 경우가 많다.

퇴직금을 일시불로 받던 시대에 살았기 때문일 것이다. 2008년 글로벌 금융위기이후 줄곧 저금리 시대가 지속되었다. 금융자산이 있었다고 하더라도 원금을 보존하기 힘들었을 것이다. 결국 생활비를 마련하기 위해서는 살고 있는 집을 줄이거나 활용하는 방법을 생각하게 된다. 집을 줄이는 방법으로는 우선 큰 주택을 전세로 놓고 집값이 싼 지역으로 이사하는 방법이 있다. 주거비도 절약되고 임대료 수입도 올릴 수 있을 것이다. 또 큰 집을 매각하고 작은 집으로 이사하는 방법도 있다. 주택을 줄여서 마련한 자금을 일시납 연금에 넣고 매월 소득 흐름을 얻는 방법도 있을 것이다.

강남의 60평 아파트를 매각하고 분당의 30평대 아파트로 이사 간 직장 선배가 있다. 그는 그 여유자금으로 운동도 하고 해외여행도 다닌다. 어느 날 저녁 모임에서 그 선배를 만났더니 분당 광교산 밑, 지금 살고 있는 곳에서는 아침에 일찍 일어나면 '찍새', '짭새'의 새소리를 들을 수 있어 좋다고 한다. 공기도 서울 도심과는 다르다고 했다.

위와 같이 주택소비를 줄이거나 이사를 하는 것은 일상생활에 많은 변화를 가져온다. 좋은 예도 있지만 불편을 먼저 생각하게 된다. 그래서 집을 매각하지 않고 이 주택을 현금화하는 방법을 모색하게 된다. 그 방법 중 하나는 주택을 담보로 잡히고 담보대출loan secured by house을 받는 방법이고, 다른 하나는 주택을 금융기관에 제공하고, 대신 사망할 때까지 매월 일정 금액의 연금을 받는 "주택연금"에 가입하는 방법이 있다.

주택연금제도는 소득이 부족한 은퇴자에게 생활비를 제공할 뿐 아니라 사회경제적으로 사회복지의 확대와 함께 새로운 소비지출을 창출해 낸다. 2004년 주택연금법이 마련되어 주택금융공사가 취급금융기관을 적극 지원하면서 본격화 되었다.

한국주택금융공사는 정부예산과 한국은행 출자금을 재원으로 하여 담보로 잡은 채권을 시장에 유동화 시켜 자금을 조달한다. 이 자금으로 금융기관이 담보로 잡고 있는 주택의 연금을 지불보증을 해 주거나, 주택연금채권을 양수 혹은 보유한다.

주택연금 가입 대상은 부부 중 한사람이 60세 이상이어야 하고, 1가구 1주택기준 9억 원 이하이어야 한다. 다주택자의 경우는 합산하여 9억 원이하이어야 한다.

만약 9억 원 이상의 집을 갖고 있다면, 60세 이전에 집을 9억 원 이하로 줄이면 된다. 연금가입자가 사망하면 금융기관은 주택을 처분하여 그동안의 대출금과 이자를 상환 받고 남는 주택가치가 있다면 가입자의 뜻에 따라 자식에게 증여될 수도 있다.

주택연금의 지급방식은 종신지급방식, 종신혼합방식 두 가지가 있다. 종신지급방식은 수시 인출한도 설정이 없이 종신토록 매달 일정금액을 지급하는 방식이다.

종신혼합방식은 금융기관에 따라, 대출한도의 50%~70% 최대 5억 원 이내에서 필요할 때 개별일시 인출을 허용하고 나머지 부분에서 매달 일정금액을 종신토록 지급하는 방식이다. 또한 옵션을 선택하여 매년 3%씩 월지급금을 증가시키거나 반대로 매년 3%씩 월지급금을 감소시킬 수도 있다.

최근의 통계를 보면, 2016년 7말 가입자 수는 전년 동기대비 무려 약73% 증가하였고, 지급액은 전년 동기대비 49%가 증가하였다. 주택연금이 노후자금 조달원으로 보편화되어 가고 있다고 하겠다. 또한 평균가입연령은 71.9세로 파악되고 있으며 총가입자 수는 45,300가구이다. 가입자 주택가격평균은 2억8600만원, 월 수령액은 평균 98만4천원이었다.

50~100만원이 43%, 100~150만원이 21%이었다. 가입주택은 아파트가 84%로 대부분이다. 가입자의 가족구성은 노인 부부가 61%이다. 또한 2016년 7말 현재 종신지급방식이 70%였다.

은퇴에 즈음한 자산운용과 부채관리, 그 몇 가지 노하우

이기형

1. 자산운용의 기준은 '저위험 중수익'투자이다.

1) 여유자금의 운용 : 노후준비상품의 구성

1층 2층 3층의 연금을 구축한 후에도 남는 여유자금이 있을 때 어떻게 운용할 것인가? 은퇴상품을 선택함에 있어 은행의 예금 적금으로부터 채권투자, 펀드가입에 이르기까지 다양한 스펙트럼의 포트폴리오로 구성할 수 있다. 이때 원금을 지킬 수 있는지 여부를 기준으로 밑변의 원금 100% 보장 상품으로부터 쌓아올린 '피라미드' 모양의 그림을 그릴 수 있다.

아래의 은퇴상품 피라미드(그림 3)는 상품선택에 참고가 될 수 있을 것이다. 은퇴상품 피라미드 그림에서는 "저위험 중수익"의 상품에 투자할 것을 추천하고 있는 것을 볼 수 있을 것이다. 이것은 "마음이 불편하지 않을 만한" 위험을 감수하고 시장금리보다 높은 수익성을 얻는 자산관리 방법이라 하겠다. 예를 들면 필자도 투자 경험이 있는 "D 하이플러스채권증권투자신탁 1호" 와 같은 상품이다. 현재 은행 예금 금리는 년 1.5% 수준이나 이 상품은 3.0%의 수익률을 예상하고 있다.

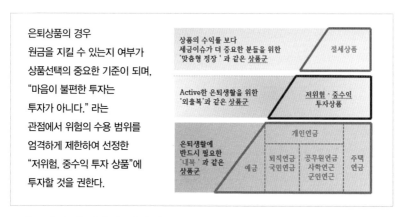

(그림 3) 은퇴상품 피라미드

자료 S은행 팜프렛 2017. 7

상품의 구성 투자대상물은 "원본손실가능성이 높은 정도에 따른 금융상품 스펙트럼" (그림 4)에서 검은색 부분에 해당한다. 이 부분은 BBB+이상등급의 우량채권, 우량주식, 주식형펀드 및 MBS와 같은 투자물이다. 필자가 6개월 전 가입할 때는 BBB+이상등급의 우량 채권에는 D중공업, H종합건설의 회사채 등이 포함되어 있었다. 나는 이들 회사가 현재 상황에서 건실하다고 생각하고 은행적금보다 낫다고 판단하고 가입했다.

가입 후 매달 취급금융기관으로부터 자산구성의 내용과 수익률을 인터넷으로 통보해 오고 있다. 예를 들면 가입한 지 6개월 된 10월,

이 펀드의 2017.10.10. 기준 평가금액은 5,315,123 +1.24%이라고 하며 자산구성은 xxx회사채 국채 산금채 등이라고 통보하여 왔다.

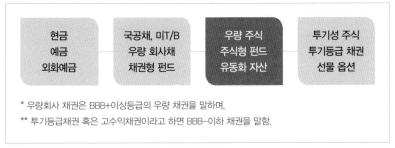

| 현금
예금
외화예금 | 국공채, 미T/B
우량 회사채
채권형 펀드 | 우량 주식
주식형 펀드
유동화 자산 | 투기성 주식
투기등급 채권
선물 옵션 |

* 우량회사 채권은 BBB+이상등급의 우량 채권을 말하며.
** 투기등급채권 혹은 고수익채권이라고 하면 BBB−이하 채권을 말함.

<u>(그림 4) 원본손실가능성이 높은 정도에 따른 금융상품 스펙트럼</u>

2) 장수시대 : 고수익 위험자산에도 관심을 가진다.

지금까지 나이가 들면 위험자산투자의 비중을 줄여라 하는 것이 정설이었다. 앞의 은퇴상품구성 – 은퇴상품 피라미드(그림 3)에서는 저위험 중수익의 상품으로 운영하라고 하였다.

긴 수명 때문만이 아니고 우리경제가 국제화 되면서 해외 채권시장 주식시장 금시장에도 투자할 수 있게 되었기 때문이다.

그만큼 투자대상물이 다양해졌다. 필자도 2005년 증권회사를 그만두면서 금 펀드에 가입하여 3년 정도 보유하였다. 계속 보유하였으면 더 큰 성과가 있었을 것 같다. 장수 시대가 되면서 자산관리의 시간지평時間 地平, time horizon이 길어졌다고 한다.

지금까지는 5년~10년 정도의 투자기간을 설정했다면 이제는 20년 ~30년으로 할 수 있게 되었다. 투자기간duration이 길어지면 투자자산의 위험risk이 그만큼 줄어든다.

펜실베니아 대학 와튼 스쿨의 제레미 시겔 교수의 분석에 따르면 주식을 1년 보유할 때 변농성으로 측정한 위험이 18%인데, 10년을 보유하면 5%로 줄어든다고 한다. 이렇게 위험이 줄어들면 실제 투자 수익률은 대략 1.5%포인트가 높아진다는 것이다. 장기 투자물을 찾을 필요가 있게 되었다. 또 한 가지 장수 시대가 되면서 시장의 흐름을 탈 수 있게 되었다는 것이다. 국민연금 등 공적연금과 주택연금과 같은 소득으로 생계비를 충당하고 나머지 자산은 금리의 상승하강과 채권 주식 가격의 등락에 맞추어 자산을 전략적으로 처분할 수 있게 된다면 은퇴자산의 조기소진을 그만큼 회피할 수 있을 것이다. 이와 같이 시간을 우리의 우군으로 만들어서 수익을 창출해 낼 수 있다.

2. 부채에 관한 관점을 달리한다.

1) 가계에 적용되는 자금운영의 「골든 룰」과 자산 · 부채 종합관리의 원리

(1) "단기로 마련한 자금은 단기로 운용하고, 장기로 조달한 자금은 장기로 운용하라"는 원칙이 있다. 오랫동안 금융업에 종사한 필자로서는 이것을 자금운영의 「골든 룰」이라고 소개하고 싶다. 국가의 경우이기는 하지만 1997년 IMF 외환위기도 이 「골든 룰」을 어겼기 때문에 발생하였다고 생각할 수 있다.

과도한 대출을 하지 말라는 은행경영의 BIS비율 준수는 오히려 「실버 룰」이다. 신용대출자금, 전세 놓은 돈, 사채자금 등으로 조성된 단기자금을 부동산 매입, 해외증권 펀드 등으로 장기투자 하는 것은 이 「룰」에 맞지 않는다. 반대로 장기로 빌린 주택담보 대출자금을 단기로 운용하여서도 안 된다는 것이다.

그러나 현실에서는 이 「룰」이 잘 지켜지지 못한다. 그 이유는 저금리의 지속과 주택가격의 상승 때문이다. 금리가 년 3%라면 3억 원 빌리는데 연 900만 원의 이자부담이 있다. 900만 원을 지렛대로 3억 원을 빌려 부동산을 샀을 경우다.

1년에 가격이 3000만 원 오른다면 남는 장사가 될 것이라고 생각한다. 은퇴를 앞두고 이것은 유혹이다. 부채를 늘려 자산을 키웠는데 팔지 못했다면 어찌되나! 또 그 자산을 계속 보유한다면 수익성은 있는가? 실패했을 때 이를 커버해줄 노동소득은 이제 없다. 그러므로 이제는 부동산 담보대출 상환계획을 세우고 추가대출방지를 위해 비정기적 지출을 줄여야 할 시기이다.

(2) 자산 · 부채 종합관리Asset & Liability Management, ALM라는 원리가 있다. 원래는 은행과 기업이 상황 변화에 맞추어 자산 · 부채를 함께 변동시켜 나가야한다는 원리이다. 예를 들면 은행의 이자수입은 금리이외에도 경기변동, 환율, 유동성 리스크 등에 따라 증감한다. 그러므로 은행이 무작정 대출을 늘리기만 해서 수익이 나는 것이 아니다. 가정경제에 있어서도 이 원리는 그대로 적용된다. 주택 구입만이 미덕이아니다. 자산을 늘리는 것도 좋지만 부채도 함께 관리되어야 한다. 가

계부채 과다는 국민경제 전체로는 소비여력의 감소, 수요부족으로 경제성장의 발목을 잡고 있다.

부채를 늘리려 할 때는 '소득대비 부채상한선' DTI과 '자산대비 부채상한선' LTV과 같은 부채규모의 적정성을 점검해 보아야 한다. 이 밖에 부채관리의 체크 포인트로 금리변동성, 세금문제, 수익이 있어도 그 현금흐름의 기회비용도 고려해야 한다. 한번 받은 주택담보대출은 은퇴한 후에는 갚기 어렵다. 변화관리라는 말이 있다. 예상하지 못한 상황 때문에 가계에 불어 닥칠 리스크를 회피해 나갈 수 있는 부채관리가 필요하다. 은퇴가장家長의 가계는 내적 외적 충격에 취약하다는 것을 명심해야 한다.

3. 자산 · 부채 관리의 몇 가지 노하우

1) 예대상계預貸相計를 한다.

은행 대출금을 자기의 예금으로 갚음으로써 은퇴 전에 은행 빚을 정리하는 것이 좋다. 이는 자산 · 부채 종합관리ALM의 일환이라 할 수 있다. 빚으로 불린 자산을 줄여 주는 것이다. 회계학에서는 자본과 부채를 합치면 자산의 크기와 같다. 수익만 창출할 수 있다면 부채가 많아도 잘못될 것이 없다. 오히려 좋다.

그러나 이제 은퇴하게 되면 큰 자산을 굴려 수익을 유도해 내기가 어렵다. 그렇다면 우선 가능한 것부터 실행한다. 은행 예금과 대출금을 함께 줄이는 것이다. 이 아이디어로 자산의 군살을 빼두는 것이다. 이로써 예금과 대출의 이차利差도 절약할 수 있다.

보통 예금금리와 대출 금리의 차이는 3~5%포인트나 된다.

물론 사람들은 은행 잔액을 많이 유지하고, 은행으로부터 마이너스 대출overdraft한도도 많이 갖고 싶을 것이다. 2선 준비2線 準備가 많으니 든든하다. 그러나 이제 은퇴하고 사회활동도 줄었으니 이 잔액을 어느 정도는 줄일 수 있을 것이다.

은행 빚을 줄여야 하는 또 다른 이유는 은퇴하게 되면 은행이 대하는 대우가 급격하게 달라질 것이기 때문이기도 하다. 마이너스 통장 대출overdraft 한도를 반으로 줄일지도 모르고, 적용금리를 은퇴 전의 4~5%수준에서 8~9%로 올릴 수도 있을 것이다.

은행으로서는 리스크 관리 차원에서 불가피한 것이지만 섭섭한 일이다. 특히 마이너스 대출 한도를 유지하여 준다고 하여도 한도 중 쓰지 않은 부분에 대하여 0.05%~0.1%의 자금 약정 수수료commitment fee를 요구하는 경우까지도 있다. 예대 상계는 기업들만이 하는 것이 아니다.

2) 국민연금수급 연기신청을 한다.

퇴직 초기에 본인의 건강상태가 좋고 경제력에 여유가 있다면 앞으로 받을 국민연금의 연금수급액을 늘리기 위해 노령연금 수급 개시시점을 몇 년 후로 연기해 둔다는 것이다.

수급개시 연기기간 동안 월 0.6%, 연 7.2%의 가산 율이 적용되므로 어떤 예금보다도 유리하다. 연기할 수 있는 기간은 길지 않다.

연금수급개시 연령에서 최대 5년 출생년도에 따라 70세 까지만 연기할 수 있다. 최근 저금리시대가 지속되면서 연기신청자가 크게 증가하고 있다. 필자도 꼭 해보고 싶었던 일이었다.

3) 퇴직연금 수급분의 운영과 연금수령통장에서의 마이너스 대출 overdraft

여유가 된다면 수급 개시된 퇴직연금을 새로이 통장을 만들어 매월 자동 재예치하여 두면 큰 도움이 될 것이다. 은퇴한 직후인 때는 그래도 여유가 있다고 보아야 한다.

현재의 소득흐름을 몇 년 후의 소득흐름으로 이월시킴으로서 미래 은퇴자금을 그만큼 늘릴 수 있을 것이다. 또 지금의 100만 원과 5년 후의 100만 원은 한계효용이 다르다. 지금과 같은 저금리시대에 이자 증가보다 몇 년 후에 죄어오는 가용자원조달능력 availability 상황을 생각해야 할 것이다. 과거 10년 전까지만 해도 퇴직금이 직장에서 일시금으로 지급되었다. 그때는 이것으로 부동산을 사거나 수익자산으로 묶어 두었다.

4) 생계형 비과세저축 통장을 활용한다.

퇴직하면서 생긴 목돈을 상당기간 동안 이 생계형 비과세저축 계정에 묶어두고 이자소득세 없이 잘 운영하여 빼내 쓴 경험이 있다. 가까운 저축은행에서도 취급한다.

2004년부터 판매가 시작된 오래된 정말 서민을 위한 상품이다. 이자소득에 대한 세금이 완전히 면제되며 만 65세 이상의 노인이나 장애인 생활보호대상자들을 위한 저축제도이다.

은행 증권 보험 종금 등 모든 금융기관에서 취급하고 요구불과 거치식, 적립식, 신탁형 등 거의 모든 상품이 면세된다. 특히 입출금통장도 비과세 혜택을 받을 수 있다. 그러나 한 금융기관에서 1인 1통장에 한하며 2천만 원 이내에서만 가입이 가능하다.

3. 은퇴 직후의 적응과정이 중요하다.

1) 오직 자신의 욕망에 집중하라!

후반기생활은 혼자 준비하지 않으면 안 된다. 또 개인의 특성, 각 사람의 욕망, 추구하는 목표에 따라 다르게 "적응"해 나가게 될 것이다. 나는 이제 "내 욕망에 따라 살고 싶다" 지금까지 돈 벌면서 산 인생은 내 인생이 아니었어.

그러니 퇴직 후에는 밖으로 향해 있는 눈을 나의 내부를 향하도록 돌려놓고, 내 자신의 욕망을 들여다보고 모든 것을 정할 거야! 사람은 "내가 나인가?" 하는 질문을 항상 하게 된다.

내가 아닌 다른 것의 노예로 살고 있지 않은가? 하는 질문을 항상 자기한테 하게 된다. 삶은 자기가 사는 것이기 때문이다. 이타적이든 이기적이든 삶의 활동성은 오직 자기에게서 비롯된다. 자기가 하는 일과 자기 내적인 활동성과의 거리가 멀면 멀수록 사는 일이 피곤하여진다. 뭔가 불안하고 고갈되어 가는 느낌이 들고 총체적으로는 재미가 없다. 이제는 정말 자기에게 맞는 것을 해야 한다.

2) 은퇴 후에도 무언가를 추구하고 매진하는 자세로 살아야 한다.

길어진 인생으로 볼 때 정년퇴직은 장년기에 뿌렸던 씨앗의 열매를 거두는 시기만이 아니라 새로운 씨를 뿌리는 때이기도 하다. 이번에 뿌리는 씨는 젊어서 멋모르고 밀려서 뿌렸던 종자와는 다르다. 나이 들면 젊어서는 보이지 않던 것들이 많이 보이기 때문이기도 하다. 그때 왜 그렇게 하지 않았나 하고 후회하는 일도 있다. 필자의 경우는 새로운 취미 서예에 전념하고 있다.

"어느 95세 노인의 후회" 수기라는 글이 있다. 젊었을 때 열심히 일하고 65세에 은퇴한 노인이 아흔다섯 생일 때 퇴직 후 30년을 '덤이다'라고 헛되이 살았다고 후회하는 글이다. 그는 아흔다섯에도 정신이 또렷하였다.

그럴지 몰랐다는 것이다. 그는 10년 후에 있을 105세 생일에 같은 후회를 되풀이 하지 않기 위하여 어학공부를 시작하였다. 실제로 전 서울 의대 김 모 교수는 2014년 2월 한 방송국 스페셜에 출연해 아흔다섯에 시작하여 4개 외국어를 완성하였다고 한다.

3) 기업에 생존방정식이 있듯 행복에도 방정식이 있다.

학교 다닐 때 미시경제학에서 기업의 생산 방정식으로 MR-MC 〉 0^0 보다 크다는 뜻을 이해하였을 때 기쁨이 컸다. 기업이 생산한 마지막 한 단위를 시장에 팔아 취득한 한계수입MR 즉 가격이 그 한 단위를 생산하기 위해 들어간 한계비용MC보다 크다면 기업은 생산을 계속 할 수 있을 것이다.

마케팅에서는 고객이 그 상품에 부여한 가치 즉 편익V이 구매자가 지불한 비용 즉 그 상품의 가격P 보다 크다면, 이를 V-P 〉 0^0 보다 크다는 뜻 로 표시할 수 있다. 이 조건하에서 기업은 생존할 수 있을 것이다. 이것을 기업생존방정식이라고 한다. 그렇다면 행복을 계속 느끼려면, 어떤 조건이 성립되어야 할까? 구글Google의 최고영업경영자CBO이며 "행복을 풀다"의 저자 모 가댓Mo Gawdat의 이야기를 들어 본다. 당신은 지금 행복한가? 를 판단하는 방정식을 다음과 같이 제시하였다.

"행복 ≥ 실제로 벌어진 일 ― 나의 기대" 라고 하였다. 실제 벌어진 일이 자기의 기대와 일치하거나 넘어서면 행복상태가 된다는 것이다. 실제 벌어진 일을 상수常數라고 보자. 나의 기대 즉 그 일에 대해 생각하는 태도에 따라 행복과 불행이 결정된다는 것이다. 나이가 들면 앞으로 나올 결과에 대한 기대를 줄여 잡으라는 충고인 것이다.

4) 나이 들면 노욕을 경계하라 하였다.

예를 들어 이야기 하지 않아도 될 것이다. 지금 옆에 있는 신문에만 눈을 돌려도 독직瀆職사건, 형제간의 재산다툼 기사를 쉽게 만날 수 있을 것이다. 니의 주위의 실례를 보아도 그러하다. 부정으로 법정에 선 친구를 면회 갔을 때는 가슴이 아팠다. 물론 어리석어서 남에게 속아 부정을 저지르는 수도 있다.

그러나 주변에서 보면 나이든 사람들 중에는 그의 끝날 무렵의 직책, 사업, 일에서 "노후에 먹고 살 준비를 한다"고 하여 무리를 하고, 그릇된 판단을 하는 것을 볼 수 있다. 모든 것이 탐진치貪瞋痴에서 시작된다고 하지 않았는가? 공자는 사람이 나이가 듦에 따라 경계하여야 할 계율 세 가지를 말씀하였다. 특히 나이를 먹으면 물욕에 빠지기 쉽다고 하고 이를 크게 경계하였다.

한창 성장하는 젊었을 때는 아직 혈기가 안정되지 않았으므로 여색을 경계하여야 하고, 혈기왕성한 장년에는 싸움과 경쟁을 경계하고, 늙어 혈기가 쇠퇴하여지면, 자칫 노욕에 빠지기 쉬우므로 물욕을 경계하고 조심해야 한다고 하였다. 사실, 호색과 명예, 물욕은 인생에서 늘 경계 대상이다.

少之時엔 血氣未定하니 戒之在色이요

소지시 혈기미정 계지재색

及其壯也에는 血氣方剛하니 戒之在鬪요

급기장야 혈기방강 계지재투

及其老也는 血氣旣衰하니 戒之在得이니라

급기노야 혈기기쇠 계지재득

論語 16 季氏

[참고자료]

최진석 『인간이 그리는 무늬』 소나무 2015

강창희 『당신의 노후는 당신의 부모와 다르다』 쌤앤파커스 2014

유지송 『은퇴달력』 비즈니스북스 2015

법 정 『아름다운 마무리 법정』 문학의 숲 2010

와타나베 쇼이치 『지적으로 나이 드는 법』 위스덤하우스 2012

주1) 강창희 『당신의 노후는 당신의 부모와 다르다』 20쪽

주2) 유지송 『은퇴달력』 312쪽 s사 60세 가입 일시납 20년 보증 공시이율3.75% 기준

주3) 최진석 ; 『인간이 그리는 무늬』 79~80쪽

주4) 조선일보 김경록 미래에셋 은퇴연구소장 기고문 2016.6.10

주ⁿ) 조선일보 모 가넷 2017.9.2

제10장

증여냐
상속이냐
아는 만큼 보인다

증여 상속의 개요

정동호

인간사에 있어 고금을 통하여 세계 어느 곳에서나 인간이 부를 축적하여 이를 자손에게 물려주는 것이 하나의 생활전통이 되어 왔다. 근래 자본주의 경제시대에 들어 와서는 그러한 전통은 생존경쟁이 치열해지면서 그 필요성이 더 요구되고 있다. 예로부터 가족관계의 질서와 정을 중시해 온 한국인의 의식구조 속에서는 나를 희생하면서도 자식에게 부를 물리겠다는 무조건적 사랑이 서구인들 사회에서 보다 유독 강하게 느껴진다.

나이가 들면서 딱히 바쁠 것이 없는 친구들의 모임에 나가보면 이야기의 주제가 건강과 노후의 재산관리에 관한 것이 주를 이룬다. 건강 문제야 나이에 관계없이 늘 관심을 쏟는 것이지마는 재산관리 문제는 이제 대부분 현역에서 물러나 그간 열심히 노력하여 일군 귀중한 재산을 어떻게 보존하고 관리해 가야 하는가 하는 문제로 행복한 노후를 보장하는 첫 번째 중요한 요건이 될 것이다.

인간수명 100세를 앞두고 노후 생활자금도 비축해야 하고 자식들에게 재산도 물려주어야 하는 것 등 이것저것 생각이 많을 것이다. 자식에게 재산을 물려주는 방법은 증여나 상속이 있다는데 증여를 한다면 언제 어떤 방법으로 해야 좋을지, 혹 상속으로 하면 더 유리하지 않을까 고심도 해본다.

이러한 문제는 사업을 하는 사람에게도 마찬가지여서 어떻게 하면 경영권의 손상 없이 가업을 물려줄 수 있을 것인가, 자식의 창업자금을 보태주고 싶은데 증여세 문제는 어떻게 되나 등이 매우 궁금할 것이다.

증여나 상속은 사전에 물려주느냐 사후에 물려주느냐의 차이뿐 자산을 무상으로 이전한다는 면에서 같다.

사전 증여하는 것과 사후 상속하는 것 어느 편이 더 현실적이고 절세에 도움이 될까 하는 것은 개인의 사정이 다르고 과세 방법도 다르기 때문에 딱히 이것이 좋다라고 단정할 수 있는 문제는 아니다. 그러나 사전에 세법의 규정을 충분히 이해하고 있다면 각자의 현실에 맞는 재산관리계획을 세워나가는데 도움이 될 것이다.

따라서 이장에서는 세법 규정을 요점 정리하여 그 대강 내용의 이해를 돕도록 하고 좀 더 자세한 내용이 필요한 부분은 문답 형식으로 보완하였다. 아무쪼록 이장이 독자들의 궁금증을 푸는데 다소나마 도움이 되길 기대하며 지면 관계로 충분히 설명 드리지 못하게 된 것을 유감스럽게 생각한다.

요점 이해하기

1) 상속세

상속세는 자연인의 사망으로 인하여 그의 유산이 상속, 유증, 사인 증여의 형태로 무상 이전되는 경우 유산을 물려받은 상속인 또는 수유자受遺者가 부담하는 세금이다. 상속의 개시는 피상속인이 사망한 순간부터 개시된다.

* 유증 : 유언으로 재산을 타인에게 증여하는 것으로 유언은 민법상 자필증서, 녹음, 공정 증서, 구수증서, 비밀증서에 따라야 효력이 있음.

* 사인증여 : 증여자의 사망으로 효력이 발생하는 증여로 유증과의 차이는 유증은 유언자의 단독행위임에 반해 사인증여는 증여자와 수증자 사이의 계약이다.

(1) 법적 상속분

상속분에 대한 피상속인의 지정이 없는 경우 민법의 규정에 따라 결정되는 상속분을 말한다.

가. 상속순위

  1순위 : 직계비속과 배우자

  2순위 : 직계존속과 배우자 (1순위가 없는 경우)

  3순위 : 형제자매 (1.2순위가 없는 경우)

  4순위 : 4촌 이내의 방계혈족 (1.2.3순위가 없는 경우)

나. 지분율

같은 순위의 상속인이 여러 명일 경우 그 상속분은 동일하며 피상속인의 배우자 상속분은 직계비속 또는 직계존속 상속분에 5할을 가산한다.

(2) 한정승인과 상속의 포기

상속은 피상속인의 재산상 모든 권리와 의무가 상속인의 의사와 관계없이 상속인에 포괄적으로 승계되므로 상속재산보다 채무가 많은 경우 상속인 보호를 위해 상속받은 재산 범위 내에서 채무를 부담하는 한정승인과 상속의 포기 제도를 두고 있다. 한정승인과 상속포기를 위해서는 상속개시를 안 날로부터 3개월 이내 가정법원에 신청을 해야 한다.

2) 증여세

민법에서 증여는 당사자 일방이 무상으로 일정한 재산을 상대방에게 준다는 의사표시를 하고 상대방이 이를 승낙하므로 성립하는 계약을 의미한다. 상증법에서는 2004년 이후부터 증여의 개념을 새로 정리하고 이에 해당하는 경우 과세가 가능토록 하는 증여의 완전 포괄주의 방식으로 전환하였다.

상증법상 증여는 생전에 타인에게 재산을 무상이전하거나 타인의 재산을 증가시키는 것을 말한다.

(1) 과세대상

① 무상으로 이전받은 재산 또는 이익

② 현저히 낮은 대가를 주고 재산 또는 이익을 이전받음으로 발생하는 이익과 현저히 높은 대가를 받고 재산 또는 이익을 이전하므로 발생하는 이익

③ 재산 취득 후 해당자산의 가치가 증가하는 경우의 이익

④ 상증법상의 예시규정에 따른 재산 또는 이익

⑤ 상증법상의 추정규정에 해당하는 경우의 그 재산 또는 이익

⑥ 상증법상의 의제규정에 해당하는 경우의 그 재산 또는 이익

⑦ 당초 상속분을 초과하여 취득하는 재산가액** 주1

⑧ 반환 또는 재증여의 경우** 주2

** 주1 상속개시 후 상속재산에 대한 등기 등에 따라 각 상속인의 상속분이 확정된 후 공동상속인 사이의 협의에 의하여 특정상속인이 당초 상속분을 초과하여 취득하는 재산가액

** 주2 증여재산 반환 또는 재증여시기에 따른 과세여부

반환 또는 재증여 시기	당초 증여 분	반환 또는 재증여 분
증여세 신고기한 내	과세제외	과세제외
신고기한 경과 후 3개월 이내	과세	과세제외
신고기한 경과 후 3개월 후	과세	과세
금전(시기와 관계없음)	과세	과세

제10장 증여냐 상속이냐 아는 만큼 보인다

3) 상속세와 증여세 비교

(1) 과세방법

가. 상속세는 상속인의 수, 유산의 배분내용과 관계없이 피상속인이 물려준 유산금액을 대상으로 누진세율을 적용하여 세액을 계산하고 _{유산세 과세방식} 상속인 각자가 받은 재산가액을 기준으로 점유비율에 따라 상속세 납세의무를 부담한다.

나. 증여세는 수증자를 기준으로 수증자 별로 증여받은 자산 가액에 대하여 누진세율 적용하여 증여세액을 계산한다.

(2) 신고와 납부

구분		상속세	증여세
개시일시		피상속인이 사망한 때	증여재산 취득한 때
납세지(거주자)		피상속인 주소지 관할세무서	수증자 주소지 관할세무서
세율		과표 1억 원 이하 10% 과표 1억 원 초과 5억 원 미만 20% 과표 5억 원 초과 10억 원 미만 30% 과표 10억 원 초과 30억 원 미만 40% 과표 30억 원 초과 50%	좌동
신고와 납부		상속개시일이 속하는 달의 말일부터 6개월 이내	증여일이 속하는 달의 말일부터 3개월 이내
납부방법	분납	납부금액이 1천만 원 초과 시 2개월 이내 분납가능	좌동
	연납	납부할 금액이 2천만 원 초과 시 허가에 의해 5년 이내 연납 가능	좌동
	물납	물납조건에 합당한 경우 허가에 의해 물납 가능	2016. 1.1부터 물납 불가
부과제척기간 (국세부과권을 행사할 수 있는 법적기간)		신고기한의 다음달부터 일반적인 경우 : 10년 무신고 또는 부정행위로 세금을 포탈한 경우 : 15년	좌동

(3) 세액계산 흐름 비교

구분		상속세	증여세
총재산가액		국내의 모든 상속재산 + 간주상속재산 + 추정상속재산	국내의 모든 증여재산
(−) 차감 항목	비과세 및 과세가액 불산입	− 비과세 : 금양임야, 문화재 등 − 과세불산입 : 공익법인 등에 　출연한 자산	− 비과세 : 사회 통념상 인정 　되는 피부양자 생활비, 교육 　비 등 − 과세불산입 : 좌 동
	기타	공과금, 장례비, 채무	증여재산에 담보된 채무
(+) 가산항목		사전 증여재산 (상속인 10년 이내, 기타 5년)	동일인으로부터 10년 이내 증여 받은 재산가액
과세가액			
(−) 공제액		− 기초공제 : 2억 원 − 기타인적공제 − 일괄공제 5억 원 − 배우자공제 : 5억원(30억원한도) − 가업상속공제 : 한도 500억 원 − 영농상속공제 : 한도 15억 원 − 금융상속공제 : 한도 2억 원 − 재해손실공제 − 동거주택상속공제 : 한도 5억원	증여재산공제 (10년간 누적) − 배우자 : 6억 원 − 직계존속 : 5천만 원 　(미성년자 2천만 원) − 직계비속 : 5천만 원 − 기타친족 : 1천만 원
과세표준			
세율		10% ~ 50% 누진	좌동
산출세액			
(+) 세대생략 할증세액		상속인이 피상속인의 자녀가 아닌 직계비속인 경우 30% 할증(또는 40%)	수증자가 증여자의 자녀가 아 닌 직계비속인 경우 30% 할 증(또는 40%)
(−) 세액공제		− 문화재자료 등 징수유예 − 증여세액 공제 − 외국납부세액 공제 − 단기 재상속세액 공제 − 신고세액 공제 (7%)	− 문화재자료 등 징수유예 − 기 납부세액 공제 − 외국납부세액 공제 − 신고세액 공제 (7%)
납부할 세액			

4. 재산의 평가

상속 증여세법^{이하 상증법}상 상속 및 증여재산은 상속개시일 또는 증여일 현재의 시가평가를 원칙으로 한다. 시가란 불특정 다수인 사이에 자유롭게 거래가 이루어지는 경우에 통상적으로 인정되는 가액을 말하며 상속재산의 경우 평가일 전·후 6개월 이내, 증여재산은 3개월 이내에 매매, 감정, 수용, 공매가 있을 경우 그 가액을 시가로 본다. 다만, 시가를 산정키 어려울 경우 보충적 평가방법을 적용하여 평가한다.

보충적 평가방법

자산종류		보충적 평가 방법
부동산	토지	개별공시지가 1천만 원 초과 시 2개월 이내 분납가능
	건물(일반)	국세청장이 산정 고시하는 가액
	오피스텔, 상업용 건물	고시 가액

자산종류		보충적 평가 방법
유가증권	주택	국세청 고시 개별주택가격, 공동주택가격
	상장주식	평가기준일 전·후 각 2개월 종가 평균
	비상장주식	(주당순손익가치 x 3) + (주당순자산가치 x 2) / 5 단, 청산법인, 휴폐업법인, 계속결손법인은 순자산가치로 만 평가
	최대주주의 주식 (최대주주1인과 그와 특수관계에 있는 주주)	지분율 50% 이하 비중소기업 20% 할증 지분율 50% 초과 비중소기업 30% 할증 * 중소기업은 2005.1.1.~2017.12.31.까지 할증평가에서 제외함.

질의와 답변

정동호

1. 상속세

Q1. 상속세를 산출하기 전에 상속세 과세대상가액에서 공제해주는 상속공제에는 어떠한 것이 있나요?

상속세 산출의 기초가 되는 과세표준은 상속세과세가액에서 상속공제를 한 후 산출됩니다. 상속공제항목은 다음과 같습니다.

(1) 기초공제 : 2억 원

(2) 그 밖의 인적공제
 · 자녀공제 : 1인당 5천만 원
 · 미성년자공제 : 1인당 1천만 원 x 19세까지의 잔여연수
 · 연로자공제 : 1인당 1천만 원

· 장애인공제 : 1인당 1천만 원 x 기대여명연수

(3) 일괄공제

기초공제2억 원와 그 밖의 인적공제 합계액이 5억 원 미만일 경우 5억 원을 일괄 공제합니다. 다만, 피상속인의 배우자가 단독으로 상속받을 경우 기초공제 2억 원과 그 밖의 인적공제 합계액으로만 공제합니다.이때에도 배우자상속공제는 별도 적용

(4) 배우자공제

기본공제 5억 원과 다음 ①, ②, ③ 중 적은금액을 비교하여 큰금액을 공제하여 줍니다.

① 배우자가 실제 상속받는 금액

② 배우자 법적상속분

③ 30억 원

(5) 가업상속공제 : 최대한도 500억 원

(6) 영농상속공제 : 한도 15억 원

(7) 금융재산상속공제

순 금융재산가액이

· 2천만 원 초과 시 : 순 금융재산가액의 20%와 2억 원 중 적은 금액

· 2천만 원 미만 시 : 순 금융재산가액의 전액

** 순 금융재산가액 : (금융자산 – 금융부채)

(8) 동거주택상속공제

가. 요건

· 피상속인과 상속인이 10년 간 계속 동거

· 피상속인이 1세대 1주택

· 상속인이 무주택자일 것

· 동거한 상속인이 상속받을 것

나. 한도 : 주택가액의 80% 5억 원 한도

(9) 재해손실공제

피상속인이 거주자인 경우 상속세 신고기한 이내 화재, 붕괴, 폭발, 환경오염사고 및 자연재해 등 재난으로 인하여 손실된 상속재산의 가액 공제

Q2. 가업상속공제를 받고자 합니다. 이를 위한 요건 등은 무엇인가요?

가업상속공제를 받으려면 가업, 피상속인, 상속인 모두의 요건에 합당해야 합니다.

(1) 가업상속공제 요건

가. 가업

피상속인이 10년 간 계속하여 경영한 조세특례제한법상의 중소기업 또는 매출액이3천억 원 미만 중견기업

나. 피상속인

· 상속개시일 현재 거주자로 법인의 경우 최대주주1인에 한정로 지분율 50% 이상을 계속 보유상장법인 30%할 것

· 가업기간 중 10년 이상 계속 경영 또는 상속개시일 부터 소급하여 10년 중 5년 이상을 대표이사로 재직할 것

다. 상속인

· 상속개시일 현재 18세 이상일 것

· 상속개시일 전 2년 이상 가업에 종사할 것

· 상속세과세표준 신고기한까지 임원으로 취임, 2년 내 대표이사로 취임할 것

(2) 공제한도

가업에 직접 사용하는 사업용 자산으로서 토지, 건축물, 기계장치 등 재산가액의100%를 공제하되 피상속인의 가업 계속영위기간에 따라 다음 금액을 한도로 공제합니다.

· 10년 이상 15년 미만 : 200억 원

· 15년 이상 20년 미만 : 300억 원

· 20년 이상 : 500억 원

(3) 사후관리

사후관리기간은 상속 후 10년간으로 상속 개시일부터 정당한 사유 없이 다음의 요건을 위반할 경우 7년 내 위반 시 상속세의 100%, 7년 이후부터 위반 시에는 10년이 되는 날까지 경과기간에 따라 상속세를 70%까지 차등 추징합니다.

- · 상속인이 가업에 종사할 것
- · 가업상속자산의 20% 이상 처분 금지, 상속인의 지분을 유지할 것
- · 고용확대의무 이행할 것

2. 증여세

Q1. 증여세 과세가액은 어떻게 산정 되나요?

증여세 과세가액은 증여받은 재산가액에서 아래금액을 차감, 가산하여 산정합니다.

증여세재산가액

(−) 비과세자산

(−) 과세가액 불산입액

(−) 채무부담액

(+) 증여재산 가산액

(1) 비과세되는 증여자산

- 국가, 지방자치단체로부터 증여받은 재산가액
- 소액주주인 조합원이 우리사주조합을 통하여 취득한 주식의 시세차익
- 정당법에 따른 정당이 증여받는 재산
- 근로복지기금 법에 따른 사내 복지기금과 우리사주조합 및 근로복지진흥기금이 증여 받는 재산
- 사회 통념상 인정되는 사회구호금품, 치료비, 피부양자의 생활비, 교육비, 이와 유사한 학자금, 장학금, 기념품, 축하금, 부의금, 불우이웃을 돕기 위한 언론 기관을 통하여 증여한 금품 등
- 타인으로부터 기증받아 외국에서 반입되는 물품으로 관세 과세가액이 100백만 원 미만인 금품.
- 무주택근로자가 사내 복지기금으로부터 증여받은 국민주택규모 이하의 주택 취득, 임차보증금 중 취득가액의 5% 또는 전세가격의 10% 이하 금액
- 소득세법에 열거한 자를 수익자로 한 보험의 보험금으로 연간 4천만 원 이하의 보험금
- 2016년 이후부터 법에 따른 국가유공자의 유족이나 의사자의 유족이 증여받은 성금 및 물품 등 재산의 가액

(2) 과세가액 불산입액

공익법인 출연재산은 증여세 과세가액에 산입치 않습니다. 공익 법인이란 종교, 자선, 학술, 기타 공익을 목적으로 하는 사업을 영위하

는 자를 의미합니다_{상증령 제12조}. 이때 출연재산의 출연에 한도나 재산의 종류에는 제한이 없습니다. 다만, 내국법인의 주식 또는 출자지분을 출연 받은 경우는 제한을 두고 있는데 출연 받은 주식이 내국법인의 의결권 있는 발행주식의 5%_{성실신고법인은 10%}를 초과하는 경우에는 그 초과부분에 대하여는 증여세가 과세 됩니다.

(3) 채무부담액

해당 증여재산에 담보된 증여자의 채무로서 수증자가 인수한 채무를 말합니다. 증여자의 채무를 수증자가 인수한 경우 채무액을 차감하여 증여세를 계산하나 해당 채무액은 유상 양도된 것으로 보아 증여자에게 양도소득세를 부과합니다.

(4) 증여재산 가산액

증여일 전 10년 이내 동일인으로부터 증여받은 증여세과세가액의 합계액이 1천만 원 이상인 경우에는 이를 증여재산가액에 가산합니다. 이 경우 증여자가 직계존속인 경우 증여자와 그 배우자는 동일인으로 봅니다.

질의. 회신 / 통칙

· 합산하는 증여재산가액은 해당 증여전 증여세과세가액이 1천만 원 이상인 경우에만 합산하며 각 증여일 현재의 재산가액에 의하여 합산 _{상증통칙 47-0-2}

· 재산취득자금 등의 증여추정규정에 따라 증여세가 과세되는 경

우에도 증여자가 동일인일 경우에는 합산함_{재삼46014-1906, 1998.10.1}

· 직계존속의 배우자가 이혼 또는 사망한 경우에는 동일인으로 보지 않음_{재산상속 46014-271 2002.10.1}

· 부와 계모 또한 동일인으로 보지 않음_{재산세과-399. 2010.6.16}

동일인 증여 시에도 다음의 경우 일반 증여자산과 합산하지 않습니다.

· 상증법상 열거된 합산배제증여자산

· 창업자금

· 중소기업 가업승계 주식 등

· 영농자녀가 증여받은 농지 등

· 직계존속의 배우자 이혼. 사망의 경우

· 증여세 비과세재산

· 증여세 과세 불 산입 재산

예시_{2017. 1. 1. 현재 기준}

① 2004.4월부터 3억 원을 증여받고 2015.5 모로부터 2억 원을 증여받은 경우 증여세과세가액은?

답 : 5억 원

② 2012.9 부로부터 10억 원의 창업자금을 증여받고 2013.3 부로부터 2억 원을 증여받은 경우 증여세과세가액은?

답 : 2억 원 _{창업자금은 합산 배제}

③ 2011.1 모로부터 수증, 2014.10 부로부터 수증 : 합산

④ 2015.3 계모로부터 수증, 2013.11 부로부터 수증 : 계모 증여 분 합산 배제

⑤ 2008.2 조부로부터 수증, 2015 4 부로부터 수증 : 조부 증여 분 합산 배제

⑥ 2007.3 부로부터 수증, 2010.4 부모이혼, 2015.11 모로부터 수증 : 부 증여분 합산 배제

⑦ 2010.4 모로부터 수증, 2013.9 모 사망, 2016.3 부로부터 수증 : 모 증여분 합산배제

Q2. 증여세의 과세특례제도에 대해 설명해 주세요.

경제 활성화와 가업승계의 원활한 지원을 위해 조세특례제한법제 30조 5~6항으로 창업자금과 가업승계에 대한 증여에 과세특례제도를 두고 있습니다.

(1) 창업자금에 대한 증여세 과세특례

중소기업을 창업할 목적으로 60세 이상의 부모로부터 창업자금을 증여받은 경우 10%의 낮은 세율로 증여세를 과세하는 제도입니다.

가. 과세특례요건

· 증여자 : 60세 이상의 부모

· 수증자 : 18세 이상의 거주자

나. 대상자금

중소기업 창업목적의 양도세 과세대상이 아닌 재산으로 사업용 자

산토지와 건축물은 제외)의 취득자금 및 임차보증금, 임차료 지급금액

다. 과세특례 내용

과세가액에서 5억 원을 공제하고 10% 세율을 적용하여 산출한 증여세를 납부합니다. 증여세 과세가액은 30억 원을 한도로 하며 한도 초과분은 기본세율을 적용하여 과세합니다(다만, 2016년 이후부터 창업을 통하여 10명 이상을 신규 고용한 경우에는 50억 원 한도 창업자금 과세특례 적용을 받은 자는 가업승계주식에 대한 증여세 과세특례를 적용받을 수 없습니다.

라. 사후관리

1년 이내에 중소기업을 창업하고 3년이 되는 날까지 창업자금을 모두 해당목적에 사용하여야 합니다. 이를 위반할 경우 증여세를 추징이자상당액 가산합니다. 증여자의 사망 시에는 창업자금은 상속개시일까지의 기간에 관계없이 상속재산에 가산하는 증여재산으로 봅니다.

(2) 가업승계에 대한 증여세 과세특례

60세 이상의 부모로부터 가업승계를 목적으로 가업요건을 갖춘 중소기업 주식 등의 재산을 증여받은 경우 10%의 낮은 세율로 증여세를 부과하는 제도입니다.

가. 과세특례요건

· 증여자 : 가업주식의 증여일 현재 가업을 10년 이상 계속하여 경영한 60세 이상의 부모, 증여 당시 부 또는 모가 사망한 경우에는 사망한 부 또는 모의 부모

· 수증자 : 증여일 현재 18세 이상의 거주자인 자녀, 해당 가업의

주식 등의 수증자 또는 배우자가 증여세 신고기한까지 가업에 종사하여야 하며 증여일로부터 5년 이내에 대표이사에 취임하여야 함

나. 과세특례내용

과세가액에서 5억 원을 공제하고 10% 세율을 적용하여 증여세를 납부합니다. 증여세 과세가액은 30억 원을 한도로 하며 초과분은 20%를 적용하여 증여세를 납부하여야 합니다. 이 경우 창업자금에 대한 증여세과세특례를 적용받을 수 없습니다.

다. 사후관리

수증자는 증여세 신고기한까지 가업에 종사하여야 하며 증여일로부터 5년 이내에 대표이사에 취임하여야 합니다. 사후관리기간은 7년이며 증여일로부터 7년 이내에 다음의 사유가 발생하면 증여세이자상당액 가산를 추징합니다.

· 수증자가 증여일로부터 5년 이내에 대표이사에 취임하지 않거나 7년까지 대표이사직을 유지하지 않을 경우

· 해당기업을 휴업하거나 폐업하는 경우

· 주식을 증여받은 수증자의 지분이 감소되는 경우 증여자의 사망 시에는 증여받은 가업승계주식은 상속개시일까지의 기간에 관계없이 상속자산에 가산하는 증여자산으로 봅니다.

Q3. 증여세계산 시 증여로 보는 증여추정과 증여의제에 대하여 설명해 주세요.

증여추정은 납세자의 반증이 없는 한 증여로 추정하여 증여세를 부과하는 것이고 증여의제는 조세정책상 목적달성을 위하여 증여로 간

주하는 것을 말합니다. 증여의제는 납세자의 반증이 있더라도 증여로 봅니다.

(1) 증여추정

상증법 상 증여추정은 배우자 등에 양도한 재산의 증여추정과 재산 취득자금의 증여추정이 있습니다.

가. 배우자 등에 양도한 재산의 증여추정 외형 상 양도에 해당하나 증여혐의가 있는 것에 대해 증여로 추정합니다. 이에는 2가지의 경우가 있습니다.

· 배우자 또는 직계존비속에게 양도 시 증여추정 양도한 자산은 양도한 때에 그 재산가액을 배우자 또는 직계존비속이 증여받은 것으로 추정합니다. 이 경우 배우자 등에게 대가를 지급받고 양도한 사실이 명백한 경우에는 증여추정을 배제합니다.

· 배우자 등에게 우회 양도한 재산의 증여추정특수 관계인에게 양도한 재산을 그 특수 관계인이 3년 이내에 당초 양도자의 배우자 또는 직계존비속에게 양도한 경우 그 재산가액을 배우자 또는 직계존비속이 증여받은 것으로 추정합니다. 이 경우에도 양도한 사실이 명백한 경우 증여추정을 배제합니다.

나. 재산취득자금의 증여추정

직업, 연령, 소득 및 재산상태 등으로 보아 재산을 자력으로 취득하였다고 인정하기 어려운 경우나 채무를 자력으로 상환하였다고 인정하기 어려운 경우 그 가액을 증여로 추정합니다. 증여추정은 매 해당 건별로 추정합니다.

** 상증법(제45조) 상 재산취득자금 등의 증여추정, 아래 입증할 금액 중 미입증금액을 증여금액으로 추정합니다.

(입증할 금액) = 취득금액 등 − (취득재산가액의 20%와 2억 원 중 적은 금액)

** 금액입증 시 취득자금의 자금출처로 인정되는 경우(상증통칙 45-34-1)

· 본인 소유재산의 처분사실이 증빙에 의해 확인된 경우 그 처분금액에서 양도 소득세 등 공과금 상당액을 차감한 금액
· 신고한 소득금액에서 소득세, 공과금 등을 차감한 금액
· 농지경작소득
· 재산취득일 이전 차용한 부채, 이 경우 배우자 직계존비속 간 소비대차는 인정하지 않음
· 재산취득일 이전 지기재산의 대여로 받은 전세금 또는 보증금
· 이 외의 경우에도 자금출처가 명백히 확인되는 금액

다. 증여추정의 배제기준

재산취득일 전 또는 채무상환일 전 10년 이내에 주택과 기타재산의 취득가액 및 채무상환금액이 각각 아래기준에 미달하고, 주택취득자금, 기타재산 취득자금 및 채무상환자금의 합계액이 총액한도에 미달하는 경우에는 증여추정을 배제하고 있습니다. 다만, 타인으로부터 증여받은 것이 확인되면 증여세가 과세됩니다. 사실관계는 과세관청이 입증해야 함

(2) 증여의제

상증법 상 증여의제는 명의신탁재산의 증여의제와 특수 관계법인 간의 거래를 통한 이익의 증여의제가 있습니다.

가. 명의신탁재산의 증여의제

권리의 이전이나 행사에 등기 등을 요하는 재산에 대하여 실소유자와 명의자가 다를 경우 그 명의자로 등기 등을 한 날에 실 소유자가 그 명의자에게 그 재산을 증여한 것으로 보는 것을 말합니다. 다만, 이 경우 조세회피목적이 없는 경우에는 제외합니다.

나. 특수관계인과의 거래를 통한 이익의 증여의제

특수관계법인을 이용하여 부를 이전하는 것을 규제하기 위한 제도로 다음의 경우에 이익의 증여로 의제하여 증여세를 과세합니다.

· 수혜법인의 지배주주와 특수 관계에 있는 법인이 수혜법인에 일감을 몰아주어 발생한 영업이익을 기준으로 증여세를 과세합니다. 2012. 1. 1부터 시행하였으며 2014. 1. 1부터 중소기업 수혜법인과 중소기업 특수관계법인 간의 거래에서 발생하는 매출액은 제외합니다.

· 특수 관계법인중소기업은 제외함으로부터 제공받은 사업기회로 발생한 이익을 증여로 의제하여 수혜법인 지배주주의 이익에 대하여
증여세를 부과합니다.

· 특정법인 주주의 특수 관계인이 그 법인에게 재산(용역)을 증여하거나 현저한 저가, 고가거래 등으로 특정법인의 최대주주에게 나누어 준 이익을 증여로 의제하여 증여세를 부과합니다.

** 특정법인

결손법인 - 증여일 현재 휴폐업법인.

증여일 현재 지배주주와 그 친족이 지분을 50% 보유한 법인.

제11장

행복한
삶의 결실

아름다운 삶의 마감

박명남 / 김진홍

1. 병간호

태어나고 나이 들어 늙어지면서 여러 가지 이유로 병이 나서 자연치유가 안 되면 병원에 가서 치료를 하여야 하며 이도저도 잘 안 되면 세상을 하직하여야 하는 인생의 순환인 생生노老병病사死는 인간 모두가 겪는 순환과정이라고 본다. 이중에 병이 들어 병원에 입원을 하게 되면 병간호를 하여야 하는 우리의 현실물론 그렇지 않은 병원도 있지만 대부분은로 어려운 일이다.

일상생활을 위하여 입원기간 동안 가족이 없으면 혼자서 밤에는 병간호하고 낮에는 일상일을 하여야 한다면 며칠은 가능해도 한 달이고 몇 달을 계속해서 한다는 것은 물리적으로 어려운 일이다. 가족이 있어 교대로 병간호를 한다고 해도 쉬운 일이 아니며 잘못하다가는 하던 일이 망가지거나 직장에서 용서를 받기 어려울 것이고 이를 위한 휴가

제도 등도 거의 불가능한 상태이다.

그래서 대안으로 간병인을 사용하기도 하여 이를 대신할 수도 있으나 중병인 경우나 임종이 가까운 경우에는 임종을 보기 위해서도 유교적인 민족으로서 효도를 중시하는 관례로서는 감당하기 어려운 일이라고 본다.

제도적으로는 치매나 지자체로부터 병에 대한 지원 등급을 받아 사람의 보호를 받고 생활할 수 있는 요양병원이나 요양원이 있다. 부모를 남의 손에 맡기는 마음의 어려움은 있으나 직접 돌보지 못하는 어려움을 극복할 수 있다.

2. 호스피스

호스피스는 불치의 말기 환자나 회복 가능성이 없는 질환이나 투병 환자에게 그리고 그 가족에게 가능한 한 편안한 삶을 영위하도록 관여하여 죽음을 앞두고 있는 환자나 그 가족을 돌보는 행위로서 환자가 고통 없이 인간답게 삶의 질을 유지하면서 생을 정리하고 가족의 고통과 슬픔을 줄일 수 있도록 돕는 모든 돌봄이라고 할 수 있다. 호스피스의 대상은 프로그램마다 차이가 있지만 대체로 다음과 같은 환자가 해당된다.

나이 들어 병이 생겨 병원에서 치료를 하여 일상으로 돌아가 생활을 할 수 있다면 좋지만 병원을 떠나서는 생존하기 어려운 상태나 암과 같은 병이 생겨 회복이 어려우며 죽음을 기다리게 되는 경우에는 환자의 치료는 물론 통증이나 영적인 돌봄이 중요하다. 현대사회에서 사람의 존엄성, 소외감, 임종자의 소홀 등 사회적인 병리 현상과 함께 임종을 앞에 두고 있는 사람들의 고통을 덜어주고 욕구를 도와주기 위하여 도움을 주는 호스피스가 있어 임종을 앞둔 환자에게는 도움이 된다.

영적 돌봄이란 말기환자의 존재감 상실이나 정신적인 심리적 문제나 가족 간의 갈등을 상담하면서 문제를 풀어주고 어루만져 주는 사람으로 영적인 돌봄이인 사람이 의사, 간호사, 사회 복지사이다.

호스피스는 영적인 돌봄은 물론 심리적, 사회적, 영적인 전인적 돌봄을 특징으로 하고 영적인 돌봄은 말기 및 임종과정 환자에게 죽음의 불안을 극복하고 편안하고 품위가 있는 죽음을 맞이할 수 있게 하는 것이다. 호스피스의 대상은 프로그램 마다 차이가 있지만 대체로 다음과 같은 환자가 해당된다.

① 불치병으로 진단받은 자로 호스피스 케어가 필요한 환자

② 예상 기대여명 3-6개월 이내로 예견되는 환자

③ 통증완화 및 증상 관리를 주목적으로 하는 환자

④ 주치의나 호스피스 담당자가 추천한 자로서 의사소통이 가능하고 의식이 명료한 환자

⑤ 수술, 항암치료, 방사선치료로 더 이상의 치료 효과를 기대하기 어려운 환자

⑥ 가족이나 친지가 없어 호스피스의 도움이 필요하다고 선정된 환자

3. 죽음

죽음은 생명이 끝난 상태를 말하는 것으로 태어날 때와 같이 죽음을 삶의 한 과정으로 보기도 하는데 정의가 여러 가지로 접근 할 수 있다고 보며 생물학적인 의미로는 호흡과 심장과 같은 인간장기의 기능이 정지되어 움직이지 않게 된 상태를 말 하는 것과 법적인 의미로는 의사가 죽음을 판정한 후 이를 기초로 죽음을 법적으로 인정한 경우를 말한다.

사회적 죽음이란 생명이 유지되고 있지만 인간으로서 기능을 전혀 할 수 없는 상태로 살아 있으면서 사회적으로 죽은 자로 취급되는 경우 이다. 또 종교적, 과학적, 철학적인 면에서 죽음에 다른 의미를 부여 할 수 있어 죽음에 대하여 어떠한 주장을 하든 생명과 죽음에 대한 이해가 없으면 인간의 삶이 무척 딱한 것이 될 수밖에 없다는 것을 얘기 하지 않을 수 없으며 의연한 죽음을 맞이할 수 있고 사람다운 삶 을 누릴 수 있기를 바라는 마음 간절한 것이다.

1) 불교의 죽음

부처는 죽음이 모든 것의 종말이고 삶을 허무하게 하는 계기라는 사실, 그래서 삶을 허무한 종말에 이르게 하여 견딜 수 없으며, 죽음은 고통의 정점이며, 태어남과 늙음과 병듦은 다만 죽음의 전조라고 하였다.

따라서 불교는 죽음을 고뇌한, 고뇌하는 종교라고 할 수 있으며 죽음을 사색하고 탐구하고 있다. 하나는 죽음을 죽음주체가 탈바꿈하여 다른 존재로 되는 계기로 여기는 것이다.

죽음을 하나의 과정으로 하여 인간을 다른 존재가 되게 하는 것이다. 이것이 전생과 윤회이다. 그래서 죽음 이전의 삶이 원인이 되고 죽음 이후의 삶이 그 결과라고 주장하는 것이다. 따라서 죽음관은 죽음주체가 죽어 다른 존재로 되살아 난다는 사실을 전제 하면서 지금 여기에서의 삶을 더 진실하게 살아갈 수 있도록 하며 정토, 열반, 극락, 지옥 등을 이야기 하는 것이다.

또 하나는 삶과 죽음을 구분하지 않으려는 모습으로 현실적으로 몸에 일어나는 죽음이 없다고 하는 것인데, 죽음이란 실재하지 않는다는 것이며 죽음이 실제이지 않을 뿐만 아니라 삶도 실제가 아니라고 하며 사물을 구분하는 것조차 무모하며 무의미하다고 주장하는 즉 "모든 것이 없다"고 주장하는 것이다.

이것은 상식을 벗어나고 이해하기도 힘들다. 죽음과 삶도 다르지 않으며 하나라는 그래서 죽음이 다듬고 삶을 포기 하는 것이 아니라 삶의 완성이며 이 죽음을 그 완성을 지향하는 방향으로 수용해야 하는 것이다.

2) 기독교의 죽음

죽음은 자신을 창조한 신에게 복종하지 않은 죄의 결과로 얻은 저주이며 신에게 순종하면 전혀 있지 않을 것이 죽음이다. 인간은 영원히 사는 존재이나 불행하게도 불순종이라는 죄 때문에 신으로부터 죽음의 형벌을 받는 것인 죄의 대가가 죽음이라고 한다. 따라서 죽음은 삶과 상반되는 것이다. 죽음의 그늘에서 벗어나려면 영원히 죽지 않는 삶인 영생이다. 이를 위하여 자신의 과오에 대하여 신의 용서를 받는 일이다. 그러면 저주도 징벌도 풀리고 사슬에서 자유스러워질 수 있다.

3) 유교의 죽음

유교가 대체로 죽음에 대한 분명한 이해를 개진하지 않고 있다고 하는 것이다. 논어에 공자는 계로가 "감히 죽음에 대하여 여쭙겠습니다."라고 하자 "아직도 삶을 모르는데 어찌 죽음을 알리요"라고 이야기 한다.

질문에 회피나 겸손이 아닐 수도 있으나 근원적으로 아예 죽음에 대한 물음을 막으려는 데 있는 듯하다.

그러나 의례를 보면 유교는 제사에서 종교가 지닌 죽음관의 구체적인 모습을 발견하는데 산 자와 죽은 자가 만나는 의례이다. 제사는 생자와 망자와의 삶을 공유하며 제사는 삶과 죽음이 이어지는 공간이고 그렇게 이어지는 시간에서 이루어지는 몸짓이라고 본다면 죽음과 영원한 별리도 아니고 삶의 냉혹한 단절도 아니라고 하여 현존하고 있는지 분명하지 않다.

그보다 중요한 것은 삶 자체가 생자와 망자가 공존하는 것이라고 이해하는 것이다.

4. 유서의 사전 준비

1) 일반적으로 말기 질환 상태란 병이나 사고로 다시는 건강을 되찾을 수 없게 된 때를 말하는데 이와 같은 상태로 들어가기 전에 꼭 해야 할 중요한 일 가운데 한 가지가 바로 유언장을 쓰는 것이다. 유언장은 말기 질환 상태에서 작성할 수도 있지만 이보다는 가능한 한 건강할 때 평소에 쓰는 것이 좋다.

2) 가족에게 물질을 남기지만 또한 가족에게 마음도 남기는 정신적인 면이 있음을 알아야 한다.

3) 유언장을 쓰는 것은 필요한 정보나 당부의 말씀을 전하는 중요한 형식이며 유언장을 작성했을 경우에는 유언장의 소재를 알 수 있게 그 보관 장소를 알려줘야 하는 것이다.

4) 유언장에 들어갈 주요 내용은 다음과 같다.

(1) 임종방식
 임종희망 장소있다면, 시신 및 장기 기증을 했다면 그에 대한 정보

(2) 장례방식
 희망하는 장례절차종교적인 것 포함, 장례 초청인 명단과 사후제사나 추

모제와 절차, 상조회 가입 시 정보

(3) 유산

유산의 처리 내용

(4) 재산 및 금융정보

신분증과 인감도장 등, 현금 및 예금통장 정보, 주식 등 증권 정보, 부동산과 동산 및 채권, 채무정보 금융사항은 금융감독원에서 상속 대리인이 원하면 열람할 수 있다.

5. 죽음에 대한 사전 준비

1) 사전 의료 의향서

뜻하지 않은 사고로 의식불명상태가 되었을 때 어떤 의료행위를 받을 것인가를 미리 정해 놓을 수 있는데 이것을 사전 의료 의향서라고 하며 사전에 이를 작성하여 놓으면 가족들이 의료진에게 환자의 평소의 뜻이 어떠했는가를 알릴 수도 있으며 원하지 않는 치료를 받지 않을 수도 있어 임종 시 본인의 뜻과 다르게 연명치료를 받을 필요도 없다.

2) 환자 본인에게 자기 질병 알리기

의사가 가족을 면담하여 환자의 질환이 말기 상태라고 하였을 때 이를 환자에게 알려줄 것인가에 대한 것은 환자에 따라 다르며 주의가 요구된다.

- 죽음을 부정적으로 보는 환자에게는 고의적으로 알리지 않는 것이 좋다.
- 죽음의 사실을 눈치 채고 정확한 정보를 알려는 환자에게는 환자 스스로 소외되었다고 느끼지 않도록 알려주는 것이 좋다.
- 죽음을 환자나 가족이 모두 알고 있으나 애써 모르는 척하는 경우

환자에게 죽음이 임박하였다는 것을 알려주려 하는 경우에는 환자를 먼저 안정시키고 환자가 이해하고 받아들일 때까지 설명해주어야 한다.

환자나 가족이 반응이 격렬할 때는 이는 정상적인 것임을 알려주고 환자가 낙담하지 않도록 충분히 배려하고 남은 수명에 대하여는 단정적으로 성급하게 이야기 안 하는 것이 좋다. 이야기하기 전에 전문가나 의사와 상의하여 이야기하는 것이 좋다.

6. 존엄사의 개념과 이해

인간으로서 지녀야 할 최소한의 품위와 가치를 지키면서 죽을 수 있게 하는 행위로서 최선의 의학적 치료를 다하였음에도 회복 불가능한 사망의 단계에 임박하였을 때 의학적으로 불필요하다고 판단되어 지금까지 해오던 의료행위를 중단하는 조치들을 말한다.

이에 안락사는 회복이 불가능한 상태에서 환자에게 치료와 생명유지가 무의미하다고 판단될 때 직·간접적 방법으로 환자가 고통 없이 죽음을 맞이하게 만드는 행위로서 존엄사와는 달리 죽음에 적극적인 처방이라 할 수 있다. 존엄사를 위하여 다음의 사항들을 고려하여야 할 것이다.

- 죽음은 삶의 한 과정으로 생각하고 받아들이기.
- 죽음을 준비하는 마음 갖는 수용과 삶의 정리.
- 살아온 삶의 의미와 가치를 존경한다.
- 환자가 자괴감이나 수치심, 죄의식 등을 갖지 않게 세심한 주의를 한다.
- 환자의 작은 희망이나 보람 같은 것도 간과하지 않고 성심껏 대해 준다.

7. 아름다운 이별을 위하여

임종이란 이 세상을 살아왔던 육신이 그 역할을 다하는 동시에 육신에 묶여 있던 영혼이 자유로움을 갖는 계기가 될 수 있을 것이라고 한다.

죽음에 임하게 되면서 정신적 진화를 할 수 있는 절호의 기회이기에 이때를 어떻게 보낼 것인가 하는 것은 정신적 진화를 희망하는 사람들에게는 그야말로 중요하고 많은 준비를 해야 하는 시간인 것이다.

죽음이란 두려운 것이 아니라 오히려 정신적 진화의 발전적 전기를 마련하는 것이며 현재의 육신에 묶여 있을 때보다 더 빠르고 집약적으로 정신적 진화를 이룰 수 있는 좋은 기회라고 말한다.

살아있는 동안 각자 다양한 기준으로 삶의 의미와 가치를 정하고 살아가지만, 영속에는 삶이 존재하고, 이러한 삶이 보다 나은 곳으로 진화하기를 희망한다면, 현생의 가치기준은 육신의 만족보다 정신적인 성숙과 진화를 도모하는 것이 바람직한 것이라 할 수 있다.

위와 같이 누구나 직면하는 생의 마감을 어떻게 하면 아름답게 마무리할 것인가가 중요하다고 본다. 그리하여 사랑하는 가족 친구 그리고 정겨웠던 지인들과 아름다운 이별을 위하여 사전준비가 필요함을 강조하였다.

사전 준비라 함은 모든 것을 다 내려놓는 일이며 그러기 위해서는 미리 일정한 요건을 갖춘 서류를 작성하여 준비를 하여야 할 것이다.

[참고자료]

권중돈 노인 복지론 2016, 노유자 2000, 2006

이설희 2002

삶과 죽음의 인문학, 석탑출판(주), 2012

한국인의 웰다잉 가이드라인, 한국죽음학회, 2010, 대화 문화 아카데미

존엄사尊嚴死와 유서遺書

장영봉 / 박명남

노인들이 생을 마감하기까지 사전에 준비하여야 할 사항이 있는데 많은 사람들이 여러 가지 이유로 제대로 준비를 못함으로써 임종 전후에 남겨지는 문제로 본인은 물론 가족들이 많은 고통을 받고 있는 것이 현실이다.

임종 전에 있어서의 문제점은 의학적으로 회생가능성이 없는데도 사전 조치를 하지 아니하여서 본인의 고통은 물론 배우자 및 자녀들의 정신적, 물질적 피해가 과다한 사례가 발생하고 있다.

임종 후에 발생하는 문제점은 남겨진 재산에 대한 사전 조치가 없어 상속, 증여 처리과정에서 가족 간의 불협화음이 발생하여 그 갈등으로 남보다 못한 사이가 되거나 치유할 수 없는 상처로 야기되는 경우가 있다.

이러한 문제점들에 대하여 사전에 제도적인 장치를 마련해 줌으로써 아름다운 생의 마감을 도와주는 제도를 살펴보고자 한다.

1. 사전연명의료 의향서

의료진이 회생가능성이 없는 질환상태로 말기환자라고 판단하고 있을 경우 본인이 명료한 정신 상태에서 의료진과 가족이 의학적 처치를 하는 데 동의 여부를 확인하는 의향서이다.

의향서의 소망대로 임종을 맞이할 수 있도록 진행하고, 타인에 의하여 변경되지 않고 표기한 대로 법적인 효력을 유지하여야 한다.

사전 의료의향서말기환자의 연명치료에 대한

김 OO 본인은 말기질환으로 회생가능성이 없는 질환 상태라고 의료진이 판단 할 경우 가족과 의료진이 아래와 같이 해주기를 요청합니다.

의학적처지 종류		원 합니다	결정을 못 했습니다	원하지 않습니다
특수연명치료	심폐 소생술			O
	인공호흡기 삽입			O
일반 연명 치료 (진통제, 영양 공급 등)		O		
기타 (투석, 항생제, 혈액검사, 수혈 등)	투석			O
	항생제			O
	반복적인 혈액검사			O
	수혈			O

만약 위에 명시하지 않은 의학적 처치가 필요할 때, 본인이 의사결정을 할 수 없는 상태이며 본인의 생명 가치관을 충분히 이해하고 아래와 같이 의료진은 대리인과 상의해 결정하여 주십시오.

위의 내용이 타인에 의해 변경되지 않고 표기한 대로 법적인 효력을 유지하기를 희망합니다.

본인		대리인	
이름 : 김 ○○ (서명)		이름 : ○○○ (서명)	
주민등록번호 :		환자와의 관계 :	
주소 :		주민등록번호 :	
전화번호 :		주소 :	
		전화번호 :	
20xx년 월 일 위 본인 김 ○○ (서명)			

2. 존엄사

존엄사 선언서

본인은 향후 혹시라도 불치의 병에 걸렸을 때나, 사망의 시기가 가까이 옴에도 불구하고 맑은 정신이 없을 경우를 대비해서 나의 가족과 친지 및 나를 치료하고 있는 의료인에게 다음과 같은 부탁의 말을 남긴다.

물론 본인의 정신이 건강한 상태에 있을 때에는 향후 내 스스로 이것을 새로이 변경하거나 또는 철회하지 않는 한 유효함을 밝힌다.

지금 이 선언서는 나의 정신이 건강한 상태에 있을 때에 작성되었음을 확인한다.

· 본인의 병이 당시 의학으로는 불치의 상태이고, 이미 사망 시기가 가까워 오고 있다고 진단된 경우, 특별한 이유 없이 사망 시기

를 연장시키는 일체의 행위는 하지 마시오.

· 단, 이 경우 나의 고통을 완화시킬 수 있는 조치는 최대한으로 실시하기를 원한다. 그 때문에 사망시기가 빨라져도 나는 수용하겠다.

· 내가 의식이 회복되지 못하는, 이른바 의식 불명에 빠지고 스스로 호흡이 불가상태에 빠져서 생명유지 기구에 의해 연명하는 상태가 된다면, 일체의 생명유지 기구를 취하지 않기를 바란다.

붙임. 마지막 의료, 나의 장례법

원대리 자작나무 숲 아래에서

성명 :

주민등록번호 :

주소 :

가족 / 아내 :

서명 및 일자 :

증인 : 50년 함께 산에 다닌 나의 친구들과 결의함

친구1 / 친구2 ~ : ○ ○ ○

주민번호 :   ,

서명 및 일자 :

<u>붙임. 나의 장례법</u>

고향에서 장례를 치르고 싶다.	☐ 예 ☐ 아니오
병원장례식장에서 하고 싶다	☐ 예 ☐ 아니오
내가 사는 집에서 하고 싶다.	☐ 예 ☐ 아니오
화장하겠다.	☐ 예 ☐ 아니오
화장 후 유골 처리 방법	☐ 매장 ☐ 산골 ☐ 납골 ☐ 수목 장 ** 선산 어머니 아래쪽에 평장
산골일 경우 그 방법은	☐ 강 ☐ 바다 ☐ 고향 ☐ 기타
매장일 경우 장소는	☐ 선산 ☐ 공원묘지 ☐ 시립묘지 ☐ 기타 * 가족들 편의에 따라
장례는 종교의례로 하고 싶다.	☐ 불교 ☐ 기독교 ☐ 유교 ☐ 아니오
가족들만 참석하는 장례를 원 한다.	☐ 예 ☐ 아니오
상조기관에 가입했다.	☐ 예 ☐ 아니오

(존엄사 2015년 조현세)

3. 유서작성

죽음에 대비하여 삶의 사전 마감 준비가 필요하다. 남겨지는 재산을 어떻게 처리할 것인가? 그리고 주변 정리로써 가족과 친지, 지인들에 대한 마지막 하고 싶은 이야기들이 많이 있을 것이다. 그 양식을 소개하고자 한다.

유언장

이름 : 김○○ (서명)   주민등록번호 :

주소 :

작성일 :

임종방식	임종장소를 자기가 원하는 곳이 있으면 명기 : 집, ○○대학병원
시신기증 / 장기기증 여부	나는 이미 기증했으며 동의서는 내방 개인금고에 있습니다.
임종시 사전의료 의향 여부	자세한 내용은 이미 사전의료의향서를 작성하여 본 유언장과 함께 개인 금고에 보관 해 두었습니다.
원하는 장례 방식	사후에 가족선산, 가족공원묘지 매장 희망, 화장 후 유골을 ○○ 장소에 묻어 주기 바랍니다.
	종합상조 가입여부, 연락처, 담당자 등 기록. 부고를 보내 초청할 사람들의 범위와 연락처 기록.
	장례형식에 특별히 바라는 내용이 있다면 기록. 현물이나 화환을 받지 마시길 바랍니다. 등
	원하는 장례식이 있으면 조사는 ○○○에게, 기타절차는 간소하게 치르길 바랍니다. 사후제사의 방식으로 기일과 생일 두 번으로 하고 종교예식으로 치르길 희망합니다.
유산 상속	지금 나의 명의인 ○○아파트는 장남에게 ○○소재 임야는 장녀○○에게 상속합니다. 그리고 예금은 ○○재단에 기부합니다.
개인의 금융정보	나의 주민등록증, 여권 등은 ○○있고 예금통장은 개인금고에 있고 비밀번호도 함께 있습니다. 아파트, 임야 권리증서도 개인금고에 있습니다. 채권관계나 채무관계는 하나도 없습니다.
남기고 싶은 말	평소에 하지 못했던 이야기를 자기이야기, 가족에게 하는 이야기, 당부이야기 그리고 건강하고 행복하게 남은 인생을 살아주기를 부탁하는 이야기, 사랑합니다.

* 내용에 따라 면이 몇 장으로 될 수도 있다.

제11장 행복한 삶의 결실

하늘나라에 있는 당신께

이국희

당신이 먼 길을 떠난 지 벌써 1년.

그 동안 준이네는 아기 천사 같은 예쁜 딸을 보았고, 인호도 오빠가 되고 키도 크고 의젓해. 둘째 현이네는 새 생명이 뱃속에서 자라고 있어. 내년 초가 되면 애기 아빠 엄마가 될 예정이야.

당신이 하늘에서 보살펴 준 덕분에 두 가족 모두 서로 사랑하고 아끼며 잘 살고 있어. 나는 하늘나라에 가 있는 당신이 하루 휴가를 낸다면, 한 시간 만이라도, 아니 5분만 온대도 원이 없겠어.

8년간 암 투병으로 야윈 당신 몸을 만지며 오랫동안 입맞춤하고 다시는 헤어지지 않게 내 품에 꼭 안고 "여보, 여보"라고 소리 내어 불러보고 싶어. 당신이 내 곁에 없었던 자리가 얼마나 컸었는지, 수많은 날들이 얼마나 허전했던지 이야기하고 끌어안고 엉엉 울고 싶어.

당신은 병석에서도 항상 자식들 잘 되라고 간절히 기도하였지.

당신이 떠나기 며칠 전 작년 6월 30일 새벽 4시에 나를 부르더니 "여보 힘내! 나도 힘낼게. 이 병이 쉽지 않은 병이야! 여보 힘 내!"라고 말했지.

저녁에 다시 깨더니 "여보 고마워, 당신이 곁에 있어 고마워. 우리 같이 집으로 가자"고 한 마지막 말을 또렷하게 기억하고 있어.

이제 함께 우리 집으로 와서 당신을 이 자리에 모셨고, 내가 하늘나라에 가서도 부부의 연을 맺고 지금까지와 같이 서로 아끼고 위하며 알콩달콩 사랑하며 살자.

잘 있어 내 사랑!

이 시대의
선비들을 보며

수필가 최우림

    여기에 모이신 이 시대의 선비들을 보면서 이분들이야말로 우리 민족이 대대로 숙명처럼 여겨왔던 보리 고개를 힘겹게 넘기며 살아온 분들입니다. 이 분들은 오직 "우리도 한 번 잘 살아보세"를 외치며 앞만 보고 달려왔습니다. 낮과 밤이 없었고, 춥고 더운 것마저 생각할 겨를조차 없었습니다. 죽음의 전쟁터에서, 열사의 중동에서, 아프리카부터 시베리아까지 국내는 물론 5대양 6대주 해외시장에 진땀을 뿌렸습니다. 따라서 지금의 이 풍족함과 선진화를 이룩해 낸 주역들이십니다.

    이러한 분들이 현직에서 은퇴하여 현실 사회를 접하고 미래를 살피는 과정에서 바로 이 나라 경제 발전의 재도약은 중소기업의 육성에 있다고 생각하게 되었습니다. 이들은 대기업의 현장에서 쌓아온 경영

능력과 축적된 경험을 가지고 국가 발전에 기여할 수 있는 길을 찾아서 축적된 정열과 경험을 쏟기로 뜻을 모았습니다. 이리하여 우리나라 유수의 경제단체에서 추진한 중소기업의 지원과 발전을 위한 프로그램에 '중소기업 경영 자문단'의 위원으로 참여하여 중소기업의 애로를 청취하고 경영을 지도하고 계십니다. 몸소 노블리스 오블리제를 실천하고 있는 분들입니다. 이 분들은 직업 일선에서 물러나 새로운 활동을 하면서 느낀 인간관계 유지, 제2인생의 활동, 건강 · 질병관리, 재산관리, IT습득, 귀농 생활 등에 대한 진솔한 경험 이야기들을 '마음이 젊음 사람들 이야기'라는 주제로 글을 써서 책을 발간하게 되었습니다.

나는 이 책에 있는 풍부한 경험을 바탕으로 한 바위 같은 글을 대하면서 정말 멋진 삶을 살아가고 있는 사람들이라고 생각합니다. 이 책은 은퇴를 맞이하는 중장년에 무엇이라도 해야겠는데 하면서도 아직도 방향을 찾지 못하고 계시는 분들에게 귀감이 될 것으로 확신합니다.

2018년 1월

기다림

시인 백영헌

찬 서리 뿌리고간 겨울 골짜기
양지바른 터에 숨바꼭질 하던
작은 잎새 마저 오그라들었다

지저귀던 새소리 움츠리고
발가벗은 나뭇가지는
하늘에 만세 불렀다

삭풍朔風에 떨며
소나무는 울고 고드름도 울고
저 멀리 교회당 종소리도 우네

긴긴 겨울날 흙무덤에
얼어붙은 작아진 생명들이
기다림으로 고통을 참는다

산모퉁이 초가지붕
굴뚝에 머리 푸는 연기는
설한풍雪寒風에 흐느끼고

언 손 호호 불며
살 어름 소주잔 비우는 포장마차
주정뱅이도 학수고대鶴首苦待 너를 기다린다

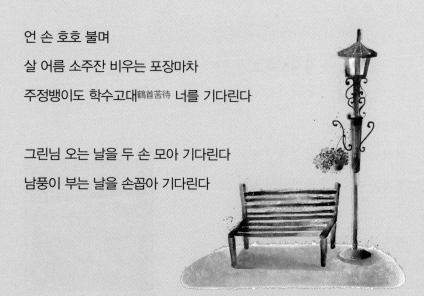

그린님 오는 날을 두 손 모아 기다린다
남풍이 부는 날을 손꼽아 기다린다

행복을 부르는 주문

도서출판 행복에너지 권선복

이 땅에 내가 태어난 것도
당신을 만나게 된 것도
참으로 귀한 인연입니다

우리의 삶 모든 것은
마법보다 신기합니다
주문을 외워보세요

나는 행복하다고
정말로 행복하다고
스스로 마법을 걸어보세요

2018년 무술년
더더욱 행복한 행복에너지
전파하는 삶 만들어나가요

무술년 하시는 무슨일이든
술술술 풀려 나가시길 기원드립니다

저자 개인별
사진 및 프로필

김인철

학력 ────── 고려대 경영학과, 한성대 대학원 경제학 박사

텍사스대학원 기술사업화 과정 수료

경력 ────── 현) 지케이티엠 컨설팅 대표

한국원격평생교육원 경영·경제학 교수, 글로벌뉴스통신 논설위원장

전) 한신대학교 외래교수, 한국기술거래사회 2대·3대 회장

봉사활동 ────── 현) 전경련 중소기업 경영자문위원

현) 대한상공회의소 기업애로지원센터 상담위원

현) 한국장애인기업지원센터 자문위원

현) 한국노년인권협회 부회장 겸 경기지부장

수상 ────── 중소기업청장 표창 중소기업 사전부실예방 기여, 컨설팅 산업발전 기여

이메일 ────── kttaa01@hanmail.net

김진홍

학력   충남대 화학공학과, 충북대 대학원 산림 치유학과 석사

경력   현) 전경련 중소기업 경영자문위원, 해외 건설협회 전문위원,

               서울창조경제타운 멘토

            전) ROTC 7기, 현대양행, 한라중공업 전무이사,

               한라스페코 중공업 ㈜대표이사/사장. 한일월드(주) 해외담당/사장,

               사)한국 숲 해설가협회 상임대표/회장

봉사활동   현) 전쟁기념관 영어 도슨트 ,

            현) 숲 해설가

            현) 한국장학재단 " 차세대리더 육성 멘토링 " 대학생 멘토

수상   상공부장관상 수상 이집트 카이로 지점장 재직 시

이메일   temiboy@hanmail.net

박명남

학력	성균관대, 홍익대 석/박사

경력 현) 공인회계사, 세무사.
전) 육군 회계장교, 육군관리참모부 연구관, 철강회사와 증권회사근무,
한신공영 부회장, 홍익대·덕성여대·세종대의 강사와
성균관대·경복대 교수. 증권·경영·회계·세무학회 회원

봉사활동 현) 전경련 중소기업 경영자문위원
전) 대한상공회의소 기업 경영자문위원

수상 산업포장

이메일 mnpark41@hanmail.net

박홍식

학력 ────○ 서울대학교 화학공학과.

경력 ────○ 현) 서울대 공과대학원 화학생물공학부 객원교수

전) 삼성물산(주) 중동총괄/삼성코닝(주) DIM전자정보소재사업부장 역임

한솔PNS(주) 패키징부문 대표이사 역임

봉사활동 ────○ 현) 전경련 중소기업 경영자문위원

현) 한국장학재단" 차세대 리더육성 멘토링" 대학생 멘토

수상 ────○ **대통령 표창** 수출진흥 기여, 무역의 날

이메일 ────○ hos23park@naver.com

백영헌

학력   성균관대학교 법학과

경력   전) 한화유통 갤러리아 백화점장, 한화 갤러리아 타임월드 경영부문장,
　　　　한화 갤러리아 백화점고문, 프라임 유통부문 대표이사
　　　　한국노인 인력개발원 자문위원

봉사활동   현) 전경련 중소기업 경영자문 위원
　　　　　현) 한국장학재단 "차세대 리더육성 멘토링" 대학생 멘토
　　　　　현) 중소 벤처 기업부 창조경제타운 멘토
　　　　　현) 기업 컨설팅 및 특강 기업, 대학, 단체

이메일   cheer121@naver.com

이국희

학력	서울대학교 경영학과
경력	현) 유틸렉스 감사
	전) 제일제당 과장, 경향신문 부장, 문화일보 국장, 국민일보 부사장,
	시그엔 부회장, 에드클릭 부회장
봉사활동	현) 전경련 중소기업 경영자문위원
이메일	rhee3888@hanmail.net

이기형

학력   성균관대/대학원 경제학석사

경력   전) ROTC 6기. 1970년 한국은행에 입행하여 30여년 다니면서 조사부,
업무부, 국제금융부, 동경사무소에 근무, 강원 부산본부장을 역임하
였음. 근무기간 중 영국 LBS, 미국 캔자스 주립대학과 국방대학원에
서 수학함
한국은행 퇴직 후 노무라 증권 고문을 거쳐, 2005년부터는 동양미래
대학교 산업체 경력 교수로 들어가 국제무역학 재정학 경제학 등 강의에
전념하였음.

봉사활동   현) 전경련 중소기업 경영자문위원

수상   한국은행총재 1급 포상, 재경원장관표창 IMF업무

이메일   kielee0609@hanmail.net

이노종

학력	서울대, 성균관대 대학원 언론학박사
경력	현) 사단법인 브랜드. 평판연구소 소장
	전) SK텔레콤 부사장, SK 아카데미 원장, SK그룹 홍보실장
봉사활동	현) 전경련 중소기업 경영자문위원
수상	국민포장2002, 한국 PR인 대상2003
이메일	njrhee49@gmail.com

이원순

학력	서울대학교 원자핵공학과
경력	현) (주)송운사 경영고문
	전) 현대자동차(주) 해외사업부 화란, 영국, 캐나다
	삼화인쇄(주) 해외사업부 상무이사, (주)타라TPS 대표이사
봉사활동	현) 전경련 중소기업 경영자문위원
수상	국무총리표창, 서울시장 표창, 경기도지사 표창, 전경련회장 상, 무역협회장상 등
이메일	willylee52@gmail.com

이주홍

학력	중앙대학교 국제경영대학원 경영학석사
경력	현) 경영지도사
	전) 애경화학 대표이사 사장
봉사활동	현) 전경련 중소기업 경영자문위원
	현) 한국장학재단 "차세대리더 육성 멘토링" 대학생 멘토
수상	금탑산업훈장_{대통령, 제 38회 상공의 날}
이메일	ljh561933@naver.com

이주흥

학력   한양대학교 화공과 졸업

경력   전) 한화 특수사업 총괄임원 역임, 제이에치코퍼레이션 대표 정부, 경제
단체 주관 청소년 경제교육, 대학생특강, 기업 임직원을 위한 특강 등
초빙강사 활동, (주)알파테크윈 고문, 전국투자교육협의회 초빙강사,
동해시자유경제청 자문위원, 한·일 기술협의회 코디네이터

봉사활동   현) 전경련 중소기업 경영자문위원
현) 한국장학재단 "차세대리더 육성 멘토링" 대학생 멘토

이메일   ljh9666@hotmail.com

장병두

학력	부산대학교/대학원 이학석사
경력	전) 한국광물자원공사 본부장, 경남기업(주) 사장
봉사활동	현) 전경련 중소기업 경영자문위원
	현) 한국장학재단 "차세대리더 육성 멘토링" 대학생 멘토
	현) 서울창조타운 창업 멘토
수상	미래창조과학부장관 표창 창조경제 확산 공로, 대통령 표창 국가산업발전 공로
이메일	jangbd47@hanmail.net

장영봉

학력　외국어대학교 포르투갈어과

경력　전) 효성 캐나다/ 멕시코/ 파나마/ 칠레/ 볼리비아 지사장/ 파나마
　　　　중남미지역 본부장, 효성 철강.피혁.섬유제품 사업부 사장, LG전자
　　　　베네주엘라 지사장, 에이팩티엔씨 사장/CEO, 전주비전대학교
　　　　사회복지경영과 정교수, 중앙대학교 창업보육센터 무역거래 교수
　　　　현) 국제무역사, 경영지도사

봉사활동　현) 전경련 중소기업 경영자문위원
　　　　현) 한국장학재단 "차세대리더 육성 멘토링" 대학생 멘토

수상　국무총리 표창 무역의 날

이메일　yb21chang@hotmail.com

정견만

학력	성균관대학교 법과, Vanderbilt대학교 경제학석사
경력	전) 한국은행, 도이치은행 상임 고문, 신용회복위원회 금융위원, 한국기술투자, 도이치자산운용 사외이사
봉사활동	현) 전경련 중소기업 경영자문위원, 현) 한국장학재단 "차세대리더 육성 멘토링" 대학생 멘토
수상	대통령표창 무역진흥공로
이메일	kyonchung@hotmail.com

정동호

학력   외국어대학교 무역학

경력   현) 정산세무회계 대표 공인회계사, 세무사

전) 금융감독원, 거평유통 법정관리인, 세림제지 부사장, 우성건설 전무,
한국걸스카우트연맹 감사

봉사활동   현) 전경련 중소기업 경영자문단 전문위원

이메일   jung9761@korea.com

정헌화

학력 연세대학교/대학원 전자공학과 석사, 미시간대 대학원Ann Arbor, USA 컴퓨터/정보통신

경력 현) 기술거래사
전) (미) ITT Information Systems/Mohawk Data Science/GS Technology
이사, 삼성전자 임원, 와이드침스 대표이사, 한국산업기술대 교수,
서경대 주임교수

봉사활동 현) 전경련 중소기업 경영자문위원

이메일 chung1230@naver.com

최석문

학력   성균관대학교 경제학과.

경력   전) LG그룹/LG전선 경영관리, 진로UK/(주)진로홍콩/진로모스크바
대표이사, 진로 부사장, JML 대표이사 사장, 한국러닝센터 부사장,
성풍케이블 사장, 삼성전자/현대자동차/서울시/국토개발부/환경부/
보훈처/각 지방자치단체/등 〈창의력〉〈전략적 리더십〉〈문제해결〉
〈환경, 녹색성장〉 등 강의

봉사활동   현) 전경련 중소기업 경영자문위원

수상   서울시장 상

이메일   idoeco@naver.com

최우림

학력	한양대학교
경력	현) 수필가 전) 현대중공업 임원
봉사활동	현) 전경련 중소기업 경영자문위원
이메일	bagmago@naver.com

김용구

현) 한화회 회장 / 전) 한화 대표이사, 대우정밀 대표이사

한국이 초 고령화 사회로 접어들어 노년을 어떻게 보람이 있고 즐겁게 보낼까가 모든 은퇴자들의 당면문제인데, 한화회 동우회를 통한 봉사와 적극적인 활동은 모든 은퇴자들의 귀감이며 행복한 노후생활에 지침서 역할을 할 것으로 확신하며 이 글의 주제와 같이 모두가 당당하게 늙어가길 바랍니다.

김 윤 정

현) 카톨릭출판사 직원

내 자신보다 가정과 조직을 위해 살았던 과거와 현재. 앞으로 남겨진, 오롯이 나를 위한 미래.

그 미래를 어떻게 보내야 할지 막막하고 길을 헤매고 있다면 "중장년의 삶 이야기"는 당신의 좋은 길벗이 될 것입니다.

서효정

현) 여류음악가/지휘자, 연세대 외래교수
서초 바우뫼 여성 합창단 지휘자 등 다수 합창단 지휘 중

『마음이 젊은 사람들의 이야기』는 전문적인 작가들의 글은 아니나 인생의 전반기를 마친 분들의 깊이 있는 경험과 지혜를 엮어낸 것으로서, 오히려 앞으로 삶이 많이 남아있는 젊은이들이 생각하며 읽어 볼만한 내용이라 생각되어 다시 한 번 읽어보고 싶고, 권하고 싶다.

"젊은이의 아름다움은 우연한 자연의 현상이지만, 노년의 아름다움은 인간 활동에 의한 예술작품이다."라는 말이 마음에 와 닿는다.

송명성

현) 명진 글로벌 대표이사
전) 삼성 석유화학 주식회사, 사단법인 수입 협회 제 19대 규정관리 위원장

먼저 대한민국의 장년을 살아오시고 저마다 삶의 현장의 리더로서 살아오신 18분들의 글을 읽으며 많은 감동과 동질성을 느꼈습니다.

동시대를 살아온 저 이기에 우리의 삶의 편린片鱗들이 이렇게 서로 머리를 맞대고 모아보니 이리도 훌륭한 인생의 교과서가 될 줄 몰랐습니다. 18분들께서 들려주시는 삶의 노하우와 철학을 전 국민과 나누고 후진들에게 알리는 일은 참으로 소중한 여정이 아닐까 여겨집니다.

여러분들의 열정과 활동에 아낌없는 찬사를 드리오며 많은 사람들이 저마다의 꿈을 이루는 세상을 만드는 데 일조하리라 확신합니다.

신혜원
현) 유한 대학교 교수, 서울시 오페라단 M 컬쳐스 부회장
동아시아 일본학회 이사

은퇴는 사라져가는 세대가 아니라 익어가는 열매입니다. 다시 가꾸고 다듬어 가는 세대라고 그들은 말합니다. 젊은 시절에 책임과 의무를 다하고, 이제 유연하고 당당하게 제 2 막의 인생을 만들어가는 창조자들입니다. 그간 저자들이 쌓아온 경륜과 경험들이 많은 사람들에게 길잡이가 되고 귀감 되기를 바랍니다.

이영수
현) 경인에너지 감사, 여행가 / 전) 국민은행 지점장

삶을 거친 항해라 하나, 즐거운 여행일 수도 있습니다. 순조로운 항해나 아름다운 여행을 위해서는 나침반과 지도가 필수입니다. 잘 쓰여진 인생의 지침서를 곁에 두고 틈틈이 반추하는 인생은 얼마나 여유로운가? 정교한 지도를 준비하고 먼 여행을 떠나는 사람들처럼.

이영희

현) 서예가, 신사문화센터, 각종 서예전시회의 심사위원

은퇴한 사람들이 쓴 회고록은 많다. 그러나 이 책은 마음이 젊은 분들이 실제 체험한 내용과 함께 인생 후반전을 이렇게 준비하면 좋겠다는 길을 제시하고 있어 피부에 와 닿습니다. 부부행복, 재산관리로부터 취미활동, 병원선택, 유언장쓰기까지 폭넓은 주제를 다루고 있어 일상생활에서 편리하게 활용할 수 있을 것으로 생각됩니다. 특히 은퇴 후 정신을 쏟을 수 있는 활동을 소개하면서 서예를 적극 권장하고 있어 마음에 듭니다.

이원재

전) SK나이츠농구단 단장, SK텔레콤 홍보실장

인생 백세시대! 그러나 이는 재앙입니다. 준비 없이 맞이하는 노년은 축복은 커녕 사회와 후손에게는 커다란 짐입니다. 어떻게 죽을 것인가? 어떻게 노년을 질병의 불안과 죽음의 공포로부터 벗어나 행복하고 보람 있게 살 것인가? 이 두 가지 화두는 이제 시대의 명제가 되었습니다.

기업에서 청장년을 왕성하게 보낸 18인의 전직 경영자들이 이 문제를 각자의 삶에서 지혜를 모아 펴낸 주옥같은 글들이어서 더욱 현실감이 있습니다. 이제는 웰빙이 아니라 웰다잉을 걱정하는 시대입니다. 누구에게나 곧 닥쳐올 당신의 미래 화두! 이 책에 그 답이 있습니다!

이종기

현) 애경유화주식회사 대표이사 사장

　　자신의 안위를 뒤돌아볼 겨를도 없이 가족과 사회의 발전을 위하여 앞만 보고 열심히 달려온 세대들이, 퇴직 후 제2막 인생을 그들 자신만을 위한 삶 보다는 사회로부터 얻은 경험과 혜택을 사회에 환원하겠다는 생각이 참으로 아름답습니다. 받는 기쁨보다는 주는 기쁨이 더 크다는 것은 누구나 다 알고 있지만 실천은 쉬운 일이 아닙니다. 이들과 같은 작은 실천이 모여서 우리 사회는 더욱 발전할 것이며, 다가올 백세 시대는 분명히 축복일 것입니다.

이원해

현) 대모엔지니어링(주) 대표이사 회장

여기 보릿고개를 경험하고, 고도高度의 경제성장과 맞물려 넥타이 부대의 주역이 되어 한강의 기적을 이루고, 지하자원 없이 수출만이 살 길인 나라에서 전 세계를 누비며 은근과 끈기로 세계를 상대로 무에서 유를 창출해 냈던 기적과 같은 그 열정과 노하우를 이룬 세대. 이 세대가 이제는 현역을 은퇴 후 제 2의 인생을 펼치고 있다.

지난해 우리 회사는 WC300 선정 이후 하락하는 매출을 탈피코자 저자의 일원으로부터 멘토링을 받으며, 그 열정과 노하우를 고스란히 느껴본 바 있다.

그 경험을 비추어볼 때 이러한 18분의 체험과 인생철학을 모아 발간된 "마음이 젊은 사람들 이야기"는 세계를 무대로 주인공이 되고자 하는 젊은이, 잘나가던 사업이 주춤하여 잠시 길을 헤매고 있는 분, 모든 열정을 현역시절 쏟아 붓고 이제 남은 여생餘生의 의미를 찾고 있는 분들이라면 누구나 이 책에서 그 에너지를 얻을 수 있을 것이다.

장진경

국제교류증진협회 직원

　나의 사랑하는 아버지를 비롯하여, 각자의 전
문 분야에서 열심히 살아온 여러 어르신들의 글을
통해 그들의 삶과 생각을 이해하게 되었습니다.
이 책이 나와 같은 젊은 세대들에게도 미래를 지혜롭게 열어나갈 수
있는 등불이 되기를 바랍니다.

전명헌

전) 현대종합상사 사장, 기아차 부사장, 현대차 북미법인 대표

　격동의 시절, 한국의 산업역군들로 세계를 누
비며 경제성장을 이끌어 왔던 주역들의 지혜와 경
험을 엮은 이 책이 젊은 세대들과 새로이 중 장년
기에 접어드는 세대들에게 인생 후반의 보람이 있는 삶의 길을 안내하
는 등대가 될 것으로 확신합니다.

황호성

을지대학교 방사선학과 4학년

이 책을 읽고 앞으로 다가올 100세 시대에 삶의 두려움을 가지고 있는 대학생들이 장, 노년의 삶을 어떻게 살아가야 할 것인가에 대한 멘토님들의 경험을 통해, 그 두려움을 해소하고 희망찬 미래를 설계하는데 충분한 길잡이 될 수 있게 되기를 바랍니다.

권선복
도서출판 행복에너지 대표이사
한국정책학회 운영이사

100세 시대를 맞이하는 장년들과
앞으로의 신시대를 향한 18인의 합창!

요즘 시대를 100세 시대라고들 합니다. 100세 시대라, 피부에 와 닿으십니까? 건강하고 힘차게 살아가는 주위의 50대, 60대의 장년들을 돌아봅시다. 그리고 70대는 어떤가요? 우리는 이들을 통해 건강하고 즐거운 삶이 길고 또 '새로운 한 세대'로 우리 앞에 도달했음을 체감하고 있습니다. 은퇴 후 30년, 우리 앞에 놓인 새로운 30년을 계획하고 경영하는 자세가 필요하게 되었습니다. 이에 은퇴 후에도 여전한 대내외의 활동을 이어가는 전직 CEO 및 임원들의 생활과 지혜를 모아 그 방법을 터득하고 배우는 기회로 이 책을 출간하게 되었습니다.

국민 중 '노후를 위한 경제적 준비는 있는가' 하는 질문에 '없다'고 응답한 비율이 35.8퍼센트였다고 합니다. 국민연금 비수급자의 경우

는 그 비율이 67,8퍼센트였습니다. 빈곤 또한 노년 생활을 위협하는 주요한 문제임을 이해해야 합니다. 이에 증여세와 상속세, 노후자금의 투자방법, 국민연금 수급 연기 신청 제도 등을 소개하여 노후 자금운 영의 이해를 돕고 있습니다. 은퇴 후의 즐거운 활동으로는 중소기업에 대한 자문활동과 대학생 멘토 활동, 숲 전문가 되기, 귀농 귀촌 등을 얘기하고 젊은이들의 데이트 코스로도 좋은 '행복한 부부 생활을 위한 드라이브 코스'와 독서, 하이킹 등을 소개하는데 나의 생활에 잘 맞는 이야기를 골라서 읽을 수 있어 유익할 것입니다. 그 외에도 때로는 감정을 적시며 때로는 웃음꽃 피는 내용을 알차게 준비했습니다.

'무병장수'란 말이 있듯이 오래 사는 삶에 건강이 빠질 수 없습니다. 매일 새롭게, 즐겁게 사는 지혜가 노년에 필요한 것이며 행복한 노후를 책임져 줄 것입니다. 현재도 젊은 내일을 꿈꾸는 전직 CEO 및 임원진 봉사단체 18인의 글을 묶어 100세 시대 모든 분들께 도움이 되는 책을 출간하게 되어 기쁘며 이 책을 읽는 모든 분들의 삶에, 행복과 긍정 에너지가 팡팡팡 샘솟기를 기원드립니다.

하루 5분 나를 바꾸는 긍정훈련
행복에너지

'긍정훈련' 당신의 삶을
행복으로 인도할
최고의, 최후의 '멘토'

'행복에너지
권선복 대표이사'가 전하는
행복과 긍정의 에너지,
그 삶의 이야기!

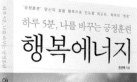

인터파크
자기계발 분야 주간
베스트 1위

권선복 지음 | 15,000원

권선복

도서출판 행복에너지 대표
영상고등학교 운영위원장
대통령직속 지역발전위원회
문화복지 전문위원
새마을문고 서울시 강서구 회장
전) 팔팔컴퓨터 전산학원장
전) 강서구의회(도시건설위원장)
아주대학교 공공정책대학원 졸업
충남 논산 출생

책 『하루 5분, 나를 바꾸는 긍정훈련 – 행복에너지』는 '긍정훈련' 과정을 통해 삶을 업그레이드하고 행복을 찾아 나설 것을 독자에게 독려한다.

긍정훈련 과정은 [예행연습] [워밍업] [실전] [강화] [숨고르기] [마무리] 등 총 6단계로 나뉘어 각 단계별 사례를 바탕으로 독자 스스로가 느끼고 배운 것을 직접 실천할 수 있게 하는 데 그 목적을 두고 있다.

그동안 우리가 숱하게 '긍정하는 방법'에 대해 배워왔으면서도 정작 삶에 적용시키지 못했던 것은, 머리로만 이해하고 실천으로는 옮기지 않았기 때문이다. 이제 삶을 행복하고 아름답게 가꿀 긍정과의 여정, 그 시작을 책과 함께해 보자.

『하루 5분, 나를 바꾸는 긍정훈련 – 행복에너지』